本书系国家社会科学基金项目（18BGL139）的资助成果

U0620818

企业新生代农民工
雇佣关系模式优化机制研究

RESEARCH ON THE OPTIMIZATION MECHANISM OF
EMPLOYMENT RELATIONSHIP APPROACHES FOR
NEW GENERATION MIGRANT WORKERS IN ENTERPRISES

李召敏◎著

经济管理出版社
ECONOMY & MANAGEMENT PUBLISHING HOUSE

图书在版编目（CIP）数据

企业新生代农民工雇佣关系模式优化机制研究 ／ 李召敏著. -- 北京 ：经济管理出版社，2025. -- ISBN 978-7-5243-0209-4

Ⅰ. F249.26

中国国家版本馆 CIP 数据核字第 2025A6M516 号

组稿编辑：王玉林
责任编辑：张广花
责任印制：许　艳
责任校对：陈　颖

出版发行：经济管理出版社
　　　　　（北京市海淀区北蜂窝 8 号中雅大厦 A 座 11 层　100038）
网　　　址：www. E-mp. com. cn
电　　　话：（010）51915602
印　　　刷：北京晨旭印刷厂
经　　　销：新华书店
开　　　本：720mm×1000mm/16
印　　　张：16. 5
字　　　数：333 千字
版　　　次：2025 年 2 月第 1 版　　2025 年 2 月第 1 次印刷
书　　　号：ISBN 978-7-5243-0209-4
定　　　价：98. 00 元

·版权所有　翻印必究·

凡购本社图书，如有印装错误，由本社发行部负责调换。
联系地址：北京市海淀区北蜂窝 8 号中雅大厦 11 层
电话：（010）68022974　　邮编：100038

目　录

第1章　绪论 ………………………………………………………… 1

1.1　研究背景 ……………………………………………………… 1

1.2　研究框架与研究内容 ………………………………………… 2

1.3　研究方法 ……………………………………………………… 5

　1.3.1　典型案例研究法 ………………………………………… 5

　1.3.2　大规模问卷调查 ………………………………………… 6

　1.3.3　半结构化访谈研究 ……………………………………… 7

　1.3.4　定量统计和定性分析方法 ……………………………… 7

1.4　研究创新、特色与建树 ……………………………………… 7

　1.4.1　创新之处 ………………………………………………… 7

　1.4.2　突出特色 ………………………………………………… 7

　1.4.3　主要建树 ………………………………………………… 8

第2章　文献综述 …………………………………………………… 9

2.1　雇佣关系模式 ………………………………………………… 9

　2.1.1　雇佣关系模式的内涵与分类 …………………………… 9

　2.1.2　雇佣关系模式的相关研究 ……………………………… 10

　2.1.3　雇佣关系模式优化策略研究现状 ……………………… 12

2.2　获得感 ………………………………………………………… 14

　2.2.1　获得感的内涵 …………………………………………… 14

　2.2.2　获得感的特征 …………………………………………… 16

　2.2.3　获得感相关研究 ………………………………………… 17

　2.2.4　新民工获得感 …………………………………………… 18

　2.2.5　获得感的结构与测量 …………………………………… 18

2.3 幸福感 ·· 19
  2.3.1 幸福感的内涵 ··· 19
  2.3.2 幸福感的理论学派 ·· 20
  2.3.3 幸福感的概述 ··· 20
2.4 安全感 ·· 21
  2.4.1 安全感的内涵 ··· 21
  2.4.2 安全感的维度 ··· 22
  2.4.3 安全感相关研究 ··· 23
2.5 新民工的获得感、幸福感、安全感研究现状 ················ 25
  2.5.1 新民工的内涵与特点 ······································ 25
  2.5.2 新民工的获得感 ··· 25
  2.5.3 新民工的幸福感 ··· 27
  2.5.4 新民工的安全感 ··· 27

第3章 企业新民工雇佣关系模式的影响因素研究 ·············· 29
3.1 人力资源管理实践对企业新民工雇佣关系模式的影响机制研究 ······ 29
  3.1.1 人力资源管理实践 ·· 31
  3.1.2 分析框架 ··· 32
  3.1.3 研究设计 ··· 34
  3.1.4 研究发现 ··· 37
  3.1.5 研究小结与理论贡献 ······································ 47
3.2 组织特征对企业新民工雇佣关系模式的影响机制研究 ······ 48
  3.2.1 组织特征 ··· 50
  3.2.2 分析框架 ··· 53
  3.2.3 研究设计 ··· 55
  3.2.4 研究发现 ··· 60
  3.2.5 研究小结与理论贡献 ······································ 75
3.3 企业家特质对企业新民工雇佣关系模式的影响机制研究 ······ 77
  3.3.1 企业家特质 ··· 78
  3.3.2 分析框架 ··· 80
  3.3.3 研究设计 ··· 81
  3.3.4 研究发现 ··· 86
  3.3.5 研究小结与理论贡献 ······································ 99
3.4 制度特征对企业新民工雇佣关系模式的影响机制研究 ············ 101

3.4.1　制度特征 ……………………………………………… 102

3.4.2　分析框架 ……………………………………………… 103

3.4.3　研究设计 …………………………………………… 104

3.4.4　研究发现 …………………………………………… 109

3.4.5　研究小结与理论贡献 ………………………………… 125

第4章　企业雇佣关系模式对新民工获得感的影响机制研究 ……… 128

4.1　新民工的获得感：构念内涵、量表开发及验证 ……………… 128

4.1.1　新民工获得感界定与量表开发 …………………… 129

4.1.2　新民工获得感量表的实证研究 …………………… 134

4.1.3　研究小结与理论贡献 ……………………………… 139

4.2　企业雇佣关系模式影响新民工获得感的分析框架 ………… 141

4.3　研究设计 …………………………………………………… 143

4.3.1　研究方法 ……………………………………………… 143

4.3.2　理论抽样与案例背景介绍 ………………………… 143

4.3.3　调研过程与访谈对象 ……………………………… 143

4.3.4　数据收集与数据编码 ……………………………… 144

4.4　研究发现 …………………………………………………… 147

4.4.1　初创期 ………………………………………………… 147

4.4.2　求生存期 ……………………………………………… 149

4.4.3　成长期 ………………………………………………… 152

4.4.4　成熟期 ………………………………………………… 155

4.4.5　企业雇佣关系对新民工获得感影响的 "APCC"

理论框架 ……………………………………………… 158

4.5　研究小结与理论贡献 ………………………………………… 161

4.5.1　研究小结 ……………………………………………… 161

4.5.2　理论贡献 ……………………………………………… 161

第5章　企业雇佣关系模式对新民工幸福感的影响机制研究 ……… 163

5.1　企业雇佣关系模式影响新民工幸福感的分析框架 ………… 164

5.2　研究设计 …………………………………………………… 166

5.2.1　研究方法 ……………………………………………… 166

5.2.2　理论抽样与案例背景介绍 ………………………… 166

5.2.3　研究过程与访谈对象 ……………………………… 167

5.2.4　数据编码与数据分析 ·· 168

  5.3　研究发现 ·· 171

       5.3.1　工作导向型雇佣关系模式对新民工幸福感的影响 ········· 171

       5.3.2　投资不足型雇佣关系模式对新民工幸福感的影响 ········· 175

       5.3.3　投资过度型雇佣关系模式对新民工幸福感的影响 ········· 178

       5.3.4　组织导向型雇佣关系模式对新民工幸福感的影响 ········· 182

  5.4　研究小结与理论贡献 ·· 187

       5.4.1　研究小结 ··· 187

       5.4.2　理论贡献 ··· 188

第6章　企业雇佣关系模式对新民工安全感的影响机制研究 ············ 189

  6.1　企业雇佣关系模式影响新民工安全感的分析框架 ··············· 190

  6.2　研究设计 ·· 192

       6.2.1　研究方法 ··· 192

       6.2.2　理论抽样与案例背景介绍 ······································ 192

       6.2.3　访谈准备与研究对象 ·· 193

       6.2.4　数据编码与数据分析 ·· 194

  6.3　研究发现 ·· 197

       6.3.1　工作导向型雇佣关系模式对新民工安全感的影响 ········· 197

       6.3.2　投资不足型雇佣关系模式对新民工安全感的影响 ········· 200

       6.3.3　投资过度型雇佣关系模式对新民工安全感的影响 ········· 203

       6.3.4　组织导向型雇佣关系模式对新民工安全感的影响 ········· 207

  6.4　研究小结与理论贡献 ·· 212

       6.4.1　研究小结 ··· 212

       6.4.2　理论贡献 ··· 213

第7章　企业新民工雇佣关系模式优化策略研究 ························· 215

  7.1　分析框架 ·· 215

  7.2　研究设计 ·· 216

       7.2.1　研究方法 ··· 216

       7.2.2　理论抽样与案例背景介绍 ······································ 217

       7.2.3　调研过程与访谈对象 ·· 218

       7.2.4　信度和效度检验 ·· 219

  7.3　研究发现 ·· 220

　　7.3.1　企业新民工雇佣关系模式优化策略分析 ……………… 220

　　7.3.2　企业新民工雇佣关系模式优化过程分析及策略汇总 …… 231

　　7.3.3　企业新民工雇佣关系模式运作模型 ………………… 231

7.4　研究小结与理论贡献 …………………………………… 235

　　7.4.1　研究小结 …………………………………………… 235

　　7.4.2　理论贡献 …………………………………………… 236

第8章　对策建议与未来展望 …………………………………… 237

8.1　企业新民工雇佣关系模式的优化策略 ………………… 237

　　8.1.1　人力资源管理实践角度 …………………………… 237

　　8.1.2　组织特征角度 ……………………………………… 237

　　8.1.3　企业家特质角度 …………………………………… 238

　　8.1.4　制度特征角度 ……………………………………… 238

8.2　提升"三感"的对策建议 ……………………………… 239

　　8.2.1　企业雇佣关系模式提升新民工获得感的对策建议 ……… 239

　　8.2.2　企业雇佣关系模式提升新民工幸福感的对策建议 ……… 240

　　8.2.3　企业雇佣关系模式提升新民工安全感的对策建议 ……… 240

8.3　研究不足与未来展望 …………………………………… 241

　　8.3.1　研究不足 …………………………………………… 241

　　8.3.2　未来展望 …………………………………………… 242

参考文献 …………………………………………………………… 243

第1章　绪论

1.1　研究背景

习近平总书记在党的二十大报告中强调，"人民群众获得感、幸福感、安全感更加充实、更有保障、更可持续"。获得感、幸福感、安全感（以下简称"三感"）概念的提出，向中国企业传递了一个重要信息，即党和国家发展的工作重心由只注重人民的物质生活需要，逐步转变为既注重人民的基本物质需求，又注重人民的人文情怀与心理诉求。新生代农民工（以下简称新民工），即企业雇佣的出生在 1980 年以后的农民工群体（李群等，2020；徐细雄等，2011）。新民工为中国工业化进程和经济增长提供了强大的人力资源保障，而企业雇佣新民工也是工业反哺农业、发达地区带动落后地区发展的有效形式。与城市就业员工相比，新民工缺乏一定的教育背景和企业工作经验，因此在融入企业时难免遇到各种难题。在城市求职和就业的过程中，新民工面临着薪资水平低、劳动合同履约率低、社会保险覆盖率低等多重问题。在大多数企业追求利益最大化的过程中，新民工被视为企业生产运行的工具，企业依靠量化标准对他们进行考核，而不注重员工情绪，导致新民工缺乏获得感和安全感（唐凯麟等，2015）。部分企业将新民工定义为流动性强的打工群体，因而很少有针对性地为他们提供职业化、系统化的培训内容，以及人性化的激励机制和人文关怀，也未给他们提供有效的内部沟通和问题解决渠道。部分企业没有设立工会组织，新民工遇到薪资拖欠、工伤等问题难以反馈，长此以往导致部分新民工难以形成与企业目标相适应的价值观，也会大大降低他们对企业的归属感。在新时代背景下，除物质需求外，新民工在情感和心理方面的诉求也有了显著提升，党的二十大报告等文件中多次阐释了获得感、幸福感和安全感的概念，强调了构建和谐的雇佣关系。然而，目前中国众多企业对新民工普遍缺乏科学有效的雇佣关系模式，导致新民工获得感不足、幸福感下降、安全感缺乏等诸多问题，进而使"招工难"现象愈演愈烈（张宏如等，2015）。诚然，中央的战略规划和企业的现实需求最终指向同一个命题——优化企业新民工雇佣关系模式以提升"三感"，这既是贯彻新发展理念的必经之路，也是企业健康可持续发展、满足新民工美好生活需要的有效践行。

目前鲜有关于如何优化企业雇佣关系模式的策略和应用层面的研究。从员工角度来说，魏巍等（2018）提出加强员工参与渠道建设来优化雇佣关系；从企业角度来说，赵冬玲（2020）指出工会福利的提高会对企业雇佣关系的协调和改善产生良好效果。现有关于雇佣关系优化策略的研究中，和新民工这一劳动力主体相结合的文献更是少之又少。基于此，从组织层面、政府层面和新民工个体层面研究如何优化企业新民工雇佣关系模式具有重要意义。在现有成果的基础上，结合新民工这一群体的特点，本书重点从人力资源管理实践、组织特征、企业家特质、制度特征以及新民工心理契约五个方面入手，阐述如何优化企业新民工雇佣模式，构建更加和谐的雇佣关系，以提升新民工这一主体的获得感、幸福感和安全感，进而更好地促进企业的可持续发展，为国民经济发展增添活力。

1.2　研究框架与研究内容

本书重点回答的问题包括：其一，为何西方成熟的雇佣关系模式在中国会出现"水土不服"的现象，究竟哪些因素影响以及如何影响企业新民工雇佣关系模式的选择，内在机制是什么？其二，在中国特定文化背景下，新民工心理特征和诉求与中层管理者等存在差异，那么新民工获得感的内容维度是什么？其三，企业新民工雇佣关系模式如何影响"三感"？其四，如何优化企业新民工雇佣关系模式以提升"三感"？为解答上述问题，依据激励-贡献模型，本书围绕企业新民工雇佣关系模式展开研究。总体框架如图1-1所示。

根据总体框架，本书探讨以下五个方面的内容：

（1）企业新民工雇佣关系模式的影响因素研究。企业新民工雇佣关系模式的形成是组织内外部多种影响因素共同作用的过程。对影响因素及作用机制的探究，是解释西方成熟模式在我国出现"水土不服"现象、指导中国企业选择和建立最佳模式的基础研究。

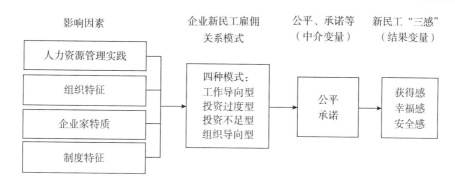

图 1-1 总体框架

资源来源：笔者根据研究思路绘制。

首先，基于社会交换理论，引入组织支持感和个人-组织匹配两个中介变量，通过纵向多案例研究分析，选择典型雇佣新民工的案例企业，探索人力资源管理模式在不同发展时期如何对企业新民工雇佣关系模式进行影响。研究揭示，企业在不同时期采用不同类型的人力资源管理实践会影响企业对新民工提供激励和期望贡献程度，最终影响企业雇佣关系模式的变革，进而为企业选择和变革新民工雇佣关系模式提供一定的理论和管理启示。

其次，运用案例研究，选择多家典型的企业作为研究对象，以激励-贡献模型划分而形成的雇佣关系模式为框架，引入组织氛围和社会控制作为中介变量。研究揭示，企业组织特征中的组织文化和组织结构会影响企业对员工的激励，最后影响企业的雇佣关系模式。研究成果既可以丰富组织特征与雇佣关系模式之间的关系，又为中国企业的管理和实践奠定了坚实的理论基础。

再次，采用案例研究方法，以四家处于不同行业的典型企业为研究对象，以激励-贡献模型划分而形成的雇佣关系模式为框架，引入外部感知能力作为中介变量，研究不同雇佣关系模式下企业家特质对其的影响作用机制。研究揭示，由于企业家风险偏好和成就需要的倾向不同，企业家对外部感知能力的倾向不同。研究结论可丰富雇佣关系模式的前因变量研究，同时为企业的管理实践提供理论依据。

最后，基于企业发展生命周期视角，采用纵向案例研究方法，选取科创行业的典型案例，深度剖析"制度特征→高管团队注意力→企业雇佣关系模式"的内在形成机制。研究揭示，企业雇佣关系类型的选择有四个时序区间，即孕育期、求生存期、成长期和成熟期，而且各时期的制度特征和高管团队的注意力分配重点存在差别。不同制度特征和高管团队注意力配置焦点衍生出四种差异化的雇佣关系模式，即"投资不足型""工作导向型""投资过度型""组织导向型"。企业在各个发展阶段，按照制度特征对注意力配置焦点进行调节，最终实现向组织导向型雇佣关系模式的转变。研究结论既可以从理论上完善制度特征对企业雇佣关系的影响机制，又能从实践上为企业的经营管理提供更全面的启示。

（2）企业雇佣关系模式对新民工获得感的影响机制研究。现有对新民工群体的获得感研究尚处在概念讨论阶段，缺乏一定信效度工具来测量该构念，本部分旨在探究新民工获得感构念的内涵及维度。首先，通过访谈、问卷调查等方式初步编制量表，应用探索性因子分析、验证性因子分析等方法，对初步编制的量表进行修订和验证。研究表明，新民工获得感量表是一个具有丰富内涵的多维度构念，包含经济收入、个人发展、社会生活和政治参与4个维度与16个题项，所开发量表的信度、效度检验均达到理想水平。其次，基于问卷调查，研究构建了"新民工获得感—进取精神—员工创新行为"模型，以检验新民工获得感对进取精神、员工创新行为的影响。研究发现，新民工获得感对进取精神及员工创新行为均具有显著的正向影响，为后续研究提供了结构清晰的测量工具。

此外，本部分以公平理论等为基础，采用案例分析方法，选取具有代表性的企业案例为样本，探讨不同类型的雇佣关系与新民工获得感的相关性。通过分析，揭示了不同类型的雇佣关系会对组织公平产生影响，最终对新民工的获得感产生一定的影响。研究成果可丰富雇佣关系与新民工获得感之间的关系研究，为提升新民工获得感奠定理论基础。

（3）企业雇佣关系模式对新民工幸福感的影响机制研究。本部分为明晰新民工幸福感现状，通过案例研究的方法，将不同行业类型的企业作为研究对象，以激励-贡献模型划分而形成的雇佣关系模式为框架，着重关注新民工在工作领域所获得的幸福感，并以此构建"雇佣关系模式—个人-组织匹配—幸福感"的理论模型，分析四种不同雇佣关系模式下的新民工的幸福感。研究揭示了雇佣关系模式通过个人-组织匹配度来影响员工的幸福感。研究成果可为企业如何帮助新民工实现自我价值提供理论支持，也在一定程度上丰富了员工工作与家庭关系的相关研究。

（4）企业雇佣关系模式对新民工安全感的影响机制研究。本部分采用案例研究方法，以根据激励-贡献模型划分而形成的雇佣关系模式为框架，以员工的组织承诺作为中介变量，以不同经营类型的多家企业为案例，研究不同雇佣关系模式下新民工的安全感状况。研究揭示了企业的雇佣关系模式会通过影响新民工的组织承诺，进而影响其安全感，且在长期稳定投入的雇佣关系模式下，新民工的安全感明显更高。研究成果丰富了雇佣关系模式的结果变量，同时为企业管理实践提供了理论依据。

（5）企业雇佣关系模式优化策略研究。随着经济全球化的不断深入和改革开放政策的大力推行，企业竞争日益加剧，越来越多的企业关注雇佣关系模式的调整和优化。提升新民工"三感"是多方相辅相成、综合作用的结果，需要企业人力资源管理提供多渠道平台、企业工会等发挥作用、企业家积极投入、政府在多方面提供制度支持、新民工心理契约维护等。针对新民工这一劳动力主体，采用案例研究方法，以典型企业为案例对象，以人力资源管理实践、组织因素、企业家因素、制度特征因素和新民工主体因素为着力点，构建"五方"协同建设模型。之后，遵循"情境化、前瞻性"原则，从"五方"角度出发，提出中国情境下可以提升"三感"的企业新民工雇佣关系模式优化策略。从人力资源管理实践角度出发，探讨人力资源管理实践的改善与创新，如聘任合同模式、薪酬分配方式、职业发展机会、新民工利益维护途径等，旨在通过优化企业新民工雇佣关系模式以提升新民工的"三感"。

1.3　研究方法

1.3.1　典型案例研究法

（1）案例研究法。案例研究法是实地研究的一种。研究者选择一个或几个场景为对象，系统地收集数据和资料，进行深入研究，探讨某一现象在实际生活环境下的状况。本书中的一些相关问题难以量化，更适合用案例研究方法来探讨，而且案例研究方法十分适用于深入探讨微观问题，运用该方法对案例进行剖析可以发现各个变量之间的内在联系。

（2）案例分析法。采用案例分析法可以有效地缩小和集中研究范围，在针对特定问题进行研究时，使用该方法可以很好地对问题进行剖析，得出的结论可以作为典型进行推广和延伸。本书选用制造行业、服务行业、餐饮行业的主要原因有：首先，前期对相关的资料进行查阅发现，这些行业的企业较为成熟，新民工的占比较高；其次，企业案例相对典型，对这些企业的案例进行对比分析更可以增加结论的可靠性；最后，选取的企业案例资料丰富，企业负责人愿意提供较为完整的企业资料，对调查研究也非常配合。因此，本书选取相关行业的企业作为研究对象进行相关主题的研究。

在样本来源方面，一是根据相对集中原则，选取 10～20 家典型企业；二是根据区域、行业、规模等情境因素，在我国选取新民工集中的 4~5 个典型行业，40~50 家企业。在案例研究步骤方面，通过定义分析单元，形成调查问题，综合运用访谈等方式收集数据，编写嵌入式研究案例，并进行跨案例比较。

（3）访谈法。在访谈过程中，结合关键事件法和行为观察法，记录受访者提到的关键事件。针对管理人员，主要从企业的总体领导方针、人力资源管理方法、未来计划和发展方向开展访谈，从而探索人力资源管理的侧重点；员工通过对某些重要活动进行主观叙述，探讨他们对公司人力资源管理特性的理解，进而探讨人力资源管理的重要性和能力对公司的作用机理。在访谈中，通过把不同员工的访谈内容串联在一起，使访谈的内容可以互相验证，提高了访谈的可信度，而且可以把重要的事实证明得更清楚。后期整理资料时为了保证访谈内容的准确性，对于存在矛盾的内容要增加相应的补充访谈环节。

访谈方法采用半结构化访谈方式，即在访谈前准备访谈大纲，确定访谈主题，但不设置固定的访谈问题，将访谈主题和研究内容与被访谈人员进行交流，并记录交流内容，从交流过程中抽取关键信息。半结构化访谈方法避免了结构化面试和非结构化面试的缺点，可以提取出主题周围的多样化信息，能够最大限度地提高访谈的效率和内容的可参考性。

（4）数据收集法。针对所研究企业进行调查，从官网公布的资料、历年的新闻资料、招聘信息、公司规章制度、公司行政政策、企业内部管理政策和文件等收集相关文字资料。

由于研究方向较为抽象且不易具象化，影响机制较为多变，使用结构化访谈会使调查相对古板生硬，影响访谈质量；使用非结构自由式访谈会造成访谈内容较为广泛，影响访谈效率，因此研究采取较为灵活的半结构化访谈形式。由于新民工在企业中多是基层员工，所以本书以新民工为主要研究对象，本次访谈主要针对基层新民工开展。不同岗位的员工对获得感的理解可能有所差异，在选择访谈对象时要慎重考虑。

在企业访谈结束后，研究团队参观了企业的工作区域、厂房、休闲区域，并与一些现场人员进行了沟通，丰富了这次研究的内容。

1.3.2 大规模问卷调查

大规模问卷调查是针对新民工获得感展开的。笔者把我国分成若干区域，在每个地区根据行业、规模等随机抽取 300 余家公司作为样本，发放 5000 份调查问卷。

1.3.3 半结构化访谈研究

为深入探究企业新民工雇佣关系模式的影响因素、"三感"效果和优化策略，本书对政府机构和若干企业开展了半结构化访谈。

1.3.4 定量统计和定性分析方法

（1）定量统计分析方法包括多元统计分析方法、结构方程模型以及多层次线性模型等，使用 SPSS、AOMS、LISREL、HLM 和 MPLUS 等软件进行分析。

（2）定性分析方法严格基于理论规定的三步编码步骤进行操作，使用 NVivo 和 ATLAS. ti 等软件进行分析。

1.4 研究创新、特色与建树

1.4.1 创新之处

（1）选题新颖。本书结合中国国情和新民工特殊群体的现状，挖掘具有中国特色的企业新民工雇佣关系模式理论，具有一定的创新性。

（2）内容全面。本书针对新民工研究样本，不仅探讨了企业新民工雇佣关系模式的影响因素，还剖析了企业雇佣关系模式对新民工"三感"的影响机制，构建了提升"三感"的"五方"协同建设模型。

（3）方法多样。本书采用文献分析法、案例分析法、半结构化访谈、问卷调查等方法进行研究，值得指出的是，本书首次运用多案例研究法探讨了企业新民工雇佣关系模式的优化策略。

1.4.2 突出特色

（1）开发与验证新民工获得感量表。获得感是新时代背景下提出的新概念，其研究处在起步阶段，本书可为国内新民工获得感研究奠定一定的理论基础。

（2）探讨人力资源管理实践、组织特征、企业家特质、制度特征四类因素对企业新民工雇佣关系模式的影响机制。由于现有雇佣关系模式的前因研究稀缺，相关成果既不能从理论上解释西方成熟模式在中国出现的"水土不服"现象，也无法有效指导中国企业选择和建立最佳的新民工雇佣关系模式，本书为解释中国管理现象、指导企业雇佣关系模式实践奠定了理论基础。

（3）提升新民工"三感"是多因素综合作用的结果。本书遵循"情境化、前瞻性"原则，从"五方"角度出发，构建"五方"协同建设模型，提出了中国情境下提升企业新民工"三感"的雇佣关系模式优化策略，从而提升"三感"效果。

1.4.3 主要建树

（1）理论创新。提升新民工"三感"是为适应新时代发展需要而提出的新目标，与新时代中国社会主要矛盾的转化相呼应。本书结合中国国情和新民工特殊群体现状，挖掘具有中国特色的新民工雇佣关系模式理论，提出了中国情境下提升企业新民工"三感"的雇佣关系模式优化策略，在学术思想上具有较强的创新性。

（2）思路创新。本书既探讨了企业雇佣关系模式的前因变量，如人力资源管理实践、组织特征、企业家特质、制度特征四类因素对其的影响机制，也研究了企业雇佣关系模式对新民工"三感"效果的影响机制，研究思路清晰。

（3）方法创新。除问卷调查、半结构化访谈等效度研究常用的研究方法之外，本书首次尝试运用跨案例研究方法探究了企业雇佣关系模式的前因变量和结果变量。

第 2 章　文献综述

2.1　雇佣关系模式

2.1.1　雇佣关系模式的内涵与分类

查尔斯·莫瑞森（Charles Morrison）于 1854 年发表的《论劳资关系》一文中首次提及雇佣关系这一概念。徐淑英等[①]（1997）认为雇佣关系是一种经济的、文化的和心理的联系，这种形式的联系是雇主与雇员在正式或非正式的关系之间形成的。从企业角度来看，可以从组织内外两个角度来考察雇佣关系。本书集中讨论了企业外在视角下的雇佣关系，尤其是基于企业外部制度环境特征视角下的组织与制度的关系。

徐淑英等（1997）从组织视角开创性地建立了以激励-贡献模型为导向的雇佣关系模式。他们指出，企业为雇员提供的激励主要是指员工在工作过程中自己感知到的报酬，包括物质性报酬和发展性报酬。发展性报酬是企业基于未来发展对组织内员工进行的投资，如可持续成长培训及企业授权员工参与管理决策等报酬形式；物质性报酬是以金钱为基础的报酬，如工资、奖金、补贴等。组织期待雇员能做到的工作包含了两个方面：一是员工角色内的要求，是指组织希望雇员能够在合同范围内执行岗位特定的工作，这通常包含遵守组织规定、改进工作方法等基础性要求；二是员工角色外的要求，即组织期待员工在遵纪守法的基础上认真工作，积极建言献策，提高职业道德等。

徐淑英等（1997）根据"诱因"和"贡献"两个方面将雇佣关系进行了具

[①]　徐淑英（Anne S. Tsui），管理学领域知名学者。

体的分类，其中包括非均衡性的雇佣关系以及均衡性的雇佣关系，该划分结果已被国内外有关专家广泛接受，并将其视为研究雇佣关系时主要采用的重要分类准则。本书将采用这一分类方式，具体分类情况如表2-1所示。

表 2-1　雇佣关系模式分类

类型	诱因		贡献	
	高	低	高	低
工作导向型雇佣关系模式		√		√
投资不足型雇佣关系模式		√	√	
投资过度型雇佣关系模式	√			√
组织导向型雇佣关系模式	√		√	

资源来源：笔者根据现有文献整理而得。

在组织导向型的雇佣关系中，公司给员工提供的报酬性内容较多，雇员相应地也会满足组织提出的更多要求，可以看出选择这一雇佣关系模式的企业，其目的是要和自己的雇员建立长期的、稳定的雇佣关系，以雇员的长期发展为出发点，从而形成平衡关系，最终实现组织平衡。因而，这样的企业除为员工提供更高的薪酬外，还提供培训的机会等。在这个过程中，雇员作为回报不但要履行明确的职责，还要考虑公司的发展，如建言献策、帮助同事、提高职业道德、承担社会责任等。由于市场的不稳定，雇员的忠诚度下降（王拓等，2010），有更多的公司愿意通过这种方式与有才能的人建立长期的互惠伙伴关系，以促进企业的长远性发展，从而提高企业的竞争力（徐燕等，2012）。

在选择工作导向型雇佣关系模式的企业当中，员工与公司是纯粹的经济交易关系。员工可以通过完成高质量的工作来获得较高的物质性回报，或是通过较差的工作表现来获得较少的物质性报酬。这种雇佣关系模式一般适用于部分流水线上的一线工人，这种关系是一种既节约企业成本又高效的雇佣方式。

从投资不足型和投资过度型这两种雇佣模式中可以看出组织对员工的付出和员工对组织的回报之间存在严重失衡的情况，前者是指企业提供低投入却期望员工达到角色内和角色外的要求，后者是指企业对员工的投入高但只要求员工达到角色内要求。

2.1.2　雇佣关系模式的相关研究

在初步的划分雇佣关系之后，研究人员在此基础上深入研究雇佣关系模式。从现有的研究进展来看，这些研究大多从两个方面阐述，一方面是从影响雇佣关系模式的因素出发，进行雇佣关系模式的前因变量研究；另一方面是从雇佣关系模式对员工和组织两个层面的相关变量的影响出发，进行雇佣关系模式的结果变量研究。

2.1.2.1　雇佣关系模式的前因变量

针对雇佣关系的影响因素的研究大多是浅层次的研究。结合相关研究发现很多因素都会对企业雇佣关系产生影响（Tsui et al., 1997），主要从两个方面出发，一是企业外部面临的各种因素（经济、政策、市场等）；二是企业内部的各种情况（组织目标、组织结构、组织文化等）。这些都会对组织雇佣关系模式的选择产生或多或少的影响。但是结合相关研究来看，针对雇佣关系的影响因素的研究大多是从组织内部角度入手的。

从组织内部角度出发，雇佣关系的相关研究分析了企业的所有权结构、企业的内部结构、企业的人力资源管理等因素对雇佣关系起到的作用。关于所有权结构，在传统的国有企业中，组织为经理提供的发展性报酬低于非国有企业，但是对经理级人员的工作态度要求高于非国有企业；一般来说，传统的国有企业和民营企业提供给经理的物质性报酬低于外资企业（张一弛，2004）。关于组织层级结构，将组织结构按照集权程度和组织层级划分为机械式结构和有机式结构，当企业的组织结构是机械式机构时，它与企业的雇佣关系负相关；当企业的组织结构是有机式结构时，它与企业的雇佣关系正相关。关于人力资源管理，当人力资源管理在企业中的作用比较大时，企业的雇佣关系就会倾向于组织导向型；当人力资源管理在企业中的作用较小时，企业的雇佣关系模式是工作导向型（赵曙明等，2016）。

总之，企业在选择雇佣关系模式时主要受到组织内部因素的影响（如所有制形式、组织层级结构、人力资源管理的重要性等）。但从组织特征方面（组织文化和组织结构）入手探究雇佣关系模式的前因成果相对较少，有必要增加对雇佣关系前因变量的研究。

2.1.2.2　雇佣关系模式的结果变量

雇佣关系对雇员角度的态度、行为和回报率的作用非常大，同时对团队角度的变量和组织角度的变量的作用也非常大。研究得出，组织导向型雇佣关系对结果变量的作用比较大，而工作导向型雇佣关系对结果变量的作用不太大。

雇佣关系对员工的影响有丰富的研究成果，相关研究从雇员角度入手主要探讨了企业雇佣关系模式对员工态度、员工行为以及员工绩效的影响。针对员工态度这一结果变量的研究，主要是从员工对企业的相信程度、员工的责任心、员工是否愿意留在公司等方面进行研究。总结相关研究得出，当企业选择组织导向型雇佣关系模式时，员工对组织的信任度最高，并且组织承诺与企业的雇佣关系呈正向关系，雇员在工作中的状态最好，雇员在工作中的责任心最高，最满意自己的职业，而且想要离职的想法最少（马箭，2014；席猛等，2018）。但是当企业选择工作导向型雇佣关系模式时，员工对组织的信任度最低，并且组织承诺与企业的雇佣关系呈负向关系，企业中员工的离职意愿最高（李召敏等，2015）。针对员工行为这一结果变量的研究，主要从组织公民行为、员工创造性、员工的职业成长等因素进行研究，总结相关研究得出，当企业选择组织导向型雇佣关系时，员工的缺勤率最低，雇员的创新能力最强，员工有更多的助人行为；而在工作导向型雇佣关系中，员工的创造性最低（Tsui et al.，1997；郭桂梅等，2008、2011）。关于员工绩效这一结果变量的研究，当企业的雇佣关系模式是组织导向型和投资过度型时，员工表现出更高的工作绩效（Tsui et al.，1997）。

与员工角度相比，学者在研究雇佣关系时，针对团队和组织角度的研究较少，但是也总结出了一些结论。基于社会交换理论，组织层面的雇佣关系体现出了组织内部的企业成果，如果雇员享有的权利和利益比较大时，他们创新的意愿比较大，进而产生企业的创新绩效（Schepers et al.，2007）。在组织导向型雇佣关系模式下，组织给员工提供高诱因，对员工提出高期望，在这种雇佣关系中企业的智力资本和创新绩效较高，企业的劳资和谐程度和企业声誉是最高的，企业的绩效是最高的（马跃如等，2018）。研究发现，在团队层面，当企业选择的是组织导向型雇佣关系模式时，企业内部的创造能力较强（Jia et al.，2014）。

可以看出，多数的研究结论都表明，在企业的员工层面和组织层面上选择雇佣关系模式时，最优的选择是组织导向型雇佣关系模式。雇佣关系模式的结果变量研究层次如表2-2所示。

表2-2　雇佣关系模式的结果变量研究层次

雇员角度	雇主角度
雇员态度（员工的责任心、员工是否愿意留在公司）	企业创新
雇员行为（创新能力、缺勤率、助人行为）	团队创造力
雇员绩效	群体行为

资源来源：笔者根据现有文献整理而得。

2.1.3　雇佣关系模式优化策略研究现状

目前，大多数研究偏向于理论层面，关于如何优化企业雇佣关系模式的文献成果比较少，且现有的研究都比较分散。学术界对企业雇佣关系模式的优化研究主要分为四个部分：一是优化的原则，即企业在整个优化过程中秉承的理念；二是优化的技术，主要包括优化手段的分析和应用；三是优化的方向和策略，即企业具体该从哪些维度及采取哪些措施来优化雇佣关系模式；四是优化的效果，即优化策略实施后起到的作用。本书侧重于优化策略和效果的研究，通过对已有文献进行总结，可以将现有的优化策略归纳为三个层面，即组织层面、政府层面和新民工个体层面，主要包括五个维度的研究优化策略，即人力资源管理实践、组织文化和工会因素、企业家因素、政府制度因素以及新民工心理契约因素。

在人力资源管理实践方面，现有文献主要探讨通过哪些措施可以改善企业的雇佣关系模式，从而提高员工的绩效和改进其工作表现，提高员工对企业的认可度和忠诚度。孔楠等（2015）从企业的政策改善方面入手，通过研究发现录用政策、培训政策、绩效管理政策和薪酬政策的改善会对企业雇佣关系模式优化产生良好效应。魏巍等（2018）从员工沟通渠道入手，提出要加强员工参与渠道建设的力度，加大劳工权益保障力度，畅通劳动者权益诉求通道，从而进一步优化企业雇佣关系。通过归纳总结，可以发现企业对薪酬制度、激励制度、沟通渠道、培训制度等进行创新和改良，能够对雇佣关系模式优化起到正向作用，即对人力资源管理实践进行创新，可以优化企业雇佣关系模式（Wang，2021）。

在组织因素方面，现有文献主要涉及组织战略、组织结构、组织文化、组织工会等维度。关于组织结构，学者大多将其分为机械式结构和有机式结构，研究发现采取有机式结构可以在企业的雇佣关系优化上发挥更大效果。关于组织文化，现有文献证明了加强企业文化建设有助于改善雇佣关系，结果导向型组织文化和创新导向型组织文化对雇佣关系的影响路径有所不同。关于组织工会，通过研究发现，工会组织在协调农民工的劳资关系上发挥着重要作用，赵冬玲（2020）指出工会福利的提高会对企业雇佣关系的协调和改善产生良好效果。对上述成果进行总结，可以发现组织结构的设立、组织文化的改良、组织工会的建设都会影响到雇佣关系模式的优化效果。

在企业家因素方面，企业家作为雇佣关系模式的主要评测者，在决策过程中难免会体现出其个人风险偏好和成就需要，从而会影响到企业为员工提供的激励措施和期望员工付出的回报（李召敏等，2017）。因此，对企业家队伍进行建设可以更好地优化企业雇佣关系模式。在领导风格方面，不同类型的领导者对员工在工作等各方面的影响程度也会有所差异，现有研究关注了诸如变革型领导对员工工作投入程度的影响、真实型领导对雇佣关系氛围的改善和对员工离职倾向的影响、差序型领导对员工创新行为的影响和对员工自我效能感的调节等（马苓等，2020；Lim et al.，2015）。

在法律规范和政府政策方面，现有研究从薪酬制度、劳动合同制度、社会保险制度等方面展开研究。潘凌云等（2021）考察了薪酬抵税政策对企业雇佣关系的影响程度，同时指出对员工薪资收入进行制度性保障有助于改善企业的雇佣关系模式。国内诸多学者分析了劳动合同法是如何对企业的雇佣关系发挥作用的，同时指出完善的劳动合同法能促使劳动者不断提高自身素质，对提升企业的竞争优势、优化雇佣关系发挥着正向的影响。李喜燕（2006）考察了社会保险制度对民营企业雇佣关系的影响程度，通过调查和深入分析，认为社会保障等方面相关法律规范的制定和完善可以更好地保障劳动者权益和调节雇佣关系。

在心理契约方面，我国学者对此方面的研究比较丰富和深入。心理契约在人力资源管理中的作用越来越突出，在任何企业中，心理契约的维护都是十分重要的。当心理契约遭到违背时，人们必然会产生一些失望甚至愤怒的情绪，进而影响企业领导与员工之间的信任关系（高燕、夏飞，2016），心理契约在很大程度上影响着员工的工作态度。关于如何维护和强化心理契约，相关学者从招聘过程、管理决策、资源分配、弥补措施角度入手，得出强化心理契约的四种办法，同时也提出可以从组织内部的沟通和协商、组织福利的改善、组织领导者的行为引导的加强、组织中人事制度的完善等渠道来维护员工心理契约。针对新民工这一主体，心理契约维护十分必要，例如"民工荒"问题严重的地区与其他地区相比较，在企业与员工之间的心理契约方面存在诸多差异，因此要想构建良好的企业雇佣关系模式，必须要重视新民工心理契约的维护。

2.2　获得感

2.2.1　获得感的内涵

学术界指出获得感概念的出发点是人民群众在客观获得上的主观感受，劳动是产生获得感的有效途径（谭旭运等，2020）。从社会转型期的突发事件、社会矛盾、民生发展等方面出发探讨获得感并提出理论依据，因此学术界指出获得感的出发点是人民。在我国，提升获得感的政治性措施聚焦于从中央到基层的政策落实、结构多元和体验差异的民生诉求特征（李锋，2018）、社会供给对应需求的精准性等。

当前，学术界关于获得感的研究呈现出"定性研究多、定量研究少"的特点。尽管学术界对获得感内涵、涉及维度、实现途径等问题进行了深入的研究，但对于获得感的定义暂未统一，且其大多是思考性的规范论述，缺乏相关的数据支持。具体而言，在获得感概念及影响因素分析方面，杨金龙等（2019）等把获得感定义为建立在工作带来的客观实际收益基础之上的主观感受，是客观获得与主观感知有机结合的产物，即员工在实际工作中所获得的现实奖励与工作价值的实现，这是获得感得以生成的基础。曹现强（2017）认为获得感是一种主观感受，即获得感的发生必然会受到一系列社会心理的影响，同等质量的客观获得对于不同主体可能会产生不同的体验。在提出获得感理论依据评述方面，丁元竹（2016）认为获得感是以客观获得为基础的主观感受，强调其是一项指标，是实际社会生活中人们享受改革发展成果的多少和对这种成果享受的主观感受与满意程度，它包括客观获得和主观获得两个方面，二者缺一不可。在提升获得感的宏观政治政策落实探究方面，邱伟国等（2019）认为获得感是根据客观物质以及生活境遇的不断改善而自然产生的相较之前的主观满意度，并指出影响农民获得感的主要因素中"对社会重大问题的关切"这一因素的重要性要强于"个人或家庭的经济收入"。此外，也有学者综合多个视角展开研究。例如，谭旭运等（2020）分析了获得感的概念内涵和结构，认为中国传统思想、现代心理学和社会学等视角共同构成了获得感这一构念。

综上所述，有学者强调获得感是主观感受，具有精神与物质双重属性，并注重获得感所代表的付出与收获的相符程度。在综合过往学者对于获得感内涵观点的情况下，本书发现无论是强调获得感为主观感受还是客观发展的事实，其本质皆为在社会发展过程中人们在物质层面、精神层面的"获得"程度。因此，本书综合上述两种观点，将获得感定义为：人们对于自身实际获得或相对获得的东西是否能够满足自身需要的评价和感受。另外，当前针对获得感概念的研究成果颇丰，但在已有研究中获得感内涵结构尚不明确，仍存在与"安全感""满意感"等概念边界模糊的情况，学者借助社会调查项目所拟合的获得感构念测量指标也存在较大差异（谭旭运等，2020），无法反映获得感特性，本书在充分考虑上述问题的情况下将获得感划分为多个维度进行讨论，如表2-3所示。

表 2-3　获得感结构维度的部分研究

类别	研究者	研究对象	维度
单维度	孙远太（2015）	城市居民获得感	近三年社会地位的改变
	王俊秀（2018）	获得感	能得到希望拥有的重要东西
	冯帅帅等（2018）	居民获得感	是否得到生活中想得到的重要东西
二维度	王浦劬等（2018）	获得感	横向获得感、纵向获得感
	赵卫华（2018）	城乡居民获得感	绝对获得感、相对获得感
	辛世俊等（2018）	精神获得感	物质获得感、精神获得感

类别	研究者	研究对象	维度
三维度	文宏等（2018）	人民获得感	经济获得感、政治获得感、民生获得感
	谭旭运等（2018）	青年人获得感	获得感项目重要性、当前获得感知、未来获得预期
	黄冬霞等（2017）	思想政治教育获得感	心理层面、思想层面、行为层面
	姚迎春等（2018）	思政课获得感	知识论层面、价值观层面、方法论层面
四维度	吕小康等（2018）	获得感	个人发展感、社会安全感、社会公正感、政府工作满意度
五维度	杨金龙等（2019）	人民获得感	经济获得感、公共服务获得感、政治获得感、安全获得感、自我实现获得感
	杨金龙等（2019）	农民工工作获得感	工作收入获得感、工作安全获得感、工作环境获得感、工作时间获得感、工作晋升获得感
	谭旭运等（2020）	人民获得感	获得内容、获得环境、获得途径、获得体验、获得共享

资源来源：笔者根据现有文献整理。

　　获得感作为改革成效的评价标准之一、政府工作的重要目标以及政策设计的基石，也受到越来越多学者的关注和研究，对于获得感的定义学术界存在多种理解。总结相关文献，获得感主要有以下三个方面的含义：第一，获得感是一种主观感受，当个人的相关需求得到满足后，个体会产生愉悦、幸福、满足的感受以及归属感、成就感等，这些积极的感受就是获得感的来源。第二，获得感来源于实实在在的得到，强调"我"的实际获得，包括医疗、教育、经济等方面，获得感是共享改革发展成果的体现，要求维护人民的实际利益。第三，获得感除能够看到的实际方面的得到之外，还蕴含着精神方面的满足，如文化建设、政治参与等。因此，提升人民群众获得感不仅要从贴近人民生活着手，如经济、医疗、教育等，也应从文化产品和服务来满足人民的精神需求。因此，广义层面的获得感可定义为个体基于物质的获得和精神的满足产生的积极心理感受。

2.2.2　获得感的特征

　　（1）时代性。人民获得感的实现深受时代制约和影响，不可能超出时代生产力达不到的要求。例如，中华人民共和国刚成立时物质资源紧缺，人民获得感来源于能否吃饱穿暖，只要能够解决好温饱问题就能提升人民的获得感；改革开放后，人民的需求是摆脱贫困、拥有更丰富的物质条件，这个时候提升获得感需要大力发展经济并提高人民生活水平；如今已经全面建成小康社会，物质条件大大提升，人民精神层面的需求越来越高，因此这个时代提升获得感必须要满足人民的精神需求。

（2）全面性。人民获得感的全面性体现在内容和对象这两个方面。就内容来说，获得感不仅仅是物质条件的满足，精神方面的需求（信仰、理想、道德、艺术等）也越来越重要。获得感除物质和精神方面，还包括社会保障、生存安全、政治参与、政治地位等。获得感的对象是全体人民，尤其是弱势群体的获得感更加受到国家的关注，因此新民工的获得感对社会的发展至关重要，要了解他们的心理诉求，让全体人民都能够共享发展成果。获得感不是单一的，而是全方位的，是全体人民的获得感，涉及人们生存和发展的方方面面。

（3）可持续性。人们对未来情况的估计代表着人们对未来生活的信心和憧憬，这些会直接影响人们对现实获得的主观感受（辛秀芹，2016）。因此获得感不仅仅需要满足人民现在的物质、精神等需求，更重要的是要让人民感受到这种需求在未来也是可以得到保障的，而不是短期的、不确定的。因此，获得感必须立足当下，着眼未来，要具有可持续性。

（4）共享性。我国经济迅速发展，物质水平大大提高，但城乡差距、居民个人收入差距越来越大，这种不平衡的发展会滋生出许多问题，因此我们强调共享。共享就是要使全体人民有更多实实在在的获得感，从而增强圆梦的动力。共享应该是全面的、综合的，大致包括共享物质文明建设成果、共享精神文明建设成果、共享政治文明建设成果、共享生态文明建设成果、共享社会建设成果、共享伟大祖国在国际上的尊严和荣誉（林怀艺、张鑫伟，2016）。

2.2.3 获得感相关研究

目前学者对获得感的产生和影响机制都进行了相关研究。总结相关研究成果，发现研究大多从宏观角度出发，如探讨了政治参与、公共服务、经济收入、文化建设等方面对人民获得感的影响（汤峰等，2022），微观角度的相关研究较少。

关于政治参与，研究发现基层选举等体制内政治参与能够提升公众获得感，参与水平的提升可以显著提升经济获得感、政治获得感以及民生获得感；与之相反的是，公众体制外参与水平的提升会使经济获得感、政治获得感以及民生获得感显著降低（汤峰等，2022）。关于公共服务，其对获得感具有显著的正向影响，如教育、医疗保险、失业保险、劳动维权等。人民对于基本公共服务提出了更高的要求。尤其对于新民工群体，公共服务覆盖着他们生活的方方面面，而他们对公共服务保障也有着更高的要求（何书仪等，2022）。关于经济收入，宏观经济增长会给人民带来良好的经济信心与未来预期，个人经济收入提高，逐步满足人们对美好生活的向往，从而提升民众经济获得感（吴克昌、刘志鹏，2019）。关于文化建设，新民工不仅有物质需求，也同样有精神需求，而文化建设就是满足精神需求的重要方式，主要通过旅游出行、健康休闲、阅读提升、兴趣爱好发展等来影响获得感（何书仪等，2022）。

2.2.4 新民工获得感

学术界对新民工获得感的研究较少。有的从社会支持角度进行分析，认为影响农民工获得感强弱的直接因素是他们在城市工作和生活中遇到困难时得到的及时和有效的帮助（唐有财等，2017）。对比之前的农民工，新民工受到高等教育的比例增加，在城市的工作和生活中最难以接受的是受歧视，他们有着迫切的被尊重需求（关香丽等，2016）。因此，新民工获得感的提升需要满足他们的尊重需要和个人发展需求。

工作中获得的物质层面以及精神层面的激励是新民工提升获得感的重要来源。总结相关文献，工作中的获得感是建立在工作带来的客观收益之上的主观感受，即员工在工作中的感受和体验。有学者将员工获得感分为"客观获得"和"主观感觉"两个层次（王媛媛，2019；聂伟，2019）；有学者则认为员工获得感有三个层次：基础层次是工资收入和工作安全；中间层次是获得尊重和人文关怀的工作环境以及合理的工作时间；最高层次是工作晋升和自我发展（杨金龙等，2019）。

2.2.5 获得感的结构与测量

对于人民群众来说，获得感的提升涉及方方面面，如政治、经济、民生、环境等。首先体现在物质方面，物质的获得对人们来说是最真切的（如收入提高、生活质量提高、医疗教育便利等）。但获得感还有更多和更高的要求，我国目前已经全面建成小康社会，人们对于非物质方面的需求越来越多，高层次的获得感越来越重要。除此之外，获得感还有纵向获得感与横向获得感的区别。纵向获得感是指与自己的过去比较，现在的自己比之前好是获得感上升的一方面；横向获得感是指与社会上其他人相比较，如果认为自己与其他人付出的相同甚至更多但收获的却比别人少，获得感就会下降，因此，提升获得感还需要注重社会公平。

在企业中，提升员工的获得感主要涉及企业的薪酬福利、工作晋升、组织氛围等，而这些与企业雇佣关系模式息息相关。学者根据自己的研究方向得到了二维度、三维度和五维度的测量员工获得感的工具。乔玥等（2019）通过问卷访谈形成了物质和精神两个广义层面的职工获得感，即二维度模型；王媛媛

（2019）将员工获得感分为生理获得、心理获得和物质获得三个维度；杨金龙和王桂玲（2019）则在需要层次的基础上构造出了五维度结构，即工作收入、工作时间、工作安全、工作环境和工作晋升获得感。综上所述，员工获得感测量模型正在不断发展。

2.3　幸福感

2.3.1　幸福感的内涵

"幸福感"作为心理学研究上的专有名词，是人类个体认识到自己的有关需要得以满足以及人生价值得以实现时所产生的一种情绪状态，是由需求（包括行为动机、欲求、爱好）、感知、情感等心理因素与外部因素的互动所产生的一种繁杂的、多方面的心理状态。而在现实生活中，由于一个人将大部分时间与精力都花在与工作有关的事务上，因此个体在工作上的精神状态在一定程度上会对其一生的状态造成较大影响，因此提升员工的幸福感无论是对于国家还是公民个人来说都是意义重大的。目前针对幸福感的研究包含两种视角：一是以迪纳（Diener）等为代表的幸福感研究（Subjective Well-being）。迪纳等（2009）对幸福感的定义是：人们关于自己生活的情感上（心情与情绪）以及认知上的评价，包括态度与感知。态度方面即为个体在实际生活中对于某事件的体验所持有的喜好；感知是指对生活质量的认知评价，即生活满意感，包括整体生活满意感和具体某一领域的生活满意感。二是以 Ryff（1995）为代表所进行的心理幸福感研究（Psychological Well-being）。他认为心理幸福感是人生价值与自我潜能的实现所带来的心理体验，通过积极心理学的视角对心理层面上的幸福感的构成进行了总结，并划分了六个板块：自我认可、环境掌控、自主权、与他人关系的融洽程度、自我实现、生活期望。不难看出，这六大板块集中体现了个体实现自我价值的追求，是应用范围最广的心理幸福感描述之一。

综上可知，幸福感研究的侧重点是现实物质需要满足所带来的心理体验，而心理幸福感则更多关注人生价值实现、个体潜能发挥所带来的心理体验。虽然两者在理论体系与实际应用上存在差异，但是其中的关联度依旧较高，快乐和意义对于个体追求幸福美满生活有着同等重要的地位。因此，将幸福感看作一个整合了幸福感和心理幸福感的多维理念，有利于多视角、全方面地认识人类的幸福感。

2.3.2　幸福感的理论学派

关于幸福感的研究，出现了许多理论学派，比较有代表性的是人格理论、目标理论、比较理论和适应平衡理论。

人格理论即个人性格偏向，该理论认为性格偏向较为稳定的特质会对人们的行为及人们对生活事件的评价造成长期且强烈的影响。具有"幸福图式"的人，会以积极的方式对待和解决生活事件与环境趋向，他们的回忆通常会更美好，期望更积极向上，幸福感水平更高（马立英，2010）。

目标理论认为，目标在幸福感的产生与发展过程中扮演着对照物的角色，当人们不懈努力地通过符合自己价值观的行为实现目标时便会感到幸福。该理论还认为，相较于外在激励（金钱、外貌等），内在激励（实现自我价值）更能提升个人幸福感。

比较理论认为幸福感是相对的，是通过对照现实中的某些标准而决定的。这种比较包括纵向比较（自己过往的情况）、横向比较（他人的情况）以及理想期望值。其核心观点是人们总会不自觉地将自身与他人的能力、成就等方面进行比较。

适应平衡理论认为外在因素对幸福感的影响是有限的，人格特质则在对幸福感的平衡水平的决定性因素中发挥更大的作用。金钱与成就等方面对于幸福感的影响时间有限，当人们逐渐习惯这类刺激后，便会重构对于刺激的看法，幸福感便会回到基准点。

2.3.3　幸福感的概述

随着人们对于幸福感的研究日趋细致化，职场中人们的幸福感也受到了研究者的注意，"幸福感"一词便诞生了。关于幸福感的定义，国内外学者总体上已达成一致的意见，但是由于研究目的不同，在实体化含义上仍未实现统一。幸福感就是人们在工作活动中得到的满足感，如个人优势的发挥、从工作中获得的成就以及物质方面的报酬。从构成维度的角度对幸福感进行界定，即员工对工作的相关认识以及工作信仰的产物，维度主要包括工作环境、薪资待遇、职位晋升、同事关系和制度安排（Page et al.，2009）。国内学者结合我国集体主义文化特点，对幸福感含义也进行了相应的界定。郑国娟和张丽娟（2006）认为，幸福感是个体对工作领域的具体认知评价，主要包括员工对工作环境或工作各个层面的体验，这与苗元江（2015）将幸福感解释为员工个体对待工作具体领域的多个方面所产生的认知、评估、动机和情感有着相似之处。

通过学习国内外关于幸福感的研究成果发现，现阶段针对幸福感的研究主要集中于影响幸福感的因素。根据本书的出发点及目的，可以把国内外研究中关联程度较大的因素归纳总结为两大类，即组织因素与家庭因素。

（1）组织因素。第一，个人发展与自我实现。个人发展机会的积极感知能够为工作提供内在的报酬，所以可以带来幸福感（Diener et al.，2009）；无法充分发挥个人能力实现自我价值，不仅对青年员工的幸福感有着重要影响，甚至会导致他们离职（向征等，2003）。第二，人际关系。幸福感的本质就是人际关系，两者之间密不可分，因此，良好的工作氛围与同事关系可以有效增加员工的幸福感，与领导坦诚相待、互相信任的关系也可以提升员工的幸福感，并提升他们的组织认同感。

（2）家庭因素。影响员工幸福感的另外一大因素是家庭因素，无论个体的角色如何改变，家庭的影响一直存在。工作与家庭冲突会降低婚姻调节功能，导致个体对工作和生活的满意度下降，增加不幸福感、抑郁、压力等消极情绪。而家庭作为"避风港"，合理有效的家庭支持可以较好地缓解工作角色与家庭角色的冲突，使员工可以怀着积极的心态投入工作中，从而顺其自然地提升员工的幸福感。

2.4　安全感

2.4.1　安全感的内涵

安全感作为一个重要概念最早出现在西方精神分析学派与人本主义心理学派的研究中，主要把它作为一个人体心理学领域的概念进行研究。1942 年，弗洛伊德在认知理论中论述"缺乏爱或对身体受到危害的恐惧会产生焦虑，而这种焦虑会威胁到一个人的基本安全感"。之后马斯洛于 1945 年正式提出安全感概念，即"一种从恐惧和焦虑中脱离出来的信心、安全和自由的感觉，特别是满足一个人现在和将来各种需要的感觉"。他指出在生理需要、安全需要、归属和爱的需要、尊重需要和自我实现这五类人类的基本需要中，安全需要对于个人的发展非常重要，是个体心理的基本需要，是影响心理健康的重要因素。

也有学者从组织变革的角度将安全感定义为一种工作环境，认为员工的安全感越强，组织变革越能够顺利推进（Schein，1991）。卡恩（Kahn，1990）将安全感定义为员工在展现自我的过程中，不会在自我形象、职业生涯规划、能力与地位受到不利因素影响时产生顾虑。

此后学者虽然从组织层面和团队层面对安全感进行定义，如认为组织安全感是员工对工作环境安全性的感知程度（Brown et al.，1996），或将团队心理安全定义为团队中的成员共有的对团队人际关系风险和安全的感知（Edmondson，2003）等。但总体上对于安全感概念的核心界定比较统一，即认为安全感是一种由尊重和信任引发的风险感知弱化和安全感知增强的信念。本书同样沿用卡恩（Kahn，1990）的定义方式。

2.4.2 安全感的维度

根据表2-4发现，不管研究者是如何看待安全感概念的，其都会涉及一个共同问题，即哪些因素影响了安全感的形成。只有充分了解安全感结构维度，才能更好地去探究安全感的本质含义，才能真正制定出合理、科学的安全感量化依据。本书探究新民工心理契约对安全感的影响机制，针对雇佣双方之间的心理契约对其安全感的影响，本书认同崔澜骞（2013）在对新民工调研后得到的心理契约的结构维度以及丛中和安莉娟（2004）划分的结构维度。本书以新民工为研究对象，把心理契约作为影响因素，将安全感划分为四个层面，分别是确定控制感、认同安全感、人际安全感以及职业安全感，研究心理契约的三维结构模型对于安全感这四个层面的影响机制。

表2-4 安全感的维度结构

研究者	研究对象	维度
马斯洛（1945）	个体或群体	安全感
刁静等（2003）	大学生	①安定感②归属感③尊重感④适应不良性
丛中和安莉娟（2004）	正常人群和神经症患者	①人际安全感②确定控制感
陈顺森等（2006）	大学生	①能力评估②主观体验③具体情境的风险预感④虚幻情境的风险预感⑤模糊情境的风险预感
雷丹等（2009）	灾后群体	①安全需要的满足②归属需要的满足③确定感和控制感
汪海彬等（2012）	城市居民	①社会稳定②家庭安全③公共安全④社区安全⑤职业安全⑥身体安全
曹中平等（2010）	初中生	①情绪安全感②人际安全感③认同安全感
崔澜骞（2013）	新民工	①经济安全感②职业安全感③健康安全感④认同安全感

资源来源：笔者根据现有文献整理。

2.4.3　安全感相关研究

在安全感的概念范畴得到确定之后，许多学者以此为基础对安全感进行深入的研究，主要表现在两个方面，一方面探讨个人、团体和组织三个层面对安全感的影响，另一方面关注安全感对其他因素的影响机制，并总结相应的研究发现。

2.4.3.1　安全感的前因变量

对于安全感前因变量研究，主要从个体、团体以及组织三个层面开展。

（1）个人层面的安全感。目前对于个人层面影响安全感的因素研究较少，部分研究指出一些反映个体特征的因素，如专业地位、自我意识等个体状态特征会对安全感产生一定的影响。这可能说明个体层面对于影响安全感的感知权重比较少。在研究个体层面对安全感的影响方面，在团队内部形成的专业地位上的不同影响到了个体的安全感。当个体的专业地位比较高时，其安全感水平处于较高水平；反之，当个体的专业地位比较低时，安全感水平处于较低水平。员工的职业地位对安全感也有显著的正向作用（Carmeli et al.，2009）。

（2）团体层面的安全感。它主要探究了人际关系质量、群体活动与结构以及领导特征对安全感的影响。员工与领导或者同事之间的人际关系质量提升能够帮助他们之间换取信息，并能让他们感到自身被自己的领导或同事认同。卡尔梅利等（Carmeli et al.，2009）以高质量人际关系的两个维度（人际能力与人际体验）作为前因变量，分别研究了它们与组织安全感和学习行为之间的关系，研究发现人际关系对安全感具有正向影响，与此同时，他们又运用安全感探究了人际关系与员工吸收经验行为之间的影响，发现人际关系能够有效地影响员工的安全感。他们的研究证明了员工在企业中的人际氛围对于安全感具有积极作用。群体活动与结构特征是团队安全感的重要影响因素，研究认为清晰的团队目标、团队设计（包括情境支持，如获取丰富的资源、信息、奖励等）能够提升团队成员的安全感（Edmondson，2003）。领导特征是员工安全感中最有力的预测变量，员工是否感觉到安全感，有一部分取决于领导行为对其的影响。在领导特征因素方面，领导风格是研究安全感的最普遍影响因素之一。领导风格能够直接、有效地预测员工安全感，对员工的安全感产生显著影响（Li et al.，2013）。道德型领导、魅力型领导、变革型领导、服务型领导均能有效提高员工的安全感（张鹏程等，2011；Carmeli et al.，2014）。也有学者认为灵活、开放和清晰的管理风格能够提升个体安全感（Kahn，1990）。

（3）组织层面的安全感。研究发现来自组织方面的信任和支持能够增进员工对于组织安全氛围的感知，从而提高员工的安全感。实施组织信任能够对员工的个体安全感产生积极影响（李宁等，2007）。有研究从提高创新行为的三种情境成分出发提出了情境的不一致性问题对于组织安全感的影响。这三种情境成分指的是价值规范、工具性奖励、评估压力（Murray et al.，2004）。也有学者认为来自领导和同事的信任可以对员工人际安全感产生显著影响，而系统信任也能够对组织安全感产生显著影响（李宁等，2007；韩平等，2017）。

综上所述，可以看出个人、团体、组织层面对于安全感都有一定程度的影响，只是所占的权重不同。

2.4.3.2 安全感的结果变量

目前，关于员工安全感带来的影响理论研究并不丰富，主要集中于安全感给员工行为带来的影响，体现在员工的学习行为、建言行为、创新行为、工作敬业度等方面。

其一，研究表明员工的安全感能够增加其学习行为，在研究团队安全感时将其作为改善团队学习行为的有效因素，安全感给个体提供一种不怕被消极评估的感觉，即便他们在学习的过程中出现失败也不会担心被消极评价。

其二，安全感能够提高员工表达建议的意愿（Edmondson，2003）。安全感可以提高员工向企业提出意见的倾向，他们可以无所顾忌地指出企业的不足之处。与学习行为一样，有研究认为员工建言行为的过程中也包含着被消极评价和惩罚的风险，因此，如果没有能保证员工不被消极评价的条件，员工一般不会轻易做出进谏行为（段锦云和钟建安，2005）。如果员工的安全感得到满足的话，那么他们的建言行为的频率就会提升。

其三，安全感的增加还能增加员工的创新行为。团队安全感能促进员工创新，参与的安全感能够提高高层管理团队中的创新能力（Eggleston et al.，1996）。安全感与抑制性建言有强相关性，比起促进建言行为，安全感对于抑制性建言行为的意义更重要（李锐等，2009）。安全感会为员工提供足够的确定性，能够积极促进创新行为。

其四，工作敬业度是个体安全感的一个重要的结果变量。当员工相信他的工作行为不会受到太多负面评价时，其就会在工作里投入更多。卡恩（Kahn，1990）发现了提升员工敬业度的三种心理条件：安全感、对于工作目标的控制以及人际交流程度。当企业能够提升他们的安全感和活跃人际氛围时，那么员工的敬业度就会明显地提升。

2.5 新民工的获得感、幸福感、安全感研究现状

2.5.1 新民工的内涵与特点

新民工是在时代进步背景下，伴随着改革开放和中国的城镇化、工业化进程，逐步成长起来的一批新兴劳动力群体（艾嘉，2011）。2010 年 1 月，中共中央、国务院颁发的中央一号文件首次正式提出了"新生代农民工"这一概念，要求针对我国涌现的新民工问题，采取有效措施进行解决，同时推进新民工市民化。自此，新民工正式进入了大众的视野。

在文献研究中，新民工这一群体概念最早在 2001 年被提出并展开论述，此后陆续有学者对新民工概念进行补充和修正，他们从年龄和成长背景上将其与一代农民工和二代农民工区分开来，并把新民工定义为处在一代、二代农民工之间的过渡型人口。后来，王国猛等（2019）将新民工定义为在城镇从事农业生产以外的工作，户籍却依然保留在农村的"80 后""90 后"群体。目前学术界对于新民工这一劳动力群体的定义有所区别，通过对现有文献进行整理，可以发现已有研究主要是从六类关键词来解释和定义的：年龄层、户籍地、受教育程度、成长背景、工作内容以及外出务工动机。

目前学术界对新民工特点的研究比较丰富，通过对现有文献进行总结，可以用"三高一低"来归纳新民工的特点。"三高"即更高的受教育水平、更高的工作期望、更高的物质和精神层面需求，"一低"表现为较低的工作耐受力。相较于老一辈的农民工，新民工的学历教育水平有所提升，对于城市生活和工作有更高的期望，除经济生活外，新民工对文化精神生活和心理诉求也有了更加强烈的需要，他们渴望受尊重、渴望融入城市、渴望得到更多的劳动权益。但新民工的成长也面临许多困境，由于收入水平偏低，他们在经济上存在较大压力，文化差距造成的自卑心理使他们在心理层面融入城市生活也存在一定困难。因此提升新民工获得感、幸福感和安全感十分重要，可以帮助新民工更好地融入城市生活。

2.5.2 新民工的获得感

2015 年 2 月，习近平总书记主持召开中央全面深化改革领导小组第十次会议指出，把改革方案的含金量充分展现出来，让人民群众有更多获得感。同时，党的十九大报告、二十大报告也提出要重视和满足人民对美好生活的需

要，让人民在国家发展中同步增强获得感，获得感提升越来越成为新时代的重要课题。获得感作为衡量我国人民生活质量的重要指标，具有很强的本土气息，日益受到了政府和学术界的关注。周海涛等（2016）认为"获得感"是主体对参与机会、认同程度、成就水平和满足状况的综合感受。通过梳理过往文献可以发现，不同学者对获得感的概念阐述有所差异，但主要内涵大致相同，获得感即在设定的条件范围内，评价主体基于客观现实的获得而产生的一些积极的主观心理感受。

作为近些年兴起的概念，虽国内诸多学者对新民工获得感内容没有进行直接论述，但相关研究观点为后面特定群体获得感的测量奠定了良好基础。大多数学者将获得感划分为单维、二维、三维和四维。国内部分学者将获得感拆分为物质满足感和精神获得感，并将获得感与幸福感和满意度进行比较；基于廉政建设新形势，获得感被划分为政治获得感、经济获得感、精神获得感和社会获得感四个维度。王浦劬等（2018）在社会剥夺感的研究基础上对获得感进行研究，最终将其从社会公正层面展开为横向获得感和纵向获得感；王恬等（2018）将获得感主要划分为与社会生活息息相关的经济获得感、政治获得感和民生获得感；董洪杰等（2019）认为获得感可以描述为与环境要素、感知体验、渠道、具体内容和分享范围相联系的五个维度。综合上述文献，可以发现获得感的内容被不同的学者划分出不同的维度，包括物质层面和精神层面、横向角度和纵向角度、个人层面和社会层面、经济政治层面和民生层面等，但总体来看，无论如何划分，获得感的内容至少包括客观物质获得和主观心理感受两个方面。

关于新民工获得感前因变量和结果变量的研究，已有文献鲜有对此内容论述。关于获得感的前因变量方面，经过梳理发现，在客观社会阶层和主观社会阶层的共同作用下，大众的获得感会发生变化。从社会心理学的角度入手，在分析新民工获得感现状的基础上，现有研究提出依靠政府政策、社会组织、市民群体和农民工本身，通过"四位一体"的作用提升农民工的获得感。王恬等（2018）认为，社会阶级、薪资收入、年龄结构、户籍因素等都会对获得感发挥影响作用。廖福崇（2020）将获得感与社会服务相联系，认为公共服务质量的高低会影响到民生获得感。关于获得感的结果变量，我国学者通过研究和分析发现，农民工的获得感在与政治信任结合的前提下，会影响其利益表达。叶胥等（2018）经过研究得出结论，民众获得感的增强会提升他们的生活满意度。综合来说，获得感是作为一个综合性概念来研究的，它必然会受到诸多前因变量的影响，同时又会对一些结果变量产生作用。

综上所述，可以发现学术界目前对于新民工获得感暂时没有达成完全统一的概念，同时社会上也缺乏对新民工获得感提升的相关策略，这在很大程度上会限制企业提升新民工的获得感,进而影响到企业的新民工雇佣情况和社会进步。因此,研究该如何提升新民工的获得感在新时代的形势下是十分重要的。

2.5.3 新民工的幸福感

学术界关于幸福感概念的解释是与时俱进的。在传统经济学意义上,收入水平和物质消费水平是衡量幸福感的重要因素。后来随着经济的发展和人民生活水平的提高,幸福感演变成了涉及客观物质层面和主观精神层面的多维度概念。我国关于幸福感主体的研究呈现出多元化特点,按年龄可以依次划分为儿童、青年人和老年人,按主体性质可以划分为不同职业或劳动力群体,如教师、学生、农民工。针对新民工这一主体,张波等(2017)将他们的幸福感内涵解释为,在政府政策、社会环境及农民工个体的共同努力下,既解决农民工在进行城市融入时遇到的一系列制度层面的问题,又更加关注他们的心理状态,给予他们更多的尊重与爱护。

关于新民工幸福感的测量,张波等(2017)将其划分为三个维度,即物质层面、社会层面和心理层面。从物质层面来说,个体在主观上的需要是与物质基础密切相关的,经济因素也是衡量新民工的薪资水平、消费水平、居住状况的重要因素,对新民工的幸福感发挥着基础性作用。例如,稳定的职业和收入会增加新民工的幸福感,失业、收入差距大等因素则会让其产生不幸心理。从社会层面来说,社会环境、社会支持、人际关系、发展条件等都会对新民工的幸福感发挥关键作用,也是衡量新民工城市融入的重要指标。从心理层面来说,在企业或社会中得到接纳和认同,会增加新民工的归属感,进而助力其提升幸福感。

关于新民工幸福感的影响因素的研究,包括与新民工主体相关的人格特质、地位、收入、心理健康等(陈艺妮等,2017),与工作相关的劳动时间、工作与家庭冲突等因素,以及工作场所社会支持等发挥的影响。在如何提升新民工幸福感的对策研究方面,张波等(2017)结合时代特征,提出要从完善工资增长机制、改革户籍机制、加大社会保障力度、丰富职业培训、增强心理健康维护、营造和谐氛围等多个方面入手。

2.5.4 新民工的安全感

最早对工作不安全感进行系统化研究和分析的定义是“个体在工作受到威胁的状况下,因担心工作能否持续而滋生的一种无助感”。近年来我国越来越重视对安全感的研究,相关文献也逐渐丰富起来。部分学者将安全感解释为主体对随时可能出现危机的感知和进行危机化解时的心理起伏状态;结合个体特质,有学者将安全感定义为主体在进行日常交往与工作过程中所表现的信心和自由程度。

综合安全感的相关文献，可以将安全感的含义归纳为三个层面：首先，安全感是源自主体的一种主观的感受和心理体验，它表现为一种意识形态；其次，通常在面对有压力、有危险的外部氛围时，安全感会显现出来；最后，安全、自由、信心、确信度等多种要素共同参与和组合，构成了安全感这一概念。

安全感的影响因素也得到了学术界的重视和讨论，众多学者针对不同群体的安全感开展了研究。针对新民工这一劳动力群体，从求职者的角度进行分析，通过研究可以发现关系型求职是影响农民工安全感的一个重要因素。李云（2014）通过调查分析了新民工的安全感状况，研究发现学历层次的差距、薪资水平的高低会使新民工在人际安全感上表现出一定程度的差别，同时认为政府应该加大财政投入力度，在提高新民工安全感过程中承担重要责任，帮助他们在城市中生存扎根。综合相关研究成果，可以发现家庭状况、年龄结构、受教育的程度、社会阶层和地位、人际关系等都是影响个体安全感的重要因素。

综上所述，可以发现安全感对于个体心理健康和价值的实现具有十分重要的作用。一般来说，具有安全感的个体在工作与生活中会更加自信和自由，会渴望努力奋斗以实现自身价值。而缺乏安全感的个体会产生强烈的排斥感，难以接纳自我，对人际关系缺乏信任，长此以往容易造成人格障碍。基于安全感的重要程度和新民工这一主体的特殊身份来说，研究如何提升他们的安全感是十分必要的。

第3章 企业新民工雇佣关系模式的影响因素研究

　　企业新民工雇佣关系模式的形成是组织内外部多种影响因素共同作用的过程。对影响因素及作用机制的探究是解释西方成熟模式在我国出现"水土不服"现象以及指导我国企业选择和建立最佳模式的基础研究。目前虽然国内已有探讨我国本土企业雇佣关系模式的研究，但在已有理论研究和成果中，鲜有文献直接关注企业雇佣关系模式的前因变量，大多聚焦对其结果变量的研究，而在结果变量的研究中，绝大多数探讨关于员工角度的变量，包括员工敬业度（席猛等，2018）、员工福祉（李召敏等，2015）、创新行为、职业胜任力等。在关于雇佣关系模式的前因研究方面，仅有针对所有制形式（张一弛，2004）、人力资源管理重要性与能力（赵曙明等，2016）对于雇佣关系模式的影响的研究，但在人力资源管理实践领域的研究则较少。除此之外，已有研究忽视了企业雇佣关系模式随企业发展而变化的过程，多数是对四类雇佣关系模式进行分别研究。同时，新民工作为我国特殊的劳动力群体，如何处理他们与企业之间的关系、满足其物质需求和心理需求具有重要意义，但目前研究并未在雇佣关系模式层面对由新民工群体的出现和发展所引发的管理问题给予足够的重视。

　　根据本研究团队的前期研究框架与结果（赵曙明等，2016；徐云飞等，2017），本部分从人力资源管理实践、组织特征、企业家特质和制度特征四个方面深入探讨企业新民工雇佣关系模式的影响因素。

3.1 人力资源管理实践对企业新民工雇佣关系模式的影响机制研究

　　在全面深化改革和全球化的背景之下，企业发展面临着复杂多变的内外部环境，以提供激励和期望贡献两维度划分而成的四种雇佣关系模式在我国本土企业中发生了重大的变革，从传统的单一模式转变为工作导向型和组织导向型等多种模式并存（张一弛，2004）。企业的雇佣关系模式是如何跟随组织的发展阶段而形成并演化的，企业内部的人力资源管理实践又通过何种因素影响雇佣关系模式的类型，针对企业的雇佣关系模式在特定变量下的动态变革过程值得我们关注。企业雇佣关系模式的形成与变革受到雇主和员工之间关系的影响，随着经济社会的发展，组织与员工的地位关系、匹配程度是在不断调整和变化的（徐燕等，2012）。随着互联网时代的到来，员工的需求逐渐多样化，不仅关注物质上的满足，还会关注能否获得职业满足感，更希望增强工作的自主性和灵活性（刘寒松，2019）。新民工作为企业雇佣群体中的一部分，其数量在迅速增加，并已成为外出务工的主体。如何满足新民工的需求以更好地激励其提高工作绩效和积极性，化解企业与新民工的劳资冲突，并针对新民工员工群体形成有利于生产经营的雇佣关系模式是我国本土企业管理的重要问题。结合西方相关研究理论，当企业采用组织导向型雇佣关系模式时，员工能够得到高水平的激励，员工的工作绩效往往会更优秀，组织与员工的关系会更和谐，企业也能提高市场竞争力（Tsui et al.，1997）。企业对新民工采用何种类型的雇佣关系模式受到众多因素影响，其中企业采用的人力资源管理实践类型会影响企业的实践逻辑，进而对关于组织与员工之间关系的变量产生影响，最终决定该阶段企业的雇佣关系模式。而处于不同发展阶段的同一企业会跟随市场、政策等因素调整企业战略和人力资源管理实践类型，这就造成了企业雇佣关系模式的变革。因此，本部分将基于社会交换理论，通过时间序列研究人力资源管理实践对企业雇佣关系模式的影响过程。

本书拟打开人力资源管理实践对企业新民工雇佣关系模式的影响机制的"黑箱"，揭示在企业不同发展阶段中的不同类型的人力资源管理实践通过何种路径作用于新民工雇佣关系模式的变革。基于此，选择两家案例企业，针对新民工群体，采用纵向多案例研究方法，并对所获得数据进行编码与分析，探讨控制型和承诺型人力资源管理实践对雇佣关系模式的影响机制。研究贡献在于丰富雇佣关系模式的前因变量的研究，为企业针对新民工的雇佣关系模式的选择与变革提供实际理论和管理参考，促进对企业雇佣关系模式发展和变革实施更深层次的理解。

在理论上，该部分在参考现有研究成果的基础上针对新民工这一特定群体，通过对案例企业的研究，探索人力资源管理实践对新民工雇佣关系模式的影响机制。一方面，本部分丰富了人力资源管理实践的研究，将雇佣关系模式引入人力资源管理实践的研究中，深入研究控制型人力资源管理实践和承诺型人力资源管理实践对新民工雇佣关系模式的影响。另一方面，本部分拓展了雇佣关系模式的影响作用机制，并引入时间性研究，对探讨新民工雇佣关系模式影响因素的作用机制具有参考意义。

在实践上，首先，探讨人力资源管理实践对新民工雇佣关系模式的影响机制有助于企业选择和实施与企业战略相匹配的人力资源管理实践活动，并为企业进行适合自身成长和发展的雇佣关系模式变革提供指导；其次，可以帮助企业优化新民工雇佣关系模式，使其有利于企业创新发展；最后，这为化解企业新民工治理难题、促进新民工适应现代企业提供实践指导。

3.1.1　人力资源管理实践

3.1.1.1　人力资源管理实践的内涵与分类

人力资源管理实践是指"影响员工行为、态度以及绩效的各种政策、手段、制度等的总称"（Huselid et al.，1997），包括组织内的招聘与选拔、培训与开发、绩效管理、薪酬与福利、团队合作等多种实践活动。最佳实践和匹配实践理论可以解释人力资源管理实践对雇佣关系模式的影响机制，人力资源管理实践的研究视角主要包括最佳实践视角、形态视角和权变视角（叶海英等，2010），其中大多数研究是通过上述视角探究人力资源管理实践对企业绩效的影响。许多学者认为人力资源管理实践能够直接对企业绩效产生影响，两者之间至少存在一种正向的联系，且这一正向影响在战略人力资源管理领域已基本达成共识。在最佳实践视角中，Huselid（1995）提出高绩效工作实践为企业的最佳实践，而 Arthur（1992）提出高承诺工作实践为最佳实践；形态视角是将企业内部系统的匹配与企业战略对应，以实现人力资源管理实践的内外部匹配（叶海英等，2010）；权变视角强调企业应该根据其所处的社会环境选择不同类型的人力资源管理实践（毛娜等，2010）。因此，企业会根据人力资源管理实践的类型选择相匹配的雇佣关系模式，从而对企业整体绩效、员工态度和行为产生影响（王朝晖等，2008）。基于上述观点，人力资源管理实践类型会根据企业的发展阶段而变化，并通过影响企业的激励方式和对员工的期望贡献使雇佣关系模式发生变化。

人力资源管理实践可以划分为控制型人力资源管理实践和承诺型人力资源管理实践两类，且相较于控制型人力资源管理实践，承诺型人力资源管理实践有利于获得更好的企业绩效（Arthur，1992）。承诺型人力资源管理实践期望促使组织与员工形成长期交换关系，包括广泛培训、内部晋升、员工参与、员工安全、知识与信息分享、利润分享等实践（Delery et al.，1996）；控制型人力资源管理实践期望促使组织和员工形成短期交互关系，包括严格招聘、员工竞争流动、纪律管理、规范详细的工作分析、结果导向的绩效考核等实践。基于社会交换理论，员工从组织获得的报酬和资源、社会互动会影响员工在工作中的努力程度和组织认同感（Blau，1986）。控制型人力资源管理实践聚焦于建立员工和组织间的经济关系。相比控制型人力资源管理实践，承诺型人力资源管理实践能够使员工感知到被企业重视和欣赏，获得除物质满足之外的心理满足感，建立社会交换关系和心理联系，从而使员工不仅关注角色内工作要求，还关注角色外工作要求（Shore et al.，1995；Arthur，1994）。

3.1.1.2　人力资源管理实践的特征

基于交换和互惠原则，在承诺型人力资源管理实践中员工会将有利于自身职业成长和发展的人力资源管理实践活动看作组织对他们的承诺，从而增强对组织的认同感和承诺感。其具有以下特征：强调组织内部关系，注重员工与组织的深度匹配；组织薪酬政策强调团队或者组织绩效，而不是个人绩效；把员工的潜能开发、职业生涯发展以及学习组织共享知识作为培训和绩效评估的目标（Delery et al.，1996）。同时，组织在采用承诺型人力资源管理实践时，人力资源管理实践的各个模块之间具有内部一致性（Combs et al.，2006）。而控制型人力资源管理实践对员工进行控制管理，主要采取制定严格的规章制度、设定工作绩效目标等方式达到提高企业绩效的目的。其具有以下特征：强调员工的工作绩效，希望员工能最大限度地提高绩效；缺乏对员工长期职业发展的关心，注重短期个人绩效的提升（苏中兴，2010）。因此，控制型人力资源管理实践存在对员工的潜在剥削性，企业向员工传递的最大限度提高绩效这一信号会引发员工的内心焦虑。

国内相关研究表明，在转型期的中国，符合我国企业持续健康发展和高效管理要求的是控制型人力资源管理实践与承诺型人力资源管理实践相结合的人力资源管理系统（李召敏等，2017）。国内高绩效企业普遍运用以结果为导向的绩效考核方式，在经营管理中强调通过人才竞争流动机制和严格的劳动纪律管理促使员工提高价值创造能力，以获取企业竞争优势，而西方高承诺工作系统强调行为导向和以能力开发为目的的考核（苏中兴，2010）。相比西方国家的企业，我国企业需要更多强调结果导向与行为导向相结合的绩效考核方式，这样才能有效利用考核结果对员工实施奖惩。

3.1.2　分析框架

以新民工为研究样本，关于雇佣关系模式形成与变革的研究具有社会价值，表明我国政府关注新民工的心理健康和利益维护，但目前关于新民工福祉效果的相关研究却很少。新民工已经成为现代城市社会生活的重要组成部分，但随着国内产业转型升级的不断推进，许多企业和众多新民工都面临用工与就业的严峻考验，企业和社会也面临着严峻的治理考验；而新民工文化水平的提高使其物质需求和心理需求更加多样化，他们希望提高工作参与感和满意度，实现自己在工作中的价值。

人力资源管理实践对在激励-贡献模型下划分的新民工雇佣关系模式的形成与变革产生影响。人力资源管理实践有控制型和承诺型两类（毛娜等，2010），控制型人力资源管理实践关注短期内企业与员工的物质交换，承诺型人力资源管理实践则关注企业与员工的长期交换，包括员工的物质需求和发展需求。据此将企业的实践逻辑划分为控制逻辑和承诺逻辑，不同类型的人力资源管理实践会产生不同的实践逻辑，进而影响员工和组织的关系，而两者间的交互，尤其是组织支持感（Eisenberger et al.，1990）和个人-组织匹配的程度（Kristof et al.，2005）最能影响员工的态度和行为，员工感受到高水平的组织支持感往往意味着企业给予员工能够满足其各项需求的报酬，而企业对个人与组织匹配的要求反映出其对员工在工作上的期望。因此，本书选择组织支持感和个人-组织匹配为过程变量，探究人力资源管理实践如何通过中介变量对企业新民工雇佣关系模式产生影响，并初步搭建了人力资源管理实践对新民工雇佣关系模式的影响机制的分析框架，如图 3-1 所示。

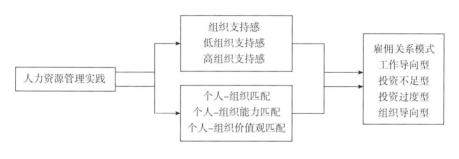

图 3-1　分析框架

资源来源：笔者根据研究思路绘制。

结合图 3-1 可以推断出人力资源管理实践（控制型和承诺型）这一因素会通过组织支持感和个人-组织匹配两个过程变量对新民工雇佣关系模式产生影响，但事实上不同类型的雇佣关系模式不是在相同时期通过同一路径形成的，人力资源管理实践、组织支持感、个人-组织匹配和不同类型的雇佣关系模式间的影响关系尚未明确。本书将从上述分析框架着手，根据企业的发展时序，构建以控制型和承诺型人力资源管理实践为前因变量，通过组织支持感和个人-组织匹配影响企业新民工雇佣关系模式变革的作用机制和过程模型。

3.1.3 研究设计

3.1.3.1 研究方法

首先，采用纵向多案例研究方法，对两家处于不同行业的企业进行实地调查和访谈。具体原因如下：第一，聚焦本土企业的人力资源管理实践对四种雇佣关系模式的影响机制，这需要详细展示各因素间的影响路径，探索性的案例研究方法十分适用于微观问题的深入探讨（Yin，2013）。第二，研究目的不在于验证假设，而在于构建影响路径和模型，多案例研究可以提高最终结论的普适性和可靠性，通过将基于单个案例的数据所得结论，在另一案例企业中得到验证和复查，进而建立事实的趋同迹象（韩炜等，2021）。第三，本书涉及新民工雇佣模式更替前后的对比研究，关注企业在不同雇佣模式阶段的个人与组织匹配问题，因此随着时间推移研究事物出现、发展和变革的原因，采用纵向案例分析法比较适合。

其次，案例研究过程中融入时序区间法（Langley，1999）。具体原因如下：第一，纳入时间因素分析人力资源管理实践对企业雇佣关系模式产生的动态影响，有助于探讨企业随着管理实践的变革其雇佣关系模式的变化过程。第二，按照时间和逻辑顺序划分时序区间，研究随时间变化而逐步展开的过程。基于上述理由，采用纵向多案例研究方法，并融入时序分析法，将访谈获得的数据与既有理论和构建的模型相匹配，从而分析总结新民工雇佣模式变革过程中变量间关系的变化。

3.1.3.2 理论抽样与案例背景介绍

为更好地回答"人力资源管理模式如何对企业新民工雇佣关系模式进行影响"的研究问题，所选案例应该呈现出针对新民工群体的雇佣关系模式变革特征。基于此，选择两家民营企业为研究对象，它们分别处于零售行业和餐饮服务行业。PDL集团创建于1995年，在HN省内拥有30多家连锁门店，涉及食品、服装、电器等商品零售，能够满足不同层次人群的消费需求，因其优质的服务水平和物美价廉的商品深受当地市民追捧。BN公司创立于2001年，立足于其独特的品牌理念和极具特色的产品，近几年发展迅速，积极向全国扩展经营规模。

使用案例研究方法可以将研究范围进一步缩小和集中，使研究结论更有参考价值，而选择上述两家公司作为研究样本是因为：第一，这两家企业所处的行业是在新民工从事行业中占比较高的，其雇员中新民工群体所占比例较高，研究结果具有代表性，且案例企业来自不同的行业使研究更有说服力；第二，两家案例企业的雇佣关系模式有明显的变革过程，且企业关于提供激励和期望贡献的信息清晰、可得性较高，能够体现不同时期企业雇佣模式的类型，满足数据分析的要求。鉴于企业对访谈内容的保密要求，本书将用企业名称的拼音首字母作为特定代码，以此表示具体企业名称。

3.1.3.3　数据收集

研究团队在 2020 年 6 月至 8 月进行实地调研。采用三种方法收集数据，即半结构化访谈、非参与性观察、二手资料收集。其中，半结构化访谈和二手资料收集是本书的主要数据来源，非参与性观察是补充数据来源，其为研究提供了更全面的数据信息。

第一，半结构化访谈。研究团队对管理人员和新民工员工两类群体进行半结构化访谈。访谈内容分为两部分：首先，重点了解了两家案例企业的发展历程和企业战略；其次，通过关键事件描述法，深入了解企业中新民工员工的组织支持感，以及企业的激励方式和期望贡献等，进而研究企业的人力资源管理实践活动，探索企业的雇佣关系及其影响机制。管理者和普通员工对同一问题的认知存在差异，但也可以相互印证，提供不同角度的信息，使研究更加全面。

在正式进行访谈之前，首先针对管理人员和新民工员工两类群体分别设计访谈问题，并提供匿名保证书，保证对访谈内容进行保密。在访谈地点的选择方面，会根据受访者的想法选择使其感到舒适和轻松的地点。在征得受访者同意后，对面谈过程进行录音和文字记录，并在后续整理信息时通过录音对文字记录进行补充和修正。

第二，非参与性观察。观察企业的实际工作环境、日常工作任务、绩效考评会议等，非参与性观察为研究内容提供了更加全面的信息。

第三，二手资料收集。主要通过企业的官方网站、招聘与培训信息、员工绩效考核表、员工流动数据等方式收集二手资料，完善关于企业人力资源管理实践类型和雇佣关系模式的信息。调研情况如表 3-1 所示。

表 3-1　调研情况

名称	所属行业	访谈对象、次数	访谈时间	二手资料	现场观察
PDL	零售行业	管理人员：1 次 员工：2 次	140 分钟	企业网站、招聘信息、内部资料	企业工作区域
BN	餐饮服务行业	管理人员：1 次 员工：2 次	160 分钟	企业网站、招聘信息、内部资料	企业工作区域

资源来源：笔者根据调研数据整理。

3.1.3.4 数据编码与数据分析

数据编码和分析过程如下：整理通过各个渠道所获得的企业信息，并根据企业新民工雇佣关系模式的变革过程进行数据分析和编码，使用了初始编码、轴心编码和理论编码三种编码方法（Charmaz，2006），将原始数据逐步理论化。详细步骤如下：首先，对访谈所获得的文字数据信息进行归纳，从中提取关键词语，并将所提取的词语以及它出现的语句标注出来，整理形成规范的描述性语句。其次，根据研究逻辑框架，删除与研究主题无关的信息，将编码与同主题相关的关键语句相匹配，形成初始编码。在此过程中，大量运用访谈所获取的信息，在受访者运用的原始语句的基础上构建数据结构表，增强访谈数据的可靠性和客观性。再次，在第一步编码的基础上进行轴心编码，作为二级构念，分析这些编码之间的关系，将其归纳到相应的关键构念中，并使用规范语言对二级构念设定概念。最后，基于案例企业的时序区间、雇佣关系模式建立总体分析框架，提炼出人力资源管理模式对企业新民工雇佣关系模式的影响机制模型。数据结构及二级构念所对应的定义内涵如表3-2所示。

表3-2 数据结构及二次构念所对应的定义内涵

关键构念	二级构念	定义参考	典型例证援引
人力资源管理实践	控制型人力资源管理实践	企业强调工作绩效，促使组织和员工形成短期交互关系	"企业要求员工完成工作任务，保证服务满意度和销售业绩，定期向其他部门反映顾客消费偏好。"（PDL） "保证就餐卫生、及时为顾客提供服务是我们的基本工作，认真热情地为顾客服务是员工的重要职责。"（BN）
	承诺型人力资源管理实践	企业重视员工的长期发展和潜能开发，促使组织和员工形成长期交互关系	"企业会为我们提供培训机会，关注我们的职业生涯规划，切实关心员工的生活与幸福感和满足感。"（PDL） "我们公司会对绩效成绩优异、有管理潜力的员工进行培养，形成组织内部的管理人才梯队，充分授权，最大限度地发掘员工潜能。"（BN）
组织支持感	低组织支持感	员工感知不到组织给予他们工作上的支持和心理上的关心，或对此感知不足	"我们可以获得契约内工资，但工资涨幅不大，企业内的发展前景不好。"（PDL） "除基本工资，我们获得的绩效工资和奖金占薪酬比例很小。"（BN）
	高组织支持感	员工能够感知到组织对他们工作上的支持，组织关心他们的利益、生活和心理，以及认同其价值	"企业对员工按时发放契约内薪酬，员工服务的满意度越高、工作效率越高，就会获得更多的物质奖励，企业会对员工进行升职激励。"（PDL、BN） "企业经常提供外派学习和培训交流的机会，注重对员工进行合理授权和职业生涯规划。"（PDL、BN）

关键构念	二级构念	定义参考	典型例证援引
个人-组织匹配类型	能力匹配	员工工作所需知识、技术、素质和能力与组织要求匹配	"企业要求员工了解基本规章制度，规范工作，有能力为顾客提供服务。"（PDL、BN）
	价值观匹配	员工与组织价值理念一致，认同组织目标	"员工要认同顾客至上的服务理念，积极为企业管理建言献策，提高主人翁意识。"（PDL） "我们公司希望员工主动学习管理技能，敢于迎接工作挑战，从公司内部提拔符合企业文化的管理者。"（BN）
提供激励	物质性报酬	企业给予员工固定工资，同时根据工作完成情况来给予物质性奖励	"我们的工资是按照劳动合同每月固定发放的。"（PDL、BN） "企业会根据员工的绩效考核结果给予其经济性的奖惩。"（PDL、BN）
	发展性报酬	企业对员工进行职业发展规划、充分授权	"我们公司定期为员工提供培训机会，注重发掘员工的潜力，鼓励员工建言献策，并设置激励政策。"（PDL） "企业会给予业绩优秀的员工提升管理能力的培训机会，使考核合格者可以担任门店管理者，进入管理层。"（BN）
期望贡献	员工角色内要求	员工能够完成契约内工作任务，履行工作职责	"员工需要认真完成自己的份内工作任务，这是绩效考核的重点。"（PDL） "保证就餐卫生、及时为顾客提供服务是我们的基本工作，认真热情地为顾客服务是员工的重要职责。"（BN）
	员工角色外要求	企业要求员工主动考虑团队和组织利益，有较高的道德素质与职业素养，承担职责外的工作	"企业希望员工为销售模式和组织战略积极建言献策，认同企业文化。"（PDL） "我们鼓励员工提高服务能力和管理能力，有信心成为一名管理者，勇于承担责任迎接更大的工作挑战。"（BN）

资源来源：笔者根据调研数据整理。

3.1.4　研究发现

围绕我国本土情境下"在人力资源管理实践的影响下，企业新民工雇佣关系模式变革的三个时期是什么"，以及"人力资源管理实践在不同发展时期是如何对企业新民工雇佣关系模式进行影响的"这两个研究问题，本书首先依据企业新民工雇佣关系模式的变化划分时序区间，分析各个阶段案例企业在不同的实践逻辑、个人-组织匹配过程和雇佣关系模式变革过程中的演化特征和因果关系；其次，根据组织提供激励和期望贡献的差异，剖析企业各阶段的雇佣关系模式；最后，基于社会交换理论串联整个研究的"故事主线"，构建我国本土情境下人力资源管理模式对企业新民工雇佣关系模式的影响机制的"APCC"理论框架。

3.1.4.1 不同时序区间的企业雇佣关系模式分析

企业的人力资源管理实践类型会影响实践逻辑中的控制逻辑和承诺逻辑的主导结构，从而引发不同的组织支持感程度和个人-组织匹配类型，进而形成不同类型的雇佣关系模式。基于已有研究以及两家案例企业的数据资料，采用众多学者根据激励-贡献模型划分的四类雇佣关系模式，分别为组织导向型、工作导向型、投资过度型和投资不足型雇佣关系模式（Hom et al.，2009；Song et al.，2009）。

3.1.4.1.1 传统管理期

处于传统管理期的企业雇佣关系模式是工作导向型。根据访谈所得数据，人力资源管理实践中的控制型人力资源管理实践影响了工作导向型雇佣关系的形成，相关情况如表3-3所示。

表3-3 工作导向型雇佣关系模式与典型例证

时期	模式	对应构念	典型引用语举例	指向性
传统管理期	工作导向型雇佣关系模式（GD）	物质性报酬	"我们的工资是按照劳动合同每月固定发放的。"（PDL、BN） "企业会根据员工的绩效考核结果给予其经济性的奖惩。"（PDL、BN）	控制型人力资源管理实践→低组织支持感→物质性报酬
		员工角色内要求	"员工需要认真完成自己的份内工作任务，这是绩效考核的重点。"（PDL） "如果员工违反工作制度，或是服务满意度不达标会被扣除绩效工资。"（BN）	控制型人力资源管理实践→个人-组织能力匹配→员工角色内要求

资源来源：笔者根据调研数据整理。

控制型人力资源管理实践促使企业形成低水平的组织支持感和个人-组织能力匹配，进而促使企业重点关注对新民工的物质性报酬激励和角色内工作要求，在此基础上形成了工作导向型雇佣关系模式，其典型阶段是在传统管理时期。在该种雇佣关系模式下，员工和组织之间仅存在短期的经济交换关系，缺乏长期情感交流（席猛等，2018）。具体而言，在实践逻辑方面，两家案例企业的人力资源管理受到控制逻辑驱动，由此更加关注组织和员工间的短期交换，倾向于提供物质性激励和提出工作角色内要求。在此背景下，PDL集团和BN公司的员工均表示"我们的工资是按照劳动合同每月固定发放的，企业会根据我们的绩效考核结果给予经济性的奖惩"，这体现了在日常经营管理中，企业重视对新民工的日常工作规范和绩效的考评，企业员工职责简单、工作任务明确，仅要求员工完成规定数量和一定标准的绩效。而组织支持感能够反映组织内员工感知到的组织对员工贡献的重视程度，以及组织对员工福利方面的关心，此时，控制型人力资源管理实践造成的员工精神上关怀的缺失，会使员工感受到低程度的组织支持感（Rhoades et al.，2002）。两家企业皆通过签订劳动合同与员工约定固定工资和福利，在该阶段并未对员工职业发展和知识分享等长期需求有所关注，以物质性报酬对员工进行工作激励。由于企业处于传统管理期，对创新和组织活力要求较低，各项日常工作任务明确、流程清晰，要求员工能够规范工作、完成既定工作任务，因此更多地通过物质性报酬激励员工保质保量地完成工作。

另外，在个人-组织匹配方面，本书将其划分为两种类型，即个人-组织能力匹配和个人-组织价值观匹配，其中个人-组织能力匹配是指员工工作所需知识、技术、素质和能力与组织要求匹配，而个人-组织价值观匹配是指员工与组织深层次的价值理念一致（Daniel et al.，1994）。在传统发展期，PDL 集团的一位管理者表示"员工需要认真完成自己的份内工作任务，这是绩效考核的重点"，这体现了企业聚焦经营管理的顺利展开，对员工的要求停留在销售业绩和工作行为规范这一层次；BN 公司的一位员工表示"如果我们违反工作制度，或是服务满意度不达标会被扣除绩效工资"，这体现了该公司因处于服务行业，更关注顾客对员工的服务评价和日常工作表现。由于组织实践和员工个人感知都会对组织内员工的工作态度和行为产生影响，因此个人-组织匹配的类型对员工的工作行为选择有显著影响（Saks et al.，2004）。受访的新民工认为他们只是完成约定的工作，获得经济报酬，不会过多关注角色外的工作，且职业发展空间较小，对企业价值观理解较为模糊。综上所述，在控制逻辑下，企业给予员工物质性报酬，强调员工的能力能够满足工作要求，完成绩效目标，仅关注个人与组织的能力匹配，提出工作角色内要求。

命题 1：控制型人力资源管理实践通过低组织支持感和个人-组织能力匹配，进而影响企业对新民工的物质性报酬，以及对员工的角色内要求，形成工作导向型雇佣关系模式。

3.1.4.1.2　变革转向期

（1）投资不足型雇佣关系模式。变革转向期前期的企业雇佣关系模式是投资不足型。根据访谈数据，人力资源管理实践中控制型人力资源管理实践对投资不足型雇佣关系起到一定作用，相关情况如表 3-4 所示。

表 3-4　投资不足型雇佣关系模式与典型例证

时期	模式	对应构念	典型引用语举例	指向性
变革转向期	投资不足型雇佣关系模式（TB）	物质性报酬	"我们的工资由基础工资和绩效工资组成，如果能够超额完成工作任务，我们就能得到很可观的现金奖励。"（PDL、BN）	控制型人力资源管理实践→低组织支持感→物质性报酬
		员工角色内要求	"企业要求员工完成工作任务，保证服务满意度和销售业绩，定期向其他部门反映顾客消费偏好。"（PDL）"保证就餐卫生、及时为顾客提供服务是我们的基本工作，认真热情地为顾客服务是员工的重要职责。"（BN）	控制型人力资源管理实践→个人-组织能力匹配→员工角色内要求
		员工角色外要求	"我们向员工提供较高水平的薪酬，对员工不仅有工作能力的要求，还有对职业道德和个人素质的要求，员工在工作过程中要自觉遵守行业道德，维护企业形象。"（PDL、BN）	控制型人力资源管理实践→个人-组织价值观匹配→员工角色外要求

资源来源：笔者根据调研数据整理。

　　企业最初进入变革转向期，实践逻辑中开始出现承诺逻辑，但控制逻辑依旧占据主导地位，人力资源管理实践类型仍为控制型。基于社会交换理论，在该阶段企业形成的低水平组织支持感使员工缺少对企业的情感承诺（Eisenberger et al.，1990），企业人力资源管理实践中承诺逻辑的出现会提高企业对员工的期望贡献（李召敏等，2017），表现为希望个人与组织实现价值观的匹配。具体而言，在实践逻辑方面，两家案例企业在该阶段初期的人力资源管理主要受到控制逻辑驱动，虽然对员工有更多方面的工作要求，但对员工的激励局限于物质性报酬，关注组织和员工间的短期交换，造成了低程度的组织支持感。根据访谈信息，PDL集团和BN公司的员工表示"我们的工资由基础工资和绩效工资组成，如果能够超额完成工作任务，我们就能得到很可观的现金奖励"，这体现了两家企业对超额完成工作任务的员工给予绩效工资奖励，物质性报酬会激励员工更加认真地完成工作并努力提高绩效水平。企业在经营管理规范化、制度化后，进入变革转向期，希望通过提供激励进一步提高组织效益与员工对组织的归属感和忠诚度。

　　另外，在该阶段企业希望实现个人与组织的价值观匹配，这使企业不仅期望员工完成规定的工作任务，还对员工提出角色外工作要求，如不断提高职业素养和团队合作能力，以提高企业整体效益（Cable et al.，2002）。但由于企业对新民工的职业发展需求关注较少，未给员工提供发展性报酬，员工个人发展、工作环境和职业成就感等方面的需求无法得到满足，这与企业对员工的高期望不匹配。在此背景下，PDL 集团和 BN 公司的管理者表示"我们向员工提供较高水平的薪酬，对员工不仅有工作能力的要求，还有对职业道德和个人素质的要求，员工在工作过程中要自觉遵守行业道德，维护企业形象"，这体现了企业要求员工不仅要完成基本的工作任务，还要主动提高职业道德，形成主人翁意识，这就对员工提出了价值观上匹配的要求。基于社会交换理论，个人-组织价值观匹配促使企业对员工有更高的期望贡献，这与企业仅提供物质性报酬不相符，因此形成了投资不足型雇佣关系模式。综上所述，在控制逻辑占主导地位的影响下，企业为员工提供物质性报酬，强调员工的能力与职位要求相匹配，要求员工完成绩效目标，且员工的价值观也要与企业战略相匹配，提出工作角色内和角色外要求，但由于企业忽视为员工提供发展性报酬，造成企业提供的激励无法匹配其对员工的期望贡献。

命题 2：控制型人力资源管理实践通过低组织支持感和个人-组织价值观匹配，进而影响企业对新民工的物质性报酬，以及对员工的角色内和角色外工作要求，形成投资不足型雇佣关系模式。

（2）投资过度型雇佣关系模式。处于变革转向期中后期的企业雇佣关系模式是投资过度型。根据访谈数据，人力资源管理实践中的承诺型人力资源管理实践对投资过度型雇佣关系起到一定的作用，相关情况如表 3-5 所示。

表 3-5　投资过度型雇佣关系模式与典型例证

时期	模式	对应构念	典型引用语举例	指向性
变革转向期	投资过度型雇佣关系模式（TG）	物质性报酬	"员工除获得契约内工资，还可以根据销售业绩和顾客服务评价获得额外绩效奖励和年终奖金等物质性福利。"（PDL、BN）	承诺型人力资源管理实践→高组织支持感→物质性报酬
		发展性报酬	"公司经常提供外派学习和培训交流的机会，注重对员工进行合理授权和职业生涯规划。"（PDL、BN）	承诺型人力资源管理实践→高组织支持感→发展性报酬
		员工角色内要求	"我们需要完成职责内工作、积极提升绩效、规范工作，主动提升为顾客服务的能力，保持服务热情，维护企业形象。"（PDL、BN）	承诺型人力资源管理实践→个人-组织能力匹配→员工角色内要求

资源来源：笔者根据调研数据整理。

随着实践逻辑中的承诺逻辑逐步占据主导地位，人力资源管理实践类型转变为承诺型，开始聚焦于员工和组织的长期交换，企业满足员工较多的需求，给予员工更全面的激励，但在该阶段对员工的要求较少，仅希望员工完成自己职责内的工作，形成了投资过度型雇佣关系模式。当企业处于变革转向中后期时，承诺型人力资源管理实践使组织内部形成高水平的组织支持感，员工在组织内能够感受到组织对其工作和生活的关怀（Farmer et al.，2003），尤其是对其职业生涯长期发展的关注。PDL集团和BN公司的管理者均表示"公司经常提供外派学习和培训交流的机会，注重对员工进行合理授权和职业生涯规划"，这体现了企业除为员工提供客观的物质性报酬之外，还注重员工的长期发展需求，对员工进行合理授权和职业生涯规划，以较为全面的物质性报酬和发展性报酬激励员工。可见无论是处于零售行业还是餐饮服务行业，挖掘员工潜力、提升人力资源质量在该发展阶段开始受到企业的重视。例如，PDL集团作为一家在当地享有盛名的食品零售企业，优质的商品质量和客户服务是其立身之本，对员工给予物质性和发展性报酬以不断提升员工的工作满意度和组织忠诚度对企业而言也是十分必要的。

与此同时，员工的角色内工作任务的变化使企业对员工的期望贡献与提供激励的程度不相符，即企业以长期激励与员工的短期贡献交换（Tsui et al.，1997）。在变革转向前期，PDL集团仅要求员工遵守规章制度、完成销售目标、保证服务质量，而在变革转向的中后期，则将遵守行业道德和维护企业形象纳入角色内工作任务，认为员工的职业道德和工作态度也属于职责内的要求；BN公司则是在变革转向的中后期，将保证服务热情和提高服务质量等要求纳入员工角色内工作任务。基于社会交换理论，高组织支持感给予的物质性和发展性激励会使员工主动投入更多的劳动，但在此阶段组织关注个人-组织能力匹配，对员工仅提出角色内工作要求，未涉及更深层次的角色外工作任务，包括建言献策、主动创新和积极迎接挑战等，因此形成了投资过度型雇佣关系模式。综上所述，在承诺逻辑占主导地位的影响下，企业为员工提供物质性和发展性报酬，关注个人-组织能力匹配，提出角色内工作要求。

命题3：承诺型人力资源管理实践通过高组织支持感和个人-组织能力匹配，进而影响企业对新民工的物质性和发展性报酬，以及对员工的角色内要求，形成投资过度型雇佣关系模式。

3.1.4.1.3 管理变革期

处于管理变革期的企业雇佣关系模式是组织导向型。根据访谈数据，人力资源管理实践中承诺型人力资源管理实践对组织导向型雇佣关系起到一定作用，相关情况如表3-6所示。

表 3-6　组织导向型雇佣关系模式与典型例证

时期	模式	对应构念	典型引用语举例	指向性
管理变革期	组织导向型雇佣关系模式（ZD）	物质性报酬	"除基本工资，员工根据销售业绩和顾客服务评价可获得可观的额外绩效奖励。"（PDL、BN）"企业对员工按时发放契约内薪酬，员工服务的满意度越高、工作效率越高，就会获得更多的物质奖励，企业会对员工进行升职激励。"（PDL、BN）	承诺型人力资源管理实践→高组织支持感→物质性报酬
		发展性报酬	"我们公司定期为员工提供培训机会，注重发掘员工的潜力，鼓励员工建言献策，并设置激励政策。"（PDL）"企业会给予业绩优秀的员工提升管理能力的培训机会，使考核合格者可以担任门店管理者，进入管理层。"（BN）	承诺型人力资源管理实践→高组织支持感→发展性报酬
		员工角色内要求	"企业要求员工认真完成份内工作，提高员工服务的满意度和工作效率，以维护和提升公司形象为己任。"（PDL、BN）	承诺型人力资源管理实践→个人-组织价值观匹配→员工角色内要求
		员工角色外要求	"企业希望员工为销售模式和组织战略积极建言献策，认同企业文化。"（PDL）"我们鼓励员工提高服务能力和管理能力，有信心成为一名管理者，勇于承担责任迎接更大的工作挑战。"（BN）	承诺型人力资源管理实践→个人-组织价值观匹配→员工角色外要求

资源来源：笔者根据调研数据整理。

在管理变革期，承诺型人力资源管理实践促使企业形成高水平的组织支持感（Wayne et al.，1997）和个人-组织价值观匹配（Kristof et al.，2005），进而使企业的管理实践注重对新民工的物质性报酬和发展性报酬激励，以及角色内和角色外工作要求，在此基础上形成了组织导向型雇佣关系模式。在实践逻辑方面，此阶段两家案例企业的人力资源管理受到承诺逻辑驱动，关注组织和员工间的长期交换，包括物质交换和情感交换，企业在为员工提供多样性激励的同时，也对其提出了更高的期望贡献，且两者达到更高水平的平衡。PDL 集团的一位管理者表示"我们公司定期为员工提供培训机会，注重发掘员工的潜力，鼓励员工建言献策，并设置激励政策"，这体现了企业鼓励员工提高自主意识，敢于为公司管理和发展出谋划策；而 BN 公司的一位管理者也表示"企业会给予业绩优秀的员工提升管理能力的培训机会，使考核合格者可以担任门店管理者，进入管理层"，这体现了企业为员工提供了职业发展通道，使员工有可能成为管理人员，承担更大的责任。可以发现两家企业受到承诺型人力资源管理实践的影响，给予员工更高的绩效工资和奖金，以及培训学习机会、合理授权和员工关怀等，使员工感受到高组织支持感。

在高组织支持感为员工带来了高水平的物质性报酬和发展性报酬的同时，根据社会交换理论，组织内的员工也会付出更高质量的劳动（Blau，1986）。因此，在企业提高对员工的期望贡献并希望其实现个人-组织价值观匹配时，组织内的员工会在获得与之相符的激励后关注个人职业价值观与企业文化和价值观的匹配程度，与企业达成更深层次的一致（Reilly et al.，1991）。在此背景下，BN 公司的一位管理者表示"我们鼓励员工提高服务能力和管理能力，有信心成为一名管理者，勇于承担责任迎接更大的工作挑战"，这体现了该公司注重内部提升，希望培养每一位优秀的员工成为深刻理解企业文化的管理者，以实现企业的发展和规模的扩张。BN 公司作为正在走向全国的餐饮服务企业，高质量的、与企业文化相契合的服务团队和管理团队为其进一步发展奠定了坚实的基础，重视管理人才的培养，并通过有效的激励手段促使每一位基层员工不断提升自我，为企业管理团队补充"新鲜血液"，在组织内营造积极的竞争氛围，能够使员工有管理参与感，从而有利于提高企业的效益。综上所述，在承诺逻辑下，企业给予员工物质性和发展性报酬，强调员工与组织的价值观匹配，关注角色内和角色外工作要求，且注重激励与期望的相互促进和平衡。

命题 4：承诺型人力资源管理实践通过高组织支持感和个人-组织价值观匹配，进而影响企业对新民工的物质性和发展性报酬，以及对员工的角色内和角色外工作要求，形成组织导向型雇佣关系模式。

3.1.4.2 新民工雇佣关系模式变革的"APCC"理论框架

基于上述不同时序区间中人力资源管理模式对新民工雇佣关系模式的影响机制分析，围绕"人力资源管理模式在不同时序区间如何对企业新民工雇佣关系模式进行影响"这一研究问题，本书提出了我国本土情境下人力资源管理模式对企业新民工雇佣关系模式的影响机制的"APCC"理论框架，如图 3-2 所示。

该框架基于社会交换理论和"前因—结果"理论框架（Stöckli et al.，2018），借鉴已有文献对过程和情境因素的研究（彭新敏等，2021），探讨两家案例企业在人力资源管理实践的影响下新民工雇佣关系模式的变革过程，其中 A 代表前因（Antecedent）、P 代表过程（Process）、C 代表结果（Consequence）以及情境（Context），分别对应人力资源管理实践影响下的实践逻辑前因、个人-组织匹配过程，企业形成的新民工雇佣关系模式以及所处的情境。具体结论为：不同阶段和不同人力资源管理实践类型的企业的实践逻辑、个人-组织匹配程度、组织支持感存在显著差异，由此形成四类不同的新民工雇佣关系模式。

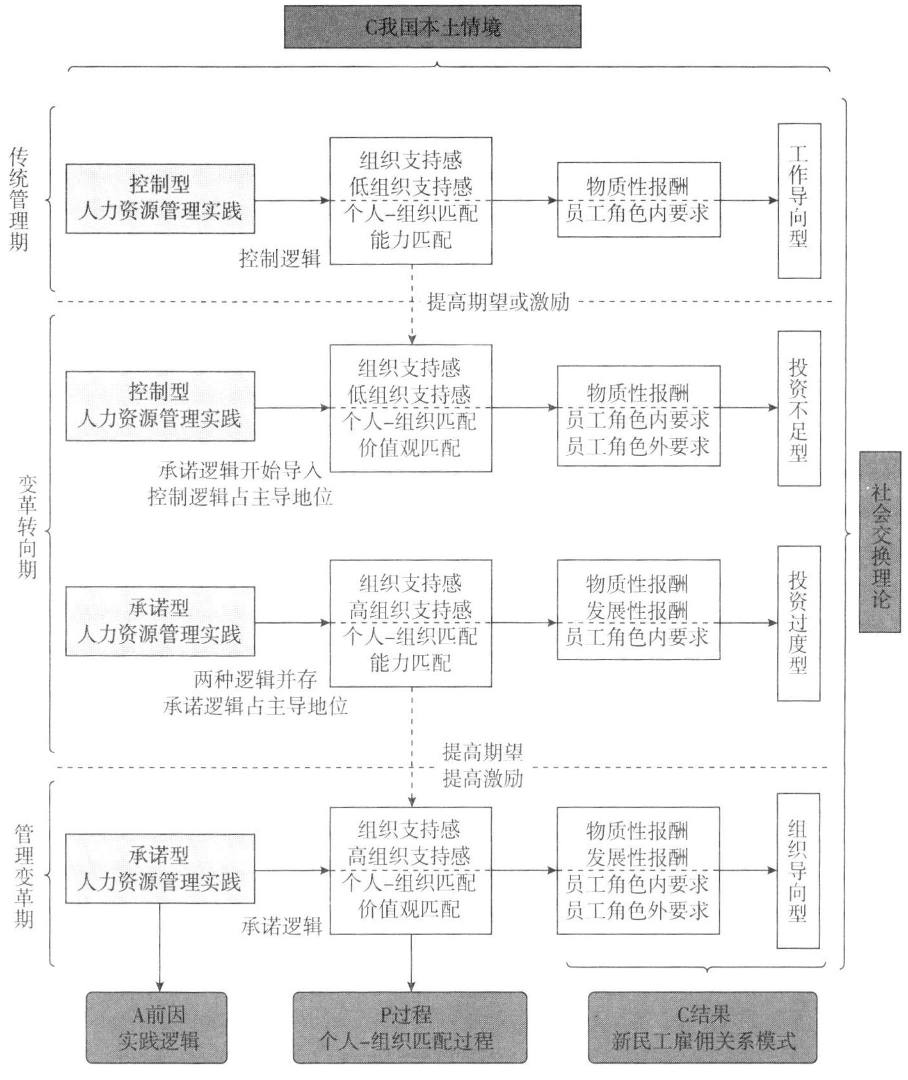

```
                              C我国本土情境

传       ┌─────────────┐     ┌─────────────┐     ┌─────────────┐     ┌────┐
统       │   控制型     │     │  组织支持感  │     │  物质性报酬  │     │工作│
管       │ 人力资源管理 │────▶│ 低组织支持感 │────▶│ 员工角色内要求│────▶│导向│
理       │    实践     │     │  个人-组织匹配│     │             │     │ 型 │
期       └─────────────┘     │   能力匹配   │     └─────────────┘     └────┘
              控制逻辑        └─────────────┘

                        提高期望或激励

变       ┌─────────────┐     ┌─────────────┐     ┌─────────────┐     ┌────┐
革       │   控制型     │     │  组织支持感  │     │  物质性报酬  │     │投资│
转       │ 人力资源管理 │────▶│ 低组织支持感 │────▶│ 员工角色内要求│────▶│不足│
向       │    实践     │     │  个人-组织匹配│     │ 员工角色外要求│     │ 型 │
期       └─────────────┘     │  价值观匹配  │     └─────────────┘     └────┘
        承诺逻辑开始导入       └─────────────┘
        控制逻辑占主导地位

         ┌─────────────┐     ┌─────────────┐     ┌─────────────┐     ┌────┐
         │   承诺型     │     │  组织支持感  │     │  物质性报酬  │     │投资│
         │ 人力资源管理 │────▶│ 高组织支持感 │────▶│  发展性报酬  │────▶│过度│
         │    实践     │     │  个人-组织匹配│     │ 员工角色内要求│     │ 型 │
         └─────────────┘     │   能力匹配   │     └─────────────┘     └────┘
         两种逻辑并存          └─────────────┘
         承诺逻辑占主导地位

                        提高期望
                        提高激励

管       ┌─────────────┐     ┌─────────────┐     ┌─────────────┐     ┌────┐
理       │   承诺型     │     │  组织支持感  │     │  物质性报酬  │     │组织│
变       │ 人力资源管理 │────▶│ 高组织支持感 │────▶│  发展性报酬  │────▶│导向│
革       │    实践     │     │  个人-组织匹配│     │ 员工角色内要求│     │ 型 │
期       └─────────────┘     │  价值观匹配  │     │ 员工角色外要求│     └────┘
              承诺逻辑        └─────────────┘     └─────────────┘

    ┌──────────┐        ┌──────────────┐        ┌──────────────┐
    │ A前因     │        │  P过程        │        │  C结果        │
    │ 实践逻辑  │        │ 个人-组织匹配过程│       │ 新民工雇佣关系模式│
    └──────────┘        └──────────────┘        └──────────────┘
```

社会交换理论

图 3-2　新民工雇佣关系模式变革的"APCC"理论框架

资源来源：笔者根据研究思路绘制。

第一，不同阶段企业的实践逻辑、组织支持感、个人-组织匹配和激励-贡献程度存在显著差异。企业在传统管理期、变革转向期与管理变革期的主导实践逻辑和个人-组织匹配类型的演化特征各具差异，随着人力资源管理实践类型由控制型转变为承诺型，企业的实践逻辑从控制逻辑向承诺逻辑演化；企业的组织支持感从低程度向高程度演化，个人-组织匹配类型也随之经历了从能力匹配到价值观匹配的演化过程，但在此过程中，组织支持感和个人-组织匹配类型经历了低水平的平衡、不平衡和高水平的平衡，并先后形成了工作导向型、投资不足型、投资过度型和组织导向型四类雇佣关系模式。首先，企业在传统管理期，由于采用控制型人力资源管理实践，其实践逻辑为控制逻辑，通过低组织支持感和个人-组织能力匹配影响企业的激励方式和对员工的期望贡献，仅提供物质性报酬和提出员工角色内任务要求，实现低水平的激励与期望贡献平衡，形成工作导向型雇佣关系模式。其次，变革转向期的企业在初期虽然依旧采用控制型人力资源管理实践，但由于承诺逻辑开始导入，其实践逻辑转变为控制逻辑占主导地位，低组织支持感影响企业仅关注对员工的物质性报酬，而个人-组织价值观匹配使企业开始关注员工角色外的工作任务，期望员工不仅能够完成职责内的工作，还要建言献策、主动迎接挑战等，此时企业提供的激励无法促使员工完成企业对自己的期望贡献，形成投资不足型雇佣关系模式。再次，变革转向期的企业在中后期采用承诺型人力资源管理实践，此时承诺逻辑占据主导地位，员工的组织支持感提高，影响企业提供高于市场水平的物质性报酬和发展性报酬，但个人-组织能力匹配使企业并未进一步提高对员工的角色外工作要求，使企业提供的激励高于对员工的期望贡献，形成投资过度型雇佣关系模式。最后，处于管理变革期的企业，由于采用承诺型人力资源管理实践，其实践逻辑为承诺逻辑，且该阶段组织内有高水平的组织支持感，并致力于个人-组织的价值观匹配，促使企业提供高水平的物质性和发展性报酬，同时提出员工角色内和角色外工作要求，达到提供激励与期望贡献更高水平的平衡，形成组织导向型雇佣关系模式。

第二，不同雇佣关系模式通过调整人力资源管理实践聚焦方向，经由不同的个人-组织匹配过程实现变革转型。具体而言，处于工作导向型和投资不足型雇佣关系模式阶段的企业，其人力资源管理的实践逻辑更加关注控制，通过强调组织与员工的短期交换，尤其是物质交换，达到促使员工完成工作绩效的目的（席猛等，2018）。基于社会交换理论，组织内员工在物质激励下，对组织持有较低的组织支持感，无法认同组织文化和价值观，因此也仅仅关注角色内工作任务，当组织对员工的期望贡献扩展到角色外工作任务时，组织所提供的报酬便会不足以激励员工满足组织的要求。而雇佣关系模式处于投资过度型和组织导向型的企业，将人力资源管理的实践逻辑调整为更加关注承诺，这使企业的管理制度更加关注组织与员工的长期交换，如给予员工学习和培训的机会（苏中兴，2010），使员工在增强自身能力的同时为企业更高效地创造价值，这有助于企业形成人才优势，提高组织绩效。基于社会交换理论，高承诺的管理实践为员工带来高组织支持感和对组织文化与价值观的认同，并在物质性和发展性激励下关注角色内和角色外的工作任务，在组织内有更强的主人翁意识。需要注意的是，无论是何种雇佣关系模式，企业都需要认识到提供激励和期望贡献的平衡同样重要。因此，在雇佣关系模式变革的过程中，要致力于在组织内达到高激励水平和高期望贡献的平衡，以实现向组织导向型雇佣关系模式的转变。

3.1.5　研究小结与理论贡献

3.1.5.1　研究小结

运用纵向多案例研究方法和时间序列分析法，选择两家本土案例企业为研究对象，基于社会交换理论，通过对企业管理人员和员工的访谈数据及其他相关信息的分析，以组织支持感和个人-组织匹配作为过程变量，探究人力资源管理实践对新民工雇佣关系模式形成和变革过程的影响机制。

随着企业发展需求的变化，企业的人力资源管理实践也在不断演化。在传统管理期，控制型人力资源管理实践通过影响低组织支持感和个人-组织能力匹配，使员工得到物质性报酬以及满足角色内工作要求，在控制的实践逻辑下形成工作导向型雇佣关系模式。在变革转向期，根据控制逻辑和承诺逻辑的占比不同，形成了两种不平衡的雇佣关系模式（Duan et al.，2021）。在该阶段初期，因控制逻辑占主导地位和承诺逻辑的出现，控制型人力资源管理实践通过影响低组织支持感和个人-组织价值观匹配，使员工得到物质性报酬以及满足角色内和角色外工作要求，形成投资不足型雇佣关系模式；在该阶段中后期，随着承诺逻辑占比的增加，人力资源管理实践由控制型转变为承诺型，并通过影响高组织支持感和个人-组织能力匹配，使员工得到物质性和发展性报酬以及满足角色内工作要求，形成投资过度型雇佣关系模式。在管理变革期，承诺型人力资源管理实践通过形成高组织支持感和个人-组织价值观匹配，使员工得到物质性和发展报酬以及满足角色内和角色外工作要求，激励与期望贡献达到比开始更高水平的平衡，在承诺的实践逻辑下形成组织导向型雇佣关系模式。

3.1.5.2　理论贡献

第一，与从所有制（张一弛，2004）、人力资源管理重要性和能力（赵曙明等，2016）等方面探讨前因变量对雇佣关系模式的影响机制不同，本书通过对两家案例企业的信息收集和数据编码分析，以组织支持感和个人-组织匹配为中介变量，在社会交换理论的基础上，基于企业新民工雇佣关系模式变革过程中的激励-贡献模型，系统地诠释了人力资源管理实践如何对雇佣关系模式的变革产生影响以及其影响的作用机制，由此丰富了对雇佣关系模式前因变量的研究，揭开了企业雇佣关系模式变革的理论"黑箱"。

第二，同以往研究案例企业目前发展阶段的雇佣关系模式不同（王国猛等，2019；李召敏等，2017），本书使用时间序列分析方法，将时间维度融入研究问题中。已有相关文献认为理解企业战略的关键在于与时间性相关的研究，包括识别不同类型的时间状态、理解更长战略制定过程中的关键事件以及挖掘随时间推移而重复发生的规律等（Burgelman et al.，2017），企业新民工雇佣关系模式的变革正是一个随时间发展的过程。首先，企业的人力资源管理实践类型随企业的生命周期和外部环境不断变化，本书分析了不同阶段企业管理实践中的控制逻辑和承诺逻辑的动态演变对雇佣关系模式变革的影响。其次，企业的个人-组织匹配类型和组织支持感程度也是不断变化的，本书聚焦该变化过程中对企业雇佣关系模式的影响，弥补了已有文献仅探究组织支持感和个人-组织匹配对组织绩效的影响，未考虑两者对企业管理模式影响的不足。最后，本书采用纵向多案例研究方法，剖析了企业在传统管理期、变革转向期和变革管理期中的雇佣关系模式，为研究企业雇佣关系模式的变革引入了时间维度视角，由此弥补了现有案例研究对企业雇佣关系模式变革动态关注的不足。

第三，与大多数通过多家案例企业研究雇佣关系模式对员工行为和态度的影响不同（席猛等，2018），本书将视角聚焦于新民工群体。随着全面深化改革的推进，新民工已经成为外出务工人员的主体，其职业和生活需求也发生了变化。本书主要针对新民工这一特定群体，研究人力资源管理实践在新民工雇佣关系模式变革过程中的影响机制，弥补了已有研究对特定员工群体的雇佣关系模式关注不足的局限。另外，针对新民工群体进行研究也响应了"关注中国本土企业社会行为背后的动机和机制"的号召，立足我国经济转型的社会背景，以两家本土企业为典型案例，系统识别符合中国情境的企业管理中的控制逻辑和承诺逻辑，抽离出本土企业雇佣关系模式变革的经验，为企业向组织导向型雇佣关系模式转型提供了具体的建议。

3.2 组织特征对企业新民工雇佣关系模式的影响机制研究

目前社会正处于大变革中，国内外的市场环境非常复杂，在这个背景下，组织对员工的期望比较高，期望组织内部成员可以共同努力解决企业面临的各种问题，同时员工对组织也存在许多要求和期望，员工和组织之间存在的多种问题导致组织与员工的双向互动关系的形成与发展，也就是雇佣关系的形成与发展。企业雇佣关系涉及社会和政治两个方面，雇佣关系实际上是雇主、雇员、政府等多方之间为了利益进行交流合作的成果（徐云飞等，2017）。在实际过程中，市场竞争环境日益激烈，我国中小企业的雇佣关系发生了剧烈的变迁，企业采取了多种雇佣模式来增强其对于组织环境的适应性和竞争能力。目前雇佣关系模式呈现多样性，以激励-贡献模型划分而成的四种雇佣关系模式均广泛存在。随着组织内外部环境的变化，我国企业的雇佣关系也出现了某些不同于以往用工形态的新现象和新变化（常凯等，2019），在以往的雇佣关系中，雇员和雇主之间是一种依赖性和附属性关系，雇主可以管理雇员并且给组织中的员工分配工作，然而在信息技术经济发展的形势下，雇员获得工资的方法、对员工的绩效考核方法以及员工的工作方法与以往有很大不同，现在的雇佣关系比较灵活、开放（刘寒松，2019）。近年来，中小企业的雇佣关系发生了重大的改变，原来单一的雇佣关系逐渐转变为多种雇佣关系并存，但是中小企业的雇佣关系中同样也存在许多问题，诸如劳资冲突频繁等问题备受关注。结合西方情境下对雇佣关系的研究以及组织相关的管理实践证明，如果组织选择的是组织导向型雇佣关系模式时，企业的绩效往往较高，员工往往比较优秀，但是我国很多民营企业的雇佣关系模式仍然是工作导向型。企业采用何种雇佣关系模式会受到很多因素的影响，雇佣关系实际上是组织与员工的双向互动关系，所以造成这种雇佣关系模式多样性的存在，组织起着举足轻重的作用，尤其是在中小企业中，不同的组织特征对于员工的工作激励和期望贡献产生不同的作用。在这个过程中反映的是组织文化和组织结构这类的组织特征，企业的雇佣关系模式的选择必然会受组织特征的影响。研究组织文化和组织结构对雇佣关系的影响时，不同组织文化和组织结构下的组织氛围和社会控制可以直接影响组织文化和组织结构对雇佣关系模式的影响。因此本书把组织文化和组织结构作为切入点，研究其对企业雇佣关系模式的影响。

目前国内的学者开始重视对不同模式下的雇佣关系的研究。然而，关于雇佣关系模式的前因研究比较少，仅有的少数成果主要着眼于企业内部层面和企业家层面，在组织特征方面的组织文化和组织结构领域的研究则少之又少，而企业的组织特征在企业进行雇佣关系模式选择时会发挥重要作用。在此种情况下，更值得将组织特征引入雇佣关系模式进行进一步的研究，而且把组织文化和组织结构作为切入点探究组织特征对雇佣关系模式产生的影响及作用机制，这具有重大的意义和必要性。基于上述问题分析，针对组织特征对雇佣关系模式影响的研究不够深入，本部分采用案例研究的方法，以四家具有代表性的企业作为研究对象，对所获得的信息进行编码与分析，并得出相应命题。这有助于增强研究内容的针对性和研究结论的可参考性，不仅可以在企业选择雇佣关系模式时，为其提供理论上的参考，还可以拓展对雇佣关系的研究。

在理论上，以具体企业为研究对象，进行组织特征对雇佣关系模式的影响机制研究。首先，本书丰富了组织文化和组织结构的研究，将雇佣关系模式引入组织文化和组织结构的研究中，从组织内部的纵向视角深入研究组织文化和组织结构对雇佣关系的影响。其次，拓展了雇佣关系的影响作用机制，以往对组织特征影响雇佣关系模式的研究较少。最后，探索了组织文化和组织结构对雇佣关系的驱动机制，为探讨雇佣关系的影响因素的作用机制提供参考。

在实践上，首先，探讨组织特征对雇佣关系的影响机制有助于企业营造良好的组织文化和构建合适的组织结构，促使企业重视雇佣关系的构建，可以推动企业与员工维持好关系，帮助企业选择适合企业发展的雇佣关系。其次，可以帮助企业管理者了解不同的组织文化和组织结构会对雇员和雇主的关系起到不同的作用，帮助企业管理者在经营管理中发挥自身的优势，从而弥补自身的不足。最后，为有意愿寻求内部革新的企业提供从雇佣关系模式出发的思考角度，协助企业转型升级。

3.2.1 组织特征

3.2.1.1 组织文化
3.2.1.1.1 组织文化的含义与结构
组织特征会对组织内的行为和工作绩效产生重要影响，组织文化是组织特征的一个关键方面。组织文化理论出现之后就越来越受到重视，组织文化影响着组织中的行为，在组织建设发展中起着重要作用，组织文化在社会发展中的地位非常重要。

1981 年出版的《企业文化》把组织文化定义为我们做事的一套方法，认为组织文化是一系列要素凝聚而成的，主要是组织内部的价值观、神话故事、英雄人物等。Schein（1991）把组织文化定义为企业的信念、价值观以及团体的规则等，它可以在一定程度上反映出组织文化的内容，但是这些不能反映出组织文化的本质。组织文化中的信念应该是更深层次的信念，这个信念是组织成员无意识逐渐形成的。组织文化在企业的发展中具有重要的作用和价值。首先是导向作用，是指组织文化可以将组织整体和员工的价值观与组织目标结合起来。其次是规范作用，是在组织内部建立一个共有的价值体系，在组织进步时形成共同的思想，在员工心中树立一个坚定的信念，从而促使员工更加遵守组织目标，支持组织政策。最后是组织文化在组织中还起到凝聚和激励的效果。

总结各学者的研究成果，发现组织文化有以下三个方面的含义：第一，组织文化反映企业的发展历史，它是组织内部长期积累形成的产物。第二，组织文化的主要组成因素有价值观、信念、行为方式等。第三，组织文化在组织中的传播是需要借助载体的，如英雄、故事、口号、仪式、符号、组织共同语言等。组织文化是企业整体信仰并遵循的共同准则，组织文化就是借助一些常见的载体来传播自己的价值观。

企业的组织文化可以划分为不同的结构，分析已有文献，总结出最常见的三个层次：物质文化、制度文化以及精神文化。第一是物质文化，它是在组织中创造出来的，主要研究对象是物质形态，是其他文化的基础和条件。第二是制度文化，它包括一系列的部门规章、道德要求、行为规范，主要由组织领导体制、组织结构以及组织管理等几个方面组成，它对员工具有约束性，可以规范员工行为，充分体现了组织对于成员的要求。第三是精神文化。精神文化主要包括员工的价值取向、道德理念等，这些是企业在经营过程中形成的，它是促进企业发展的关键（许晨，2020）。

3.2.1.1.2　组织文化的分类

在现有针对组织文化模型的研究中发现，构建这个模型可以从两个方面来进行：一方面是通过对组织文化的价值观进行分析来总结其特性。在这种类型的研究中，大多是通过研究文化的含义来研究组织文化的本质，并且从一些哲学方面的观点出发进一步分析组织文化对组织产生的影响。例如，从一些人与自然的哲学观点、现实和真理的本质的哲学观点、人际关系的哲学观点以及时间和空间的哲学观点等出发来分析组织文化。另一方面是考察组织文化中表现出来的一系列的行为准则。在分析组织文化的含义和结构之后，各种对组织文化的分析都开始研究组织文化对企业的管理行为的影响（刘理晖等，2007）。

组织文化导向指的是在组织文化的价值观的作用下，在组织内部表现出来的组织行为的倾向。组织文化导向可以划分为不同的类型，它的分类方法是不固定的，但是在划分组织文化的维度时，出现了多种组织文化导向（张玮等，2015）。许多学者在划分组织文化维度时选择了不同的角度，可以产生多种文化导向，从组织外部适应性表现这一角度考虑，可以把文化导向分为结果导向和创新导向；从企业和组织对现在经济利益的重视性这一角度考虑，可以分为财务、市场和创新这三种类型（Tsui et al.，2006；朱苏丽等，2009）。本部分在对组织文化进行分类时，以文化导向为基础，并且根据相关研究结论，把组织文化大致划分为两种类型：结果导向与创新导向。组织文化的分类如表 3-7 所示。

表 3-7　组织文化的分类

外部适应性		组织对当期利益的关注程度		
高	低	高	中	低
创新导向组织文化	结果导向组织文化	创新学习导向	市场结果导向	财务结果导向

资源来源：笔者根据研究思路绘制。

3.2.1.2 组织结构

3.2.1.2.1 组织结构的含义与分类

组织结构实际上是一种结构体系，这个体系是由企业内部成员之间的关系所形成的。组织结构中最重要的是权力和报告关系，例如，组织内部制定的制度和规章对组织成员行为的规定、组织中决策权的分配以及组织成员之间的沟通等（Robbins et al.，2007）。

根据环境不确定性程度，组织结构可划分为机械式组织结构和有机式组织结构两种类型（Burns et al.，1961）。机械式组织结构的层级比较多，组织内部的集权程度强，组织内存在大量的正式规章，组织内部的控制幅度比较小。机械式组织结构是一种传统的官僚结构，在这种组织结构下，组织内部的控制是比较严格的，组织内部的沟通方式主要是纵向的，组织内部的分工十分明确，组织对工作的专业化要求较高，并且控制非常严密，在选择员工时较严格，十分注重挑选流程的标准化。在机械化结构的组织中，工作说明书十分明确，组织内员工之间的沟通渠道是自上而下的，而且员工很少能够参与决策。有机式组织结构的层级比较少，组织内部的集中程度比较低，组织内存在较少的正式规章，组织内部的控制幅度比较大。有机式组织结构是一种灵活的、宽松的和分权的组织结构，在这种组织结构下，组织内部的沟通方式主要是横向的，组织内部的职位比较灵活，部门之间的界限不是非常明确，基层员工可以分析自己了解到的信息，并且决定自己的工作行为（Burns et al.，1961）。只要员工的做法有利于工作任务的完成，就可以不用遵循组织内的规章制度，组织内员工之间的沟通既可以采用自上而下的方式，也可以采用水平沟通和自下而上的沟通方式，员工可以在很大程度上参与决策（Robbins et al.，2007）。机械式组织结构与有机式组织结构对比如表3-8所示。

表3-8　机械式组织结构与有机式组织结构对比

要素比较	机械式组织结构	有机式组织结构
环境不确定性	低	高
决策	主管人员	全体员工
任务分配	具体明确，要求严格	任务灵活
标准化程度	高	低
权力分配	集权	分权
控制程度	严格	宽松
沟通渠道	自上而下的等级沟通渠道	水平沟通和自下而上的沟通

资源来源：笔者根据现有文献整理。

3. 2. 1. 2. 2　组织结构的变革

随着组织理论研究的出现，组织结构的相关研究也开始兴起。古典组织结构理论在 20 世纪初产生，其中具有代表性的理论强调对组织原则进行科学的概括和分析（李晓春，1998）。关于组织结构变革的相关研究，组织结构的变化会受到组织战略变化的影响，组织内部的战略在很大程度上影响着组织结构，同时组织结构的不同模式也会影响组织战略在组织中的实施和效果。这就是钱德勒提出的"结构跟随战略"理论。因此对组织结构的变化进行研究分析，既可以丰富组织变化的相关理论研究体系，也对我国企业内部推行开放式的创新型组织经营战略起到重要的实践作用（韦晓英等，2020）。

我国企业组织结构不断变化，组织结构的形式越来越趋于扁平化，组织的结构弹性趋于无边界化，以及组织结构趋于网络化、虚拟化和柔性化等（石书玲，2002；向玲等，2006），并且在组织结构的变革中出现了学习型组织、虚拟组织、有机式组织结构和战略联盟等几种新型的组织形式（贺盛瑜等，2003）。组织结构的变革过程十分复杂，形式具有多样化，这些都揭示了组织具有复杂性。实际上组织结构的变化不是单独出现的，它往往会和一定程度上的文化变迁一起发生。一个组织的目标只有被组织内的全体员工承认并且遵循，这个组织才有存在的意义，组织成员对组织目标的承认通过两个方面表现出来，第一个是组织内员工的行为准则通过组织内部制定的规则或者程序表现出来；第二个是组织内所有员工共同的价值观，以及由这些价值观指引下形成的行为预期。

3. 2. 2　分析框架

结合国内外研究文献针对组织文化和组织结构的相关研究，可以看出组织文化和组织结构方面的研究比较丰富，主要是对组织文化和组织结构的含义和维度方面的理论研究，但是关于组织文化和组织结构对于员工和组织的影响作用研究比较少，组织文化和组织结构作为组织特征的两个重要方面对企业的雇佣关系有怎样的影响以及影响程度的研究比较少。针对企业的组织文化和组织结构的研究主要是探讨不同组织文化和组织结构在组织中的作用，很少有关于组织文化和组织结构对雇佣关系模式影响的研究。

关于雇佣关系的前因变量的研究，从企业内部层面研究其对雇佣关系模式影响的文献比较多。在企业内部层面，研究学者把我国实际国情作为研究前提，研究分析了企业所有制构成划分的传统国有企业和民营化国有企业，并且全面分析了不同所有权结构对雇佣关系模式的前因影响，对企业选择雇佣关系模式起到了参考作用。但是与大量研究雇佣关系的结果变量不同，雇佣关系模式的前因变量的研究比较少，而且大多数没有进行深入研究。虽然雇佣关系的研究已经有组织方面的探讨，但是关于组织特征的研究比较少，从组织文化和组织结构分析雇佣关系的研究比较少。

本书基于国内外现有的关于雇佣关系模式的理论成果，以我国四家小型企业作为案例对象进行研究。采用以激励-贡献模型划分的四种雇佣关系模式，在对管理者和员工进行访谈的基础上，研究组织文化和组织结构对雇佣关系模式的影响。在搭建分析框架时，把工作导向型、投资不足型、投资过度型、组织导向型这四种雇佣关系作为前提（Tsui et al.，1997），以组织文化和组织特征为切入点，探究组织特征对雇佣关系模式的影响机制。

组织文化和组织结构是组织特征的两个关键因素。在分析组织文化和组织结构对雇佣关系模式的影响时，不同组织文化和组织结构下的组织氛围与社会控制可以直接影响雇佣关系模式。组织进行经营管理时形成的组织氛围分为四种类型，分别是高效型组织氛围、激发型组织氛围、中立型组织氛围和消极型组织氛围，借此可以研究组织氛围和企业绩效的联系（高芸，2005）。组织氛围体现的是组织内部环境的特质，组织内的员工可以感受到，并且这种特质可以影响组织成员的行为（Verbeke，1998），组织氛围可以直接反映雇主对员工的激励程度和期望程度，也就是说企业家在选择雇佣关系模式时，也会受到组织氛围的影响。本部分将组织氛围划分为工作授权与支持、人际和谐、创新鼓励、责任意识四个维度，组织文化和组织结构则会通过影响这些维度进而影响组织氛围。根据社会控制理论，员工个体的行为会受到外在力量的影响，外在的力量可以对组织内部员工的行为进行调整，这就是外部控制（Hollinger et al.，1982）。对于正式组织而言，管理者要解决的主要问题就是外部控制机制的建立及其实施问题。外部控制可以从形式上划分为正式控制和非正式控制两种，正式控制也可以称为科层控制或制度控制，它把管理人员的权威作为基础，借助企业内制定的规章制度和管理规范控制员工的行为；非正式控制把组织内部成员之间的相互影响和共同认知作为基础，借助员工对组织内部相关行为的反应以及产生的作用控制员工的行为。社会控制可以通过正式控制和非正式控制两种形式实现对组织内部员工行为的控制，也就是说企业家可以通过社会控制来激励员工以及加强对员工的期望要求。组织结构可以通过科层控制或制度控制的形成，运用规章制度和管理规范进行正式控制，进而影响组织成员的行为。因此，基于企业内部的组织氛围和社会控制的视角，结合研究资料，组织文化和组织结构对于组织氛围与社会控制的影响显著，本书在此基础上引入组织氛围和社会控制作为中介变量，以此来搭建组织特征对雇佣关系模式影响的框架，如图3-3所示。

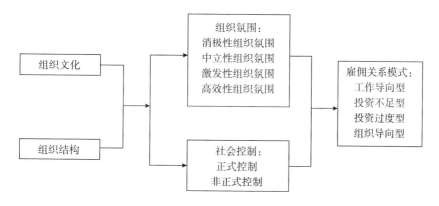

图 3-3　分析框架

资源来源：笔者根据研究思路绘制。

结合图 3-3 分析得出雇佣关系的选择会受到组织特征（组织文化和组织结构）因素的影响，但组织特征对雇佣关系的影响路径不同，组织文化、组织结构、组织氛围、社会控制和雇佣关系的四种类型间的影响关系还不够明确。本书主要是为了分析组织特征对每种雇佣关系模式的影响，同时阐明组织特征对其的作用机制。

3.2.3　研究设计

3.2.3.1　研究方法

本书采用案例研究方法。研究人员把一个或几个场景作为研究对象，然后进行数据和资料的收集，进而开始深入地研究。在实际进行中，案例研究一般会先确定研究的最终目的和研究观点，然后确定研究对象，针对研究对象进行探讨，收集并分析相关数据和资料，最终产生研究结论。企业的雇佣关系作为研究对象是不具体的、抽象的，用明确的数据进行分析研究比较困难，但是采用案例的研究方法可以解决这个问题，运用案例研究就可以分析抽象概念下的案例企业，进而探讨研究中重要因素之间的联系。本书探讨组织文化和组织结构如何影响雇佣关系模式，对案例企业进行深层次的研究，可以更加快速地提取有用的概念。

3.2.3.2　理论抽样与案例背景介绍

本书案例选择了四家企业，它们分别处于创业咨询服务行业、通用设备制造行业、电子设备制造行业和教育培训行业。使用案例研究方法可以把问题集中在一定范围内进行研究，使用案例研究方法进行的研究更加集中，产生的结论更加典型（Yin，2013）。选择这四家公司的原因大致有两个：一是此次案例企业的选取可以确保采访到企业的员工和管理者，能够获得企业发展的翔实资料和较为完整的内部资料，同时接受访谈的员工也愿意配合访谈的安排，确保了数据的完整性。二是案例企业来自不同的行业，研究会更有说服力。因此，本书选择这四家公司进行案例研究，分析讨论组织特征对雇佣关系的影响机制。

3.2.3.3 调研过程与访谈对象

（1）访谈提纲准备。结合案例企业行业具体情况，针对管理人员和员工设计的访谈问题是有差别的。研究目的是分析讨论组织特征对组织雇佣关系的影响，访谈时采用关键事件的描述方法，使访谈对象叙述在他们看来是比较重要的事情，访谈管理人员时，主要访谈问题是管理人员对公司文化、组织结构、组织氛围、社会控制、激励机制以及期望贡献的认识，进而研究企业的组织特征和经营管理活动；访谈公司员工时，访谈的方向主要是员工对重要事情的叙述，描述他们对公司及其组织特征的了解，并进一步探索公司雇佣关系的影响机制。尽管对管理人员和员工的访谈存在不同，但是这两种访谈中仍有相同的部分，有一些访谈问题之间是可以彼此证明的，所以在进行访谈时，我们非常重视这些可以彼此证明的内容。

访谈采用的是半结构化方法，具体来说就是在访谈之前，先制定好大致的访谈方向，但不制定具体的问题，在访谈时注重和访谈对象的沟通，用轻松的谈话方法进行，记录好沟通中的重要内容。使用半结构化的方法可以弥补结构化访谈的不足，如访谈内容缺少灵活性且不能随机应变、访谈收集的数据信息不够真实等问题。

（2）数据收集。为保证收集数据的真实性和可靠性，案例研究主要从下面三个角度收集数据。其一，半结构化访谈。这是案例研究信息的重要来源。由于本书所选取的公司存在各种各样的工作，而且这些工作职责有较大的不同，为了使数据的收集更加有效、丰富、真实，较为重视对员工的访谈。而且在挑选被访谈者时，认真思考了员工工作职责的不同。研究团队在2021年12月至2022年2月进行访谈调研，访谈一共进行了14次，针对管理人员的访谈有4次，针对员工进行了10次访谈。为了方便整理访谈中的数据信息，访谈时都尽量得到了被采访人员的支持并进行了录音。其二，第二手资料。在收集二手资料时，关注公司的官方网站、招聘信息、员工工作考核表、员工离职表、公司政策等。其三，现场观察。研究团队在进行现场观察时，观察了公司的工作区域和厂房，并与在场员工进行了沟通。调研概况如表3-9所示。

表 3-9 调研概况

编号	A 企业	B 企业	C 企业	D 企业
名称	SHST 管理信息科技 有限公司	NJXY 机电 有限公司	RB 电子科技昆山 有限公司	JSLL 教育咨询 有限公司
访谈对象、 次数	管理人员：1 次 员工：2 次	管理人员：1 次 员工：3 次	管理人员：1 次 员工：3 次	管理人员：1 次 员工：2 次
访谈总数	3 次	4 次	4 次	3 次
二手资料	官方网站 招聘信息 内部资料	官方网站 招聘信息 内部资料	官方网站 招聘信息 内部资料	官方网站 招聘信息 内部资料
现场观察	企业工作区域	企业工作区域与厂房	企业工作区域与厂房	企业工作区域

资源来源：笔者根据调研数据整理。

3.2.3.4 数据编码与数据分析

为分析组织特征对雇佣关系模式的影响，将访谈得到的真实信息整理出来，进行编码，详细步骤有以下三点：

第一，开放式编码。首先，对访谈之后的数据信息进行整理，结合有关的研究文献从这些整理好的资料信息中归纳出重要的词语，之后将这些重要词语以及它出现的语句区分出来，从中提取出一些有关的含义。其次，结合研究框架，把编码划分到相关的重要因素中，这就产生了一级编码。这个过程中运用到的很多信息在很大程度上都结合了现存的资料，在进行编码的时候，提前删除了和本分析主题无关的一些信息，留下与分析主题有关的信息进行编码。最后，在进行编码时，非常重视对文字信息和被采访人员最初所说的语句的运用，从这些数据中提取出有关的重要词语，建立数据结构表，这样可以在很大程度上避免被采访人员主观方面因素的影响，可以增强访谈信息的客观性和真实性，数据结构如表3-10 所示。

表 3-10 数据结构

一级编码	二级编码	三级编码
组织重视实现结果目标，对员工的投入少（c11） 企业重视任务落实和组织利益最大化的目标（c12）	结果导向组织文化（C1）	组织文化（C）
企业为员工提供培训机会，对员工提出创新要求（c21） 企业给予员工权力、发展性鼓励、提供发展空间（c22）	创新导向组织文化（C2）	

续表

一级编码	二级编码	三级编码
企业给予员工更低工作自主性，限制其参与决策（s11） 企业对工作进行高度分工并明确界定各岗位职责（s12）	机械式组织结构（S1）	组织结构（S）
企业给予员工轻松自主的环境（s21） 企业允许员工参与决策（s22）	有机式组织结构（S2）	
企业运用消极性氛围控制员工，促进经营目标达成（f11）	消极性组织氛围（F1）	组织氛围（F）
企业运用中立性氛围鼓励员工创新，提高竞争力（f21）	中立性组织氛围（F2）	
企业运用激发性氛围鼓励创新，提供资源和支持（f31）	激发性组织氛围（F3）	
企业运用高效性氛围，塑造多元化企业形象（f41） 企业用积极创新要求员工（f42）	高效性组织氛围（F4）	
企业运用正式控制约束员工行为，提出要求（k11）	正式控制（K1）	社会控制（K）
企业运用非正式控制影响员工行为（k21）	非正式控制（K2）	
给予员工固定的工资（gd11） 根据工作完成时限给予员工物质性奖励（gd12）	物质性报酬（GD1）	工作导向型雇佣关系模式（GD）
员工完成自己工作内的任务（gd21） 员工需要遵守公司制度（gd22）	员工角色内要求（GD2）	
根据规定给予员工工资（tb11） 根据员工的工作绩效给予报酬（tb12）	物质性报酬（TB1）	投资不足型雇佣关系模式（TB）
员工关注自己的份内工作（tb21） 员工进行团队之间的合作（tb22）	员工角色内要求（TB2）	
员工的道德素质与职业素养要提高（tb31） 员工要不断进行创新（tb32）	员工角色外要求（TB3）	
根据规定给予员工工资（tg11） 根据工作效率给予员工提成（tg12）	物质性报酬（TG1）	投资过度型雇佣关系模式（TG）
员工获得培训（tg21） 员工有较大的发展空间，可以发挥才能（tg22） 员工享有一定的决策权力（tg23）	发展性报酬（TG2）	
员工需要履行工作内的职责（tg31） 员工之间相互合作（tg32）	员工角色内要求（TG3）	

续表

一级编码	二级编码	三级编码
按时发放员工工资（zd11） 给予员工升职鼓励（zd12）	物质性报酬（ZD1）	组织导向型雇佣 关系模式（ZD）
企业对员工的培训投入较多（zd21） 员工得到充分授权，可以发挥自己的能力（zd22）	发展性报酬（ZD2）	
员工需要认真完成工作（zd31） 员工需要认真负责，注重企业形象（zd32）	员工角色内要求（ZD3）	
员工需要考虑企业的整体利益（zd41） 员工为公司提出有用的建议（zd42）	员工角色外要求（ZD4）	

资源来源：笔者根据调研数据整理。

　　第二，轴心编码。在第一步编码的前提下进行轴心编码，分析并提取出二级编码，研究这些编码之间的关系，把它们归属到相应的三级编码中。经过分析总结，最终归纳出了 8 个主范畴，这些主范畴的含义和与其有关的编码的对应关系如表 3-11 所示。

表 3-11　轴心编码

主范畴	对应范畴	范畴内涵
组织文化（C）	结果导向组织文化（C1）	企业对实现结果目标的重视
	创新导向组织文化（C2）	企业对创新的要求
组织结构（S）	机械式组织结构（S1）	企业对员工的限制程度
	有机式组织结构（S2）	企业给予员工参与决策的期望和要求
组织氛围（F）	消极性组织氛围（F1）	企业运用消极性氛围控制员工，促进经营目标达成
	中立性组织氛围（F2）	企业运用中立性氛围鼓励员工创新，提高竞争力
	激发性组织氛围（F3）	企业运用激发性氛围鼓励员工创新，提供资源和支持，促进公司发展
	高效性组织氛围（F4）	企业运用高效性氛围塑造多元化企业形象，要求员工创新
社会控制（K）	正式控制（K1）	企业运用正式控制约束员工行为，提出要求
	非正式控制（K2）	企业运用非正式控制影响员工行为

主范畴	对应范畴	范畴内涵
工作导向型雇佣关系模式（GD）	物质性报酬（GD1）	企业给予员工固定工资，同时根据工作完成时限给予员工物质性奖励
	员工角色内要求（GD2）	企业要求员工遵守规章制度并履行份内职责
投资不足型雇佣关系模式（TB）	物质性报酬（TB1）	企业根据规定给予员工工资并且根据工作绩效给予员工报酬
	员工角色内要求（TB2）	企业要求各部门员工在履行本职的同时还要注重团队合作
	员工角色外要求（TB3）	企业要求员工用较高的道德素质与职业素养进行工作
投资过度型雇佣关系模式（TG）	物质性报酬（TG1）	企业给予员工工资并根据效率、计件和利润来计算与发放提成
	发展性报酬（TG2）	企业注重员工的职业发展，给予员工广阔的发展空间，全面发掘员工的能力
	员工角色内要求（TG3）	企业要求员工履行工作内的职责并且要求员工之间要相互合作
组织导向型雇佣关系模式（ZD）	物质性报酬（ZD1）	企业发放员工的相应薪酬和履行对员工的物质性报酬的承诺，给予员工适当进行转正或升职的激励
	发展性报酬（ZD2）	企业对员工进行大量培训投入，提升了员工个人素质，同时赋予员工一定权力
	员工角色内要求（ZD3）	员工需要认真负责地完成工作，注重企业形象
	员工角色外要求（ZD4）	员工需要考虑企业的整体利益并且为公司提出有用的建议

资源来源：笔者根据调研数据整理。

第三，选择性编码。结合轴心编码，研究分析这些主范畴，通过总结得到最重要的因素，把它们归纳为一个整体。

3.2.4 研究发现

3.2.4.1 组织特征对工作导向型雇佣关系的影响

A企业的雇佣关系是工作导向型。根据访谈数据，组织特征中的结果导向组织文化和机械式组织结构对工作导向型雇佣关系模式起到一定的作用，相关情况如表 3-12 所示。

表 3-12　组织特征与工作导向型雇佣关系模式的有关范畴与典型语句举例

主范畴	对应范畴	编码	典型引用语举例	指向性
组织文化（C）	结果导向组织文化（C1）	企业更加重视实现结果目标，对员工的投入少（c11）企业重视任务的落实和组织利益最大化的绩效目标（c12）	"对于在规定时限内超前做好的任务，我们根据规定给予员工金钱的鼓励。"（Ac11）"我们重视员工职责内工作任务的完成，考察的是员工份内的工作表现，任务定义十分具体。"（Ac12）"我们企业重视任务的落实和组织利益最大化，要求员工严格执行工作内的任务。"（Ac12）	结果导向组织文化（C1）→消极性组织氛围（F1）→物质性报酬（GD1）；结果导向组织文化（C1）→消极性组织氛围（F1）→员工角色内要求（GD2）；结果导向组织文化（C1）→非正式控制（K2）→员工角色内要求（GD2）；
组织结构（S）	机械式组织结构（S1）	企业对工作进行高度分工并明确界定各岗位职责（s12）	"企业会设计许多的规则，企业的工作步骤比较标准，员工的工作说明比较具体，通过这些来加强对员工的正式控制，对员工的角色内要求严格。"（As12）	机械式组织结构（S1）→正式控制（K1）→员工角色内要求（GD2）；
工作导向型雇佣关系模式（GD）	物质性报酬（GD1）	给予固定的工资（gd11）根据工作完成时限进行物质性奖励（gd12）	"我们的工资是固定的，我们有五险一金。"（Agd11）"企业会根据我们的工作进度对我们给予奖励或者惩罚。"（Agd12）	—
	员工角色内要求（GD2）	员工完成自己的份内工作任务（gd21）员工需要遵守公司制度（gd22）	"员工需要认真对待自己的份内工作任务。"（Agd21）"我们会严格监督员工是否按照规则进行工作。"（Agd22）	

资源来源：笔者根据调研数据整理。

由表 3-12 和图 3-4 可知，结果导向组织文化通过影响消极性组织氛围以及社会控制中的非正式控制，进而影响对员工的物质性报酬以及员工角色内要求；机械式组织结构通过影响社会控制中的正式控制，来加强对员工的角色内要求。由此形成了工作导向型雇佣关系模式。

在工作导向型雇佣关系模式中，企业提供给员工较低的诱因，对员工的期望贡献也低。在这种情况下，员工和组织之间的关系是短暂的、不稳定的，员工和组织是通过经济交换来维持关系的，因而员工和组织几乎没有进行情感交流（席

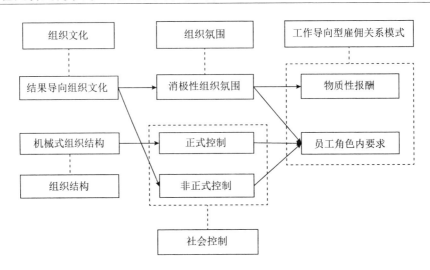

图3-4 工作导向型雇佣关系模式的影响路径

资源来源：笔者根据研究思路绘制。

猛等，2018）。通过总结分析访谈所得数据也证实了这一观点，该公司在经营管理中过于注重企业的规则，对员工的激励较少，对员工的期待不高；受访的企业员工认为他们在企业中并没有归属感，只是进行单纯的经济交换，缺乏组织荣誉感，员工只是完成份内职责和任务，不会过多关注职责外的工作。

在工作导向型雇佣关系模式下，企业员工的职责简单清楚，对员工的绩效考核非常简单（Zhang et al.，2011），在企业的发展需求下，企业的组织特征表现为结果导向组织文化与机械式组织结构，造成了消极性组织氛围，并且对员工进行比较严格的正式控制和非正式控制，对员工的责任意识要求和创新鼓励程度都比较低，结合岗位具体的细节要求对员工进行约束，组织中的管理人员和普通员工都要进行具体的考核，在这种情况下，员工会努力工作达到职责要求，企业根据这些工作标准对员工的业绩进行衡量并给予员工物质性报酬。在访谈中，参考A企业所属的创业咨询服务行业的特点，有如下发现：

（1）企业选择结果导向组织文化时，通过消极性组织氛围来发挥作用，组织氛围体现的是组织内部环境的特质，组织内的员工可以感受到，并且这种特质可以影响组织成员的行为（Verbeke，1998）。组织氛围可以直接反映雇主对员工的激励程度和期望程度，在消极性组织氛围下企业对员工的责任意识的培养和创新鼓励程度都比较低，要求员工在组织内实行的所有行为都必须符合组织目标，企业非常关注员工工作任务的完成，坚持把组织利益最大化，强调企业做出的决策和行为也都要符合组织目标（霍雨佳等，2014）。员工的被动接受行为比较明显，对员工的工作内职责要求严格，在结果导向的组织文化下，企业往往是以具体的工作来激励员工个体，结合员工的业绩给予相应的物质性报酬，注重对员工工作完成后的奖励，但是忽略了对雇员的素质和潜能的培养。在这个背景下，访谈中的一位管理人员表示"对于在规定时限内超前做好的任务，我们根据规定给予员工金钱的鼓励"，也有一位管理者表示"我们企业重视任务的落实和组织利益的最大化，要求员工严格执行工作内的任务"，这体现了在结果导向组织文化下，企业内部目标明确，企业进行经营管理时注重短期的效益或者是工作任务的完成度，只是给予员工一定的物质报酬，不关注员工内在的需求。此时组织文化通过消极性组织氛围要求员工严格完成自己角色内的工作任务，鼓励员工认真负责地工作，同时员工也可以得到来自企业给予的相应的物质性报酬。作为一家综合性创业服务公司，若由于细微的信息错误而造成的损失将严重影响公司提供服务的正确性，进而影响企业形象，并且由于该公司处于开创期，更加注重组织目标的实现，对员工的要求更多的是任务本身的完成，因此按照任务完成情况衡量员工工作执行度并以此为依据进行奖惩具有必要性。

（2）企业选择结果导向组织文化时，通过社会控制中的非正式控制来发挥作用，强调员工在组织内的所有行为都必须符合组织目标，企业非常关注员工工作任务的完成度，坚持把组织利益最大化，加强对于员工的控制。在非正式控制下，企业内的管理人员不是通过直接对员工发布命令或者是直接要求员工必须执行来进行管理，而是让员工自己讨论选择能够通过更好地达成自我和组织目标的方式来完成工作，在这个过程中员工之间逐渐产生了共识和默契，这就是组织内部的共有价值观和组织文化，进而通过借助这些价值观和文化管理来控制员工的行为（Baker，1993）。企业通过非正式控制来调整组织内全体员工的行为，就是借助组织内员工间的相互影响和共同认知以及员工对某一行为的反应所产生的作用控制员工行为，这一方式对于员工的角色内要求高，企业严格执行奖惩机制，考察员工份内的工作表现，任务定义十分具体（徐云飞等，2017）。在这个背景下，访谈中的一位管理人员表示"我们关注工作的落实和组织利益的最大化，要求员工严格执行工作内的任务"，这体现了在结果导向的组织文化下，通过非正式控制影响员工的认知，对员工行为进行严格控制，使员工接受注重工作这样的价值观。此时组织文化通过非正式控制能够促使员工更积极负责地完成任务，更加注重角色内工作任务的完成。作为一家综合性创业服务公司，若由于员工的工作错误而造成的损失将会严重影响公司的工作进程，进而影响企业效益，因此企业更加严格要求员工的行为，更加关注员工的角色内工作任务。

（3）企业的组织结构对企业雇佣关系模式的选择也起着很大的作用。企业采取机械式组织结构，要求雇员严格完成自己职责内的工作任务，在管理中采取集权的形式，对员工的工作进行高度划分并且具体明确地制定每个岗位的职责，强调员工必须严格完成本职任务（Robbins et al.，2013）。根据社会信息加工理论，组织采取的各种管理行为向员工传递出某种信息，让员工意识到自己只需要完成自己职责内的工作任务就可以，不需要去关注角色外的任务，这些都是组织不予以鼓励的，这样阻止员工去关注组织的目标以及企业的整体利益（Salancik，1978）。企业采用机械式组织结构，给予员工较低的工作自主性并且限制员工对组织的决策发表意见，这些都显示出企业对员工利益的不重视。根据社会交换理论，在这种情况下，员工不会积极地去回报组织，员工只会关心自己职责内的工作（Blau，1959）。在这个背景下，访谈中的一位管理人员表示"企业会设计许多规则，企业的工作步骤比较标准，员工的工作说明比较具体，通过这些来加强对员工的正式控制，对员工的角色内工作要求严格"，这体现了在机械式组织结构下，通过正式控制加强对员工的控制，要求员工严格完成自己的角色内工作任务。根据访谈发现，该案例企业采取机械式结构，在企业内部设计许多规则，制定的工作步骤比较标准，员工的工作说明比较具体，企业通过这些来加强对员工的正式控制。根据以上分析，得到如下命题：

命题5：结果导向组织文化通过影响消极性组织氛围以及社会控制中的非正式控制，进而影响员工的物质性报酬以及角色内要求；机械式组织结构通过影响社会控制中的正式控制，来加强对员工的角色内要求。

3.2.4.2 组织特征对投资不足型雇佣关系的影响

B企业的雇佣关系是投资不足型。结合访谈得到的数据，结果导向文化和机械式组织结构对投资不足型雇佣关系具有一定的影响，具体分析如表3-13所示。

表3-13 组织特征与投资不足型雇佣关系模式的有关范畴与典型语句举例

主范畴	对应范畴	编码	典型引用语举例	指向性
组织文化（C）	结果导向组织文化（C1）	企业更加重视实现结果目标，对员工的投入少（c11）企业重视任务的落实和组织利益最大化的绩效目标（c12）	"对于一线员工，公司有定额任务安排，如果我们超额完成工作任务，公司会给予我们一些现金奖励。"（Bc11）"公司鼓励我们在完成工作任务的前提下进行创新，要求我们不仅要认真完成工作，还要用优质的态度进行服务，提升企业形象。"（Bc12）"企业重视提高竞争力，通过组织文化来影响员工，要求员工要具备较高的道德素质与职业素养。"（Bc12）	结果导向组织文化（C1）→中立性组织氛围（F2）→物质性报酬（TB1）；结果导向组织文化（C1）→中立性组织氛围（F2）→员工角色外要求（TB3）；结果导向组织文化（C1）→非正式控制（K2）→员工角色外要求（TB3）

续表

主范畴	对应范畴	编码	典型引用语举例	指向性
组织结构（S）	机械式组织结构（S1）	企业给予员工更低工作自主性，限制其参与决策（s11）	"我们平时工作中发挥空间不大，工作自主性比较低，不能参与决策，只能按照要求完成工作任务。"（Bs11）	机械式组织结构（S1）→正式控制（K1）→员工角色内要求（TB2）
投资不足型雇佣关系模式（TB）	物质性报酬（TB1）	根据规定给予员工工资（tb11）根据员工绩效给予报酬（tb12）	"员工有基础工资，如果员工超额完成工作任务，公司会给予员工一些现金奖励、奖品等。"（Btb11、Btb12）	—
	员工角色内要求（TB2）	员工关注自己的份内工作（tb21）员工进行团队之间的合作（tb22）	"根据员工的擅长点来分配工作。"（Btb21）"生产各环节会有不同部门负责，前后道程序需要衔接，这些都需要员工合作完成。"（Btb22）	—
	员工角色外要求（TB3）	员工的道德素质与职业素养要提高（tb31）员工要不断进行创新（tb32）	"员工在工作时除了要具备工作能力，还要具备道德素质和职业素养，制造出优质的产品。"（Btb31）"员工需要具备创新意识，不断优化产品，为顾客服务。"（Btb32）	—

资源来源：笔者根据调研数据整理。

由表 3-13 和图 3-5 可以发现，结果导向组织文化通过影响中立性组织氛围以及社会控制中的非正式控制，进而影响员工的物质性报酬以及员工角色外要求；机械式组织结构通过影响社会控制中的正式控制，进而影响员工角色内要求。

在投资不足型雇佣关系模式下，企业对员工的期望贡献比较高，员工可以感受到组织对他们的重视，但是企业并没有给予员工相应的物质性报酬和发展性报酬，以致员工的工作积极性没有持续性（马跃如等，2018）。访谈数据也印证了这一想法，该企业的组织特征主要是结果导向组织文化和机械式组织结构，企业对员工的激励少，但是对他们的期待太高；受访的员工认为组织要求他们不能只是完成自己工作内的任务，还要关注自己工作外的任务，并且提高自己的能力和素质。

由于企业对员工提出高期望，但是对员工给予低激励，这导致了员工的工作满意度不高，B 企业就是如此，企业要求员工不能只是完成工作内的任务，还要

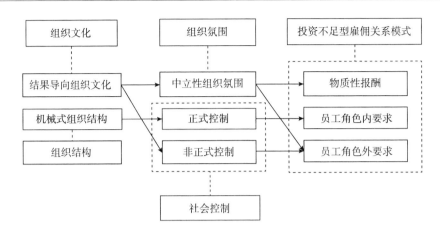

图 3-5　投资不足型雇佣关系模式的影响路径

资源来源：笔者根据研究思路绘制。

关注工作外的任务，并且提高自己的能力和素质，同时，企业还要求员工为组织的整体利益做贡献，但是给予员工的工作激励还没有普及到发展性报酬。在访谈中，参考 B 企业所属的通用设备制造行业的特点，有如下发现：

（1）结果导向组织文化影响着雇员和雇主之间的关系，在这种文化下企业重视组织目标的实现，在进行管理实践时更加关注组织的短期效益，重视组织目标的达成，重视经营效率和成功的重要性（霍雨佳和路琳，2014），重视企业竞争力的提高，在这样的组织文化下形成中立性组织氛围，组织氛围体现的是组织内部环境的特质，组织内的员工可以感受到，并且这种特质可以影响组织成员的行为（Verbeke，1998）。在中立性组织氛围中，企业鼓励有创新精神的雇员，希望员工可以认真完成自己的工作任务，并且工作的完成要有质量和效率，但是没有为员工提供实质性帮助，诱因薄弱，对员工的发展支持较少。在这个背景下，访谈中的一位员工表示"员工有基本工资，如果我们超额完成工作任务，公司会给予我们一些现金奖励、奖品等"，另一位受访员工表示"企业重视提高竞争力，通过组织文化来影响员工，要求员工要具备较高的道德素质与职业素养"，这体现了在结果导向组织文化下，企业的组织目标比较明确，企业重视提高竞争力，鼓励有创新精神的员工，对员工提出较高的要求，但是仅仅给予员工一定的物质性报酬，忽略员工的内在需求。此时组织文化通过中立性组织氛围能够促使员工不仅时刻履行其角色内工作要求，而且开始关注角色外的工作任务，因此员工也可以获得一定的物质性报酬。根据访谈发现，B 企业属于通用设备制造行业，鼓励员工具有创新精神，要求员工具有较高的创新思维和能力，可以帮助企业改进产品，始终以客户为中心，满足客户要求，提升公司形象。

（2）企业选择结果导向组织文化时，强调企业做出的决策和行为都要符合组织目标，重视企业效益和竞争力，重视成功，但是员工只能遵守组织的管理决策，员工的行为都必须符合组织目标（霍雨佳等，2014）。企业通过社会控制中的非正式控制来发挥组织文化的作用，在非正式控制下，企业内的管理人员不是通过直接对员工发布命令或者要求员工必须执行来管理的，而是让员工自己讨论选择能够更好地达成自我和组织目标的方式来完成工作，在这个过程中员工之间逐渐产生了共识和默契，这就是组织内部的共有价值观和组织文化，进而通过借助这些价值观和文化来管理与控制员工的行为（Baker，1993）。企业通过非正式控制来控制和调整组织内全体员工的行为，即借助组织内员工间的相互影响和共同认知以及员工对某一行为的反应所产生的作用控制员工行为，结果导向组织文化的价值观是重视结果目标，通过鼓励员工创新，促使员工更加关注组织目标，为组织做贡献，同时要求员工关注顾客需求，对员工提出更高的角色外工作要求。在这个背景下，访谈中的一位员工表示"企业重视提高竞争力，通过组织文化来影响员工，要求员工要具备较高的道德素质与职业素养"，体现了在结果导向组织文化下，企业通过非正式控制影响员工的认知，在组织内形成共同的价值观。此时组织文化通过非正式控制促使员工不仅时刻履行其角色内工作要求，而且促使员工提升自己的道德素质和职业素养。在访谈过程中企业家多次强调员工在工作时除要具备工作能力外，还要具备道德素质和职业素养，制造出优质的产品，这体现了管理人员希望员工能够做出更多的职责外的贡献，希望员工能够提升自身能力修养。

（3）企业的组织结构对企业雇佣关系模式的选择也起着很大的作用。企业采取机械式组织结构，具有控制体系严格、官僚结构传统的特点，在机械式结构下，员工之间沟通渠道是自上而下的，员工没有权力参与决策（Robbins et al.，2013）。结合社会信息加工理论，管理者对员工的鼓励不够，没有主动进行额外的与员工职业发展相关的投入，员工的工作自主性低，没有发展空间，这些管理行为表现出企业不希望员工参与决策的信息，表明组织对员工不重视，会阻止员工关心组织目标的实现以及组织利益的达成（Salancik，1978）。依据社会交换理论，会使员工产生消极的互惠义务与回报意识，促使员工仅仅关注自己本职工作（Blau，1959）。对于这种情况，接受采访的其中一位员工表示"我们平时工作中发挥空间不大，工作自主性比较低，不能参与决策，只能按照要求完成工作任务"，这体现了在机械式组织结构下，通过正式控制加强对员工的控制，加强对员工的角色内要求，此时组织结构通过正式控制鼓励员工认真完成自己工作内的任务，重视工作内的职责，使其更负责地完成每一项任务。根据访谈发现，B 企业采取机械式组织结构，在企业内部设计许多规则，制定的工作步骤比较标准，员工的工作说明比较具体，通过这些来加强对员工的正式控制，对员工的角色内要求严格，但是对员工的发展性支持较低。根据以上分析，得到如下命题：

命题6：结果导向组织文化通过影响中立性组织氛围以及社会控制中的非正式控制，进而影响员工的物质性报酬以及员工角色外要求；机械式组织结构通过影响社会控制中的正式控制，来加强员工角色内要求。

3.2.4.3　组织特征对投资过度型雇佣关系的影响

C企业的雇佣关系是投资过度型。结合访谈得到的数据，组织特征中的创新导向组织文化和有机式组织结构对投资过度型雇佣关系模式具有一定的影响，如表3-14所示。

表3-14　组织特征与投资过度型雇佣关系模式的有关范畴与典型语句举例

主范畴	对应范畴	编码	典型引用语举例	指向性
组织文化（C）	创新导向组织文化（C2）	企业为员工提供培训机会，对员工提出创新要求（c21）企业赋予员工权力，给予员工发展性鼓励，为员工提供发展空间（c22）	企业根据研发能力来给予研发人员提成。"（Cc22）"员工可以参与到一些事情的决策中，而且每周上级领导会与员工交流，员工可以提出建议。"（Cc22）"公司重视品质，以客户为中心，满足客户的要求，这要求每一个环节的员工配合。"（Cc21）"公司注重企业形象，通过企业文化影响员工，要求员工认真完成工作内的任务。"（Cc21）	创新导向组织文化(C2)→激发性组织氛围(F3)→物质性报酬(TG1)；创新导向组织文化(C2)→激发性组织氛围(F3)→发展性报酬(TG2)；创新导向组织文化(C2)→激发性组织氛围(F3)→员工角色内要求(TG3)创新导向组织文化(C2)→非正式控制(K2)→员工角色内要求(TG3)
组织结构（S）	有机式组织结构（S2）	企业给予员工轻松自主的环境（s21）企业允许员工参与决策（s22）	"企业给予员工自主的环境，员工可以发挥自己的才能获得更高薪酬与职业晋升等报酬。"（Cs21）"员工高度参与决策，充分发挥才能，提高职业素养与个人素质，因此员工更加积极。"（Cs22）	有机式组织结构（S2）→物质性报酬（TG1）；有机式组织结构（S2）→发展性报酬（TG2）

主范畴	对应范畴	编码	典型引用语举例	指向性
投资过度型雇佣关系模式（TG）	物质性报酬（TG1）	根据规定给予员工工资（tg11）根据工作效率给予员工提成（tg12）	"生产部门雇员根据任务完成数量获取提成。"（Ctg12）	—
	发展性报酬（TG2）	员工获得培训机会（tg21）员工有较大的发展空间，可以发挥才能（tg22）员工享有一定的决策权力（tg23）	"公司经常开展培训交流会。"（Ctg21）"员工可以努力钻研，这样做可以激发员工能力。"（Ctg22）"企业不约束员工工作，员工不容易离职。"（Ctg22）	—
	员工角色内要求（TG3）	员工完成份内工作（tg31）员工注重团队合作（tg32）	"企业要求员工提高工作质量和效率，要注重团队配合。"（Btg32）	—

资源来源：笔者根据调研数据整理。

　　由表 3-14 和图 3-6 可知，创新导向组织文化通过影响激发性组织氛围以及社会控制中的非正式控制，进而影响员工的物质性报酬、发展性报酬和员工角色内要求；有机式组织结构直接对员工的物质性报酬和发展性报酬产生一定影响。

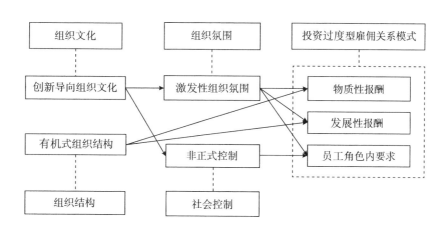

图 3-6　投资过度型雇佣关系模式的影响路径

资源来源：笔者根据研究思路绘制。

关于投资过度型雇佣关系模式，企业给予员工较多的激励，但是对员工的要求较少，希望员工完成自己职责内的工作（张一弛，2004），企业为员工提供物质性报酬和发展性报酬，员工也回报给企业更多的贡献，员工会更加认同企业的相关政策以及文化和组织结构。在这种情况下，企业调整经营战略，从企业内部入手培养优秀人才队伍，在访谈中，参考 C 企业所属的电子设备制造行业的特点，有如下发现：

（1）在组织文化中，创新导向组织文化影响雇主和雇员之间的关系，采用创新导向的企业文化在组织内部形成激发、培育和鼓励技术创新的文化环境（杜跃平等，2007；水常青等，2005）。在创新导向组织文化下，企业在经营管理中注重技术创新，注重创造和形成具有本企业特色的文化，鼓励技术创新，赋予员工一定的权力，更加关注员工本职工作以及员工自身素质和能力的提高，员工会更加积极地进行创新，在这样的组织文化下形成激发性组织氛围，管理较为公正，企业为员工提供了一些学习、培训的机会，企业管理者鼓励员工创新，为员工创新提供资源和支持，允许一定的试错成本，员工认可领导的工作能力，能在工作中获得一定的成就感，员工具有较强的责任意识和工作热情，对企业具有一定的认同感和归属感。其中一位接受采访的员工表示"员工可以参与到一些事情的决策中，而且每周上级领导会与员工交流，员工可以提出建议"，根据社会交换理论，这体现了员工在感受到组织对他们的支持和重视之后，他们在工作中会更加认真负责，会努力为组织做贡献（张火灿等，2007）。此时创新导向组织文化通过激发型组织氛围，可以鼓励员工认真地完成自己的职责，鼓励员工重视自己的工作内职责要求，鼓励他们更负责地完成每一项任务。根据访谈发现，C 企业作为一家电子设备制造行业的公司，注重创造和形成具有本企业特色的文化，鼓励技术创新，赋予员工一定的权力，更加关注员工本职工作以及员工自身素质和能力的提高，希望员工能够不断创新，提升产品质量，C 企业鼓励员工具有创新精神，员工尽其所能地完成领导交代的任务，组织对员工的角色内要求严格，为员工提供物质性报酬和发展性报酬。

（2）创新导向组织文化通过社会控制中的非正式控制来发挥作用，在这种文化下，组织内部提倡员工积极创新，形成了一些有利于这种文化在企业内部推行的规则等（宋培林，2000）。非正式控制把组织内部成员之间的相互影响和共同认知作为基础，借助员工对组织内部相关行为的反应以及产生的作用控制员工的行为（Hollinger et al.，1982），企业通过非正式控制来发挥组织文化的作用，增强员工的参与感、归属感和家庭感，给予员工一定的权力，企业更加关注员工本职工作以及员工自身素质和能力的提高，这样会对员工的角色内要求产生一定的影响。其中一位接受采访的管理者表示"我们公司非常注重企业形象，通过企业文化的塑造来影响员工，要求员工认真负责地完成工作内的任务，彼此之间相互合作"，这体现了在创新导向组织文化下，企业通过非正式控制影响员工的认知，在组织内形成共同的价值观，更加关注员工本职工作以及员工自身素质和能力的提高，影响对员工的角色内要求。此时组织文化通过非正式控制要求员工认真负责地完成自己的工作任务，重视自己的职责内要求。根据访谈发现，C 企业作为一家电子设备制造行业的公司，非常重视创新，希望提高自己在同行业市场中的竞争能力，企业中的管理人员希望员工可以提高自己的工作能力和自身的素养，更加重视员工工作内职责的完成，没有对员工做出员工职责之外的要求。

（3）企业的组织结构对企业雇佣关系模式的选择也起着很大的作用。在有机式组织结构下，企业在进行管理时，赋予员工适当的权力，给予员工宽松、自主的工作环境；组织内部的工作以团队的形式开展，鼓励员工合作交流。根据访谈发现，C 企业采取的是灵活、宽松和分权的有机式组织结构。在这种组织结构中，企业不划分固定的岗位，岗位之间的职能界限也没有严格划分，员工的行为有利于工作目标的实现，员工可以不受组织内部规章制度的约束，员工的沟通渠道多样化，既可以采用自上而下的形式，也可以采用水平沟通和自下而上的沟通方式，员工可以很大程度地参与组织的决策（Robbins et al.，2013）。在这种情况下，企业给予员工更高的工资，员工可以得到更多的发展机会，可以在企业中发挥自己的能力，而且还可以在企业的支持下提升自己的道德素质和素养，员工也会更加积极完成自己的工作任务。结合社会交换理论，员工在感受到组织对他们的支持和重视之后，他们在工作中会更加认真负责，会努力为组织做贡献（张火灿等，2007）。企业为员工的发展提供了更多的资金，这种投入可以帮助企业获得更多的人才，员工得到了来自企业的物质性和发展性的支持，他们会对企业产生归属感，会更加努力地为企业工作。在访谈过程中，C 企业对员工的投入更多，从社会道德规范的角度出发对员工进行投资，努力为社会培养优秀人才。在这种情况下，企业能够为员工的职业发展进行深层次的思考与全面的培养，员工得到了来自企业的支持，获得了更多的回报。总结上述分析，得出如下命题：

命题 7：创新导向组织文化通过影响激发性组织氛围以及社会控制中的非正式控制，最终对员工的物质性和发展性报酬以及员工角色内要求起到一定作用；有机式结构可以直接影响组织对员工的物质性报酬和发展性报酬。

3.2.4.4　组织特征对组织导向型雇佣关系的影响

D 企业的雇佣关系是组织导向型。结合访谈，总结分析得到的数据信息，发现企业组织特征中的创新导向组织文化和有机式组织结构对组织导向型雇佣关系具有一定的影响。虽然四种雇佣关系模式在现实的企业中已经进行了广泛的运用，但是在实际的经营管理中，组织导向型雇佣关系模式的运用会更加广泛。在对组织导向型雇佣关系模式的相关数据进行分析后，其具体范畴如表3-15所示。

表3-15　组织特征与组织导向型雇佣关系模式的有关范畴与典型语句举例

主范畴	对应范畴	编码	典型引用语举例	指向性
组织文化（C）	创新导向组织文化（C2）	企业为员工提供培训机会，对员工提出创新要求（c21）企业给予员工权力，给予员工发展性鼓励，为员工提供发展空间（c22）	"企业为员工按时按需发放相应薪酬，讲师的课讲得越好，报名的学生越多，会给予讲师相应的物质奖励，对讲师进行转正升职激励。"（Dc22）"公司注重对员工的培训，会给予员工发挥空间，员工得到授权并发挥才能。"（Dr22）"公司要求员工严格履行份内职责，要求员工以身作则，努力提升公司形象。"（Dr21）"公司希望员工重视企业的整体效益，希望员工可以为企业做更多的贡献。"（Dr21）	创新导向组织文化(C4)→高效性组织氛围(F4)→物质性报酬(GD1)；创新导向组织文化(C4)→高效性组织氛围(F4)→发展性报酬(TG2)；创新导向组织文化(C4)→非正式控制(K2)→员工角色内要求(GD2)；创新导向组织文化(C4)→非正式控制(K2)→员工角色外要求(ZD3)
组织结构（S）	有机式组织结构（S2）	企业允许员工参与决策（s22）	"员工可以高度参与决策，充分发挥才能，提高职业素养与个人素质。"（Ds22）	有机式组织结构（S2）→员工角色外要求（ZD3）
组织导向型雇佣关系模式（ZD）	物质性报酬（ZD1）	企业给予员工升职鼓励（zd12）	"员工讲课技能出色且效率高，就可以转为讲师，报酬就会增加。"（Dzd12）	—
	发展性报酬（ZD2）	企业对员工的培训投入较多（zd21）员工得到充分授权，可以发挥自己的能力（zd22）	"企业给予员工培训机会，提高员工的讲课技能和素质。"（Dzd21）"企业给予员工发表意见的权力，鼓励员工创新。"（Dzd22）	—
	员工角色内要求（ZD3）	员工需要认真完成工作（zd31）员工需要认真负责，注重企业形象（zd32）	"每位员工都认真负责地讲课。"（Dzd31）"员工的每一堂课都代表着公司，所以员工要在工作中尽职尽责。"（Dzd32）	—
	员工角色外要求（ZD）	员工需要考虑企业的整体利益（zd41）员工为公司提出有用的建议（zd42）	"员工会反思自己，相互沟通并寻求帮助，提出新的且有用的建议。"（Dzd41）"员工会反思自己的授课质量和效率，积极提出创新性建议。"（Dzd42）	—

资源来源：笔者根据调研数据整理。

由表 3-15 和图 3-7 可知，创新导向组织文化通过影响高效性组织氛围以及社会控制中的非正式控制，进而影响员工的物质性报酬、发展性报酬以及角色内和员工角色外要求；有机式结构可以直接对员工角色外要求产生一定的影响。由此形成了组织导向型雇佣关系模式。

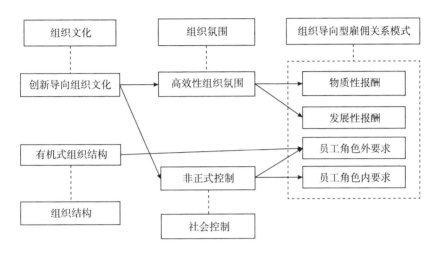

图 3-7　组织导向型雇佣关系模式的影响路径

资源来源：笔者根据调研数据整理。

在组织导向型雇佣关系模式下，组织给予员工物质性和发展性激励，同时期望员工做出工作职责范围内和超过工作职责范围的贡献。组织导向型雇佣关系模式实际上是组织和员工之间的一种双向关系（Rousseau et al.，1993），一方面雇主为雇员提供更多的投资，这些促使组织和员工都提高对自己的要求；另一方面员工得到了企业的投资以及被企业给予了更多的发展机会，并且在组织文化和组织结构的影响下，员工产生了浓厚的组织使命感，员工的工作积极性得到极大提升。在访谈中，参考 D 企业所属的教育培训行业的特点，有如下发现：

（1）创新导向组织文化影响雇佣双方关系，在这种文化下，公司内部有浓厚的创新氛围（杜跃平等，2007；水常青等，2005），组织氛围体现的是组织内部环境的特质，组织内的员工可以感受到，并且这种特质可以影响组织成员的行为（Verbeke，1998）。企业关注的是长期的战略规划，注重多样化的企业形象，注重创造性，对员工提出创新性的要求，在这样的组织文化下形成高效性组织氛围，组织内的责任意识和鼓励创新的程度较高，组织内的管理较公正，组织制定的管理政策和制度较合理，员工的晋升体系较为公正；组织注重对员工的培养，提供给员工更多学习、培训和外出交流的机会；企业为鼓励员工创新，制定相应的奖励制度，企业给予员工物质性报酬和发展性报酬。其中一位接受采访的管理者表示"企业为员工按时按需发放相应薪酬，讲师的课讲得越好，报名的学生越多，会给予讲师相应的物质奖励，对讲师进行转正升职激励"，这体现了在创新导向组织文化下，企业注重多样化的企业形象，注重创造性，对员工提出创新性的要求，制定相应的奖励制度，企业家给予员工一定的授权，给予了员工更多的发展空间。此时组织文化通过高效性组织氛围，鼓励员工创新，给予员工物质性报酬和发展性报酬。根据访谈发现，D企业作为一家教育培训公司，注重多样化的企业形象，注重创新和形成具有本企业特色的文化，赋予员工权力，鼓励员工发挥才能，为员工提供物质性报酬和发展性报酬。

（2）创新导向组织文化通过社会控制中的非正式控制来发挥组织文化的作用，非正式控制以组织内部成员之间的相互影响和共同认知为基础，借助员工对组织内部相关行为的反应以及产生的作用来控制员工的行为（Hollinger et al.，1982），创新导向组织文化包括鼓励创新的价值观、准则、制度规范和物质环境等（宋培林，2000）。企业通过非正式控制来发挥作用，在企业内部推崇鼓励创新的价值观、准则、制度规范和物质环境等，通过非正式控制影响员工，借助组织内整体员工的认知和价值观来控制员工的行为，通过这种非正式控制来对员工进行激励以及加强对员工的期望要求，对员工提出较高的角色内和角色外要求。其中一位接受采访的管理者表示"公司希望员工可以认真负责地完成职责内任务，重视企业品牌"，这体现了在创新导向组织文化下，企业通过非正式控制影响员工的认知，在组织内形成共同的价值观，企业注重多样化的企业形象，注重创造性，对员工提出创新性的要求，企业制定相应的奖励制度，给予员工一定的授权和更多的发展空间。此时组织文化通过非正式控制促使员工时刻履行其角色内工作要求，而且促使员工提升自己的道德素质和职业素养。根据访谈发现，D企业作为一家教育培训公司，注重多样化的企业形象，注重形成具有本企业特色的文化，鼓励创新，赋予员工权力，让员工有参与感，鼓励员工发挥才能。在访谈过程中，企业家多次强调员工在工作时除要具备工作能力外，还要具备道德素质和职业素养，这体现出管理人员希望员工能够为组织做出工作内和工作外的贡献的意愿。

（3）企业的组织结构对企业雇佣关系模式的选择也起着很大的作用。在有机式组织结构下，企业赋予员工适当的权力，给予员工宽松、自主的工作环境；组织内部的工作以团队的形式开展，鼓励员工合作交流（Robbins et al.，2013）。根据社会信息加工理论，组织中采取的这些管理行为可以让员工接收到组织希望他们可以在工作中团结合作以及主动关心其他员工观点、利益的信息，这种信息的感知促使员工在工作中关心组织目标和企业利益。在有机式组织结构中，组织在管理中赋予员工权力，鼓励员工合作，给予员工更多的工作自主性和决策权，让员工感受到组织对他们的利益的关心（Salancik，1978）。根据社会交换理论，这会促进员工更加积极地为企业的利益做贡献，使员工对组织产生情感依赖和责任意识，用更加积极地工作来回报组织，也会促使员工积极主动地关注角色外的工作任务（Blau，1959）。其中一位接受采访的员工表示"员工在企业内可以高度参与决策，充分发挥才能，提高职业素养与个人发展素质，因此员工在感受到组织对他们的支持和重视之后，他们在工作中会更加认真负责，会努力为组织做贡献，也更能表现出积极性与创造性"，这体现了在有机式组织结构下，企业通过正式控制加强对员工的管理，让员工享有更高的工作自主性以及更多的合作机会，并且可以参与决策，以此加强对员工的角色内要求，此时组织结构通过正式控制不仅能够促使员工时刻履行其角色内工作要求，而且还可以促使员工提升自己的道德素质和职业素养，积极完成角色外的工作任务。根据访谈发现，D 企业采取有机式的组织结构，在这样的组织结构下，员工会更加主动地完成自己职责内和职责外的工作，同时员工也会积极主动地关注角色外的工作任务。根据以上分析，得到如下命题：

命题 8：创新导向组织文化通过影响高效性组织氛围以及社会控制中的非正式控制，进而影响员工的物质性报酬、发展性报酬以及员工的角色内和角色外要求；有机式结构可以直接对员工角色外要求产生一定的影响。由此形成了组织导向型雇佣关系模式。

3.2.5　研究小结与理论贡献

3.2.5.1　研究小结

对于工作导向型雇佣关系模式，结果导向组织文化通过影响消极性组织氛围以及社会控制中的非正式控制，进而影响员工的物质性报酬以及员工角色内要求；机械式组织结构通过影响社会控制中的正式控制，来加强对员工的角色内要求。在投资不足型雇佣关系模式下，结果导向组织文化通过影响中立性组织氛围以及社会控制中的非正式控制，进而影响员工的物质性报酬以及员工角色外要求；机械式组织结构通过影响社会控制中的正式控制，来加强员工角色内要求。针对投资过度型雇佣关系模式，创新导向组织文化通过影响激发性组织氛围以及社会控制中的非正式控制，最终对员工的物质性和发展性报酬以及员工角色内要求起到一定作用；有机式组织结构可以直接影响组织对员工的物质性报酬和发展性报酬。针对组织导向型雇佣关系模式，创新导向组织文化通过影响高效性组织氛围以社会控制中的非正式控制，进而影响员工的物质性报酬、发展性报酬以及员工的角色内和角色外要求；有机式组织结构可以直接对员工角色外要求产生一定的影响。

3.2.5.2 理论贡献

首先，与现有研究关注因人力资源管理实践和企业家特征影响企业雇佣关系不同，本书重点关注组织特征这一前因变量对雇佣关系模式的影响。本书把组织特征构造成组织文化和组织结构两种因素，基于激励-贡献模型，结合社会信息加工理论和社会交换理论，探究组织特征对雇佣关系模式的影响机制。而以往有关文献主要研究所有制形式（张一弛，2004）、人力资源管理特征（赵曙明等，2016）对雇佣关系模式的影响，忽略了组织文化和组织结构这一前因变量的研究。本书从组织文化和组织结构两个变量来研究企业的雇佣关系，深入研究组织特征对雇佣关系的影响，研究发现组织特征在雇佣关系中具有重要作用，拓展了雇佣关系模式的研究前因。

其次，与现有研究关注的企业家特质通过外部感知能力来影响企业雇佣关系不同，本书通过组织氛围和社会控制这两个中介变量来研究组织特征对雇佣关系的影响。无论是雇佣关系的前因变量还是结果变量，以往研究都很少把组织氛围和社会控制作为中介来研究企业雇佣关系模式。为了研究组织文化和组织结构对雇佣关系模式的影响，高芸（2005）引入组织氛围和社会控制作为中介变量，借助组织氛围和社会控制的已有研究，把组织氛围分成消极型、中立型、激发型、高效型四种类型，进一步探究组织氛围与组织绩效之间的关系。本书通过引入组织氛围和社会控制作为中介变量，对组织文化和组织结构借助中介变量影响雇佣关系模式的路径进行研究，使组织特征影响雇佣关系模式的作用机制更加明晰，既丰富了组织氛围和社会控制作为中介变量的研究，又拓展了雇佣关系模式的前因变量。

最后，与现有研究关注所有制形式以及人力资源管理特征等对雇佣关系模式的影响机制不同，本书重点关注组织文化和组织结构对雇佣关系模式的影响路径。本书探究了组织文化和组织结构对雇佣关系的影响路径，进一步延伸了组织特征对雇佣关系模式的驱动机制。关于雇佣关系的前因变量的研究比较缺乏（张一弛，2004；赵曙明等，2016），而且这些研究没有深入探讨其研究变量对雇佣关系模式的具体驱动机制。本书通过多案例研究，明确阐释了组织特征对不同类型雇佣关系模式的影响机制，明确解释了组织文化和组织结构影响雇佣关系的具体路径，明确了变量之间的关系。

3.3　企业家特质对企业新民工雇佣关系模式的影响机制研究

在经历经济体制改革之后，企业面临着来自市场和员工的双重压力。一方面，在瞬息万变的市场环境下，为了更好地应对环境的不确定性，企业更希望员工能积极主动地发现问题和解决问题；另一方面，由于社会时代的变迁，员工的需求也在日益变化。这促使了企业与员工的双向互动关系的形成与发展。在实际过程中，雇佣关系模式呈现多样性，以激励－贡献模型划分而形成的四种雇佣关系模式均广泛存在。显而易见，造成雇佣关系模式多样性存在的原因中，企业家有举足轻重的作用，尤其是在中小企业中，企业家作为企业的关键决策者，能够代表组织对员工的工作激励和期望贡献产生作用，如企业家的风险偏好和成就需要等企业家特质会发挥重要作用，即企业的雇佣关系模式的选择必然会受企业家特质的影响。

基于高阶理论，由于有限理性，企业高层管理者的认知储备和价值观影响企业家的视野、选择性认知及对信息的解释等，最终形成管理者认知，进而在受各种内外部因素影响所形成的管理者认知的推动下做出最后决策和行动（Hambrick et al.，1984）。作为企业的决策层，企业家将经营与管理企业作为首要责任，尤其是在中小企业中，时常出现企业家对企业的各个方面亲自涉猎把控的情况。若缺少了对企业家特质的研究，组织和员工的关系存在研究缺口，不利于对员工的幸福感、城市融入度等相关层面的调研，甚至阻碍了政策制定。因此在这种情况下，更值得将企业家特质引入雇佣关系模式进行进一步研究，探究企业家特质对雇佣关系模式产生的影响及作用机制具有重大的意义和必要性。

基于上述问题的分析，针对企业家特质对雇佣关系模式的研究空缺，本书采用案例研究的方法，以这四家在各行业中具有代表性的企业作为研究对象，并对所获得的信息进行编码与分析，得出相应命题。这有助于增强研究内容的针对性和研究结论的可参考性，为相应公司制定相关决策奠定一定的理论基础，并且丰富相关领域的研究。

在理论方面，本书以企业家特质为切入点，以外部感知能力作为中介变量，在参考现有研究成果的基础上以具体企业为研究对象，进行企业家特质对雇佣关系模式的影响机制研究。首先，丰富了企业家特质的研究，将雇佣关系模式引入企业家特质的研究中，从组织内部的纵向视角深入研究企业家特质对雇佣关系模式的影响。其次，拓展了雇佣关系模式的影响作用机制，以往研究主要从组织内部视角入手进行探讨，忽略了企业家个体层面的影响。最后，探索了企业家特质对雇佣关系模式的驱动机制，为探讨雇佣关系模式的影响因素的作用机制提供参考。

在实践方面，本书探讨企业家特质对雇佣关系模式的影响机制。首先，有助于企业家高层在进行人力资源管理时从员工与组织的双向互动关系入手，对组织如何更好地维系与员工的关系具有启示作用，为组织采用何种合适的雇佣关系模式提供了参考。其次，让企业家意识到自身的哪些特质会给员工与组织关系带来正面或负面的影响，有助于企业家在管理实践中能够更好地扬长避短。最后，为有意愿寻求内部革新的企业提供从雇佣关系模式出发的思考角度，协助企业转型升级。

3.3.1 企业家特质

3.3.1.1 企业家特质的含义与维度

企业家因素（如企业家精神）是影响企业行为与绩效的重要变量，这已成为学者的研究共识，其中企业家特质是企业家因素的关键方面。企业家特质是企业高层管理者具备的并稳定存在的心理特征，它影响着企业家的思维方式、决策习惯和行动逻辑，具有跨越时间的稳定性（李巍等，2013），它与企业战略或策略选择、组织创新水平和经营绩效都有一定的相关性。

虽然现有研究对企业家特质的内涵及管理价值具有较为一致的认识，但企业家特质基本维度的观点因理论视角差异而存在较大不同，主要经历从"两维度"到"三维度"再到现在的"五维度"。早期的"两维度"从内部与外部控制因素来区分个体特质；"三维度"观点则强调个体特质所具备的内外倾向性、稳定性和神经质这三种重要特征；"五维度"则从外向性、宜人性、开放性、责任心与神经质五个方面来考察个体特质（McCrae et al.，1992）。

对于企业家特质的分类，李巍等（2016）将卡特尔（Cattell，1965）的特质分类法与企业成长研究结合起来，将其分类为认知能力型、气质风格型和动态专有型三类特质；梁巧转等（2013）从儒家思想、共产党理念和西方理念这三个方面对中国企业管理者特质进行分析。总的来说，大致分为两种：一是心理特征，即从心理学的角度出发，将焦点集中于企业家的先天条件（Acs et al.，2003），包括风险偏好、成就需要和企业家的心智模式等；二是客观特征，即从社会学的角度入手，研究企业家所处的社会背景及其后天经历，包括企业家的年龄、学历、能力和社会资本等。

3.3.1.2 企业家特质的相关研究

关于企业家特质的研究，学者从各自所采用的分类方式入手，研究方向主要分为企业战略或策略选择、组织创新水平和经营绩效。

首先，在企业战略或策略选择方面，企业家心智模式能够充分影响企业家对战略的构想及管理行为的选择，因为企业家的心智模式是在企业生产经营活动过程中形成的关于企业家自身、他人、组织以及外部世界各个层面上的思维方式和行为准则，是基于他们过去的经历、形成的习惯、储备的知识以及个人价值观（Senge，1998）。在心智模式引导下所形成的企业家的决策与领导风格，受社会环境挑战的影响越深远，一体化负责人的领导风格就越重要（Maak et al.，2016）。

其次，关于企业家特质对于组织创新水平的影响体现，企业家的信心与代表着企业社会责任的产品质量之间存在正相关关系，进而推断出过度自信的企业家是更好的创新者（McCarthy et al.，2017）。

最后，对于组织的经营绩效，同样是以过度自信的企业家为研究对象，张淑惠等（2017）认为过度自信的企业家会以承担更多风险的方式进行更多的项目投资，即现金持有水平较高，并据此提出企业要以良好的内部控制降低企业家的过度自信。李巍（2013）从全局视角出发，将企业家对市场的反应分为先动导向和反应导向，并发现企业家的国际化经验、企业家精神和政治关联性均通过对市场的反应进而影响企业的出口绩效；同时进一步将视野放眼于国际，在针对国际市场的研究中，发现企业家特质中的国际能力、国际风险偏好和国际社会资本均对国际新创企业的成长具有积极的影响（李巍，2016）。

关于企业家特质方面的研究成果层出不穷，它们的共同特点在于，学者普遍偏好的研究内容是从企业整体的成长趋势、创新水平和经营绩效出发，着眼于全局视角，研究分析企业家特质对企业整体发展的影响，并得出相应的结论，这对本书具有借鉴意义。这种基于全局视角的研究得出的结论具有一定的普适性，然而若探讨企业家特质对企业内部某一特定方面的影响，这种基于全局视角的研究得出的结论难免缺乏深入研究的可操作性。

基于高阶理论，由于理性是有一定限度的，企业高层管理者的认知储备和价值观影响企业家的视野、选择性认知及对信息的解释等，最终形成管理者认知，进而在受各种内外部因素影响形成的管理者认知的推动下，做出最后的决策和行动（Hambrick et al.，1984）。该观点也进一步表明，企业家是雇佣关系模式形成的主要评估者和决定者，决策过程必然会反映其个人偏好等特征，即企业家特征必然会影响组织提供给员工的激励和期望员工对企业的贡献大小，进而驱动不同雇佣关系模式的形成。在目前学者针对人力资源管理这一内容中雇佣关系模式研究的前提下，从纵向深层次入手探究企业家特质对雇佣关系模式的影响具有必要性及可行性。

综上所述，对于雇佣关系模式的类型划分，学者基本认同并采用由激励-贡献模型而形成的工作导向型、投资不足型、投资过度型、组织导向型这四类企业雇佣关系模式,并以此为基础开展进一步分析研究。而对于雇佣关系模式的影响因素的研究空间仍较为广阔。对于企业家特质的研究,目前还缺少将雇佣关系模式等此类细分领域考虑在研究范围内,多数研究仅停留在企业家特质对企业整体的影响。因此,研究企业家特质对雇佣关系模式的影响具有必要性。

本书立足于国内关于雇佣关系模式的现有理论成果,以我国不同行业的四家小型企业作为案例对象进行研究。对于雇佣关系模式的分类,本书采用由激励-贡献模型形成的四种雇佣关系模式,在对企业家和员工进行访谈的基础上,研究企业家特质对雇佣关系模式的影响。

3.3.2 分析框架

本书以徐淑英等(1997)划分的四类雇佣关系模式和刘易斯等(Lewis et al.,2014)认为的"存在极少数的心理素质特征可将企业家与一般经理人员进行区分,其中风险偏好和成就需要这两种因素是最为重要的特征"观点作为分析前提,探究企业家特质对雇佣关系模式的影响机制。

尽管雇佣关系模式是企业内部层面,但在研究企业家对于企业雇佣关系模式的影响时,企业家对于动态的外部知识的认知能力能反过来作用于企业家对于雇佣关系模式的影响,因为外部感知能力反映企业生成、扩散和吸收有关顾客、竞争者和产业信息与知识的水平,它既是企业的战略资产,又是企业能力的核心。也就是说,企业家在运用全局视角进行决策的过程中,一定会将企业的内外部环境相结合进行考虑,尤其当中小企业的企业家在面对高成本、高风险的潜力市场时,其注意力会影响企业的人才团队构建(Kaplan,2009)。因此,本书基于动态能力视角,在此基础上引入外部感知能力作为中介变量,对其进行衡量的因素改编自 Zhou 等(2010)的测量,包括政策法律、道德规范、竞争环境、顾客需求,以此为基础搭建企业家特质对雇佣关系模式的影响作用机制的分析框架,如图 3-8 所示。

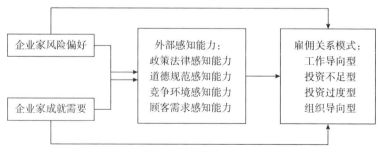

图 3-8　分析框架

资源来源:笔者根据研究思路绘制。

从图 3-8 中虽可以推断出形成不同类型雇佣关系模式是由于各关键因素对企业雇佣关系模式产生影响，但实际上不同类型雇佣关系模式并不是以相同路径形成的，企业家风险偏好、企业家成就需要、外部感知能力与四种不同类型雇佣关系模式之间的作用关系目前尚不清晰。本书的研究目的是探析企业家特质对每种雇佣关系模式的影响，同时阐明企业家特质对其的作用机制。

3.3.3　研究设计

3.3.3.1　研究方法

本书使用案例研究法，即在研究者确定的研究目的和研究主张的条件下，选择合适的分析主体，该分析主体既可以是个人，也可以是事件，还可以是一个实体，如法人组织和非法人组织等，并对分析主体进行数据收集，接着运用一定的分析方法对收集的数据进行科学的分析，最后得出研究结论。在研究对象方面，各企业的雇佣关系模式是情境化模式下的一个抽象概念，难以通过具体的数字对其进行量化表达与研究，而案例研究是一种适用于探讨情境化背景的分析方法，它可以深入剖析典型案例，以此发现各关键变量之间的因果关系。在研究内容方面，主要探究企业家特质如何影响雇佣关系模式，通过深入研究分析案例，能够帮助研究者从各类事件中便捷有效地提炼出相关概念或理论。

3.3.3.2　理论抽样与案例背景介绍

本书选取的案例企业一共有四家，分别属于橡胶和塑料制品行业、玩具制造行业、广告招牌设计装潢行业和工程建设行业。使用案例研究方法探究一定范围内出现的问题，在这种缩小化和集中化的研究范围下，研究结论便会更具有代表性和典型性（Yin，2013）。本书选取四家案例企业作为研究对象进行雇佣关系模式的分析，主要原因有以下三点：一是广东省民营企业的发展模式和管理水平均位于全国前列，具有代表性。二是案例企业均为企业家自主创业，在相应领域和地域范围内具有一定市场地位，企业家特质的作用体现突出，企业发展较为成熟，同时组织和员工间的雇佣关系模式也已基本稳定，具有典型性。三是此次案例企业的选取可以确保访谈到企业家当事人，愿意提供企业发展的翔实资料和较为完整的内部资料，同时企业家及其员工愿意配合人物访谈的安排，确保了数据的完整性。因此，本书选取这四家企业作为研究对象，以探讨企业家特质对雇佣关系模式的影响机制。

3.3.3.3　调研过程与访谈对象

3.3.3.3.1　访谈提纲准备

根据各家企业所在行业特点，本书的访谈内容针对企业家、部门管理者和其他员工三类访谈对象而有所侧重，旨在探究企业家特质如何影响企业的雇佣关系模式,在访谈过程中主要借鉴了关键事件描述法,引导受访者对自己所认为的关键事件进行客观的描述。针对企业家的访谈主要聚焦于其对风险偏好、成就需要以及对外部感知能力的客观评价,从中探索其人格特质、领导风格和企业的人力资源管理实践;针对部门管理者和其他下属员工的访谈是从关键事件的客观描述入手,引导员工客观地描述其对所在企业和企业家的认识,进而分析企业的雇佣关系模式作用机制。虽然这两种针对不同对象的访谈有所差别,但二者相互交织并有所联系,部分访谈内容是可进行相互印证的,因此访谈过程中也对这些可以相互印证的信息予以了高度关注。为了增强访谈数据的客观性,在访谈后期增添了补充访谈这一环节,即从第三方(如非正式雇佣的临时劳工)视角了解与研究内容密切相关的关键事件。

访谈过程主要采用半结构化访谈法,即访谈内容框架予以事先确定,通过框架来把握访谈的节奏,不设定访谈的每个问题,而是以聊天方式与访谈者进行交流,并在交流过程中捕捉关键信息。半结构化访谈法可以有效避免采用结构化访谈法所带来的缺陷,即访谈内容很有可能由于过分依赖或拘泥于访谈提纲而导致调研数据与实际情况相脱节。

3.3.3.3.2 数据收集

为了拓展案例研究中的数据,增强数据来源的丰富性,保证研究结论的可信度和有效性,本书主要从以下几个方面进行数据收集:

(1)二手资料。主要包括企业的宣传介绍、招聘公告、企业宣传手册、企业重大事迹纪实等外部资料,以及员工入职表、员工离职表、企业规章制度等企业内部的纸质文件资料。

(2)半结构化访谈。这是数据收集的主要方法。由于该案例企业的主要经营范围较广,员工的岗位种类多样,且不同岗位员工的特征具有鲜明的差别,因而只有通过人物访谈才能详细收集与研究内容有关的重要典型案例资料,以便丰富案例分析的角度。在选择访谈对象时,充分考虑了不同岗位员工间的联系与差异。实地调研时间集中于 2021 年 1 月至 3 月,共进行了 15 次正式访谈和 1 次补充访谈,其中,与企业家单独进行访谈 9 次,与正式雇佣员工进行访谈 6 次,针对企业员工中非正式雇佣的临时劳工进行 1 次补充访谈。为了方便整理访谈内容的文字材料,所有的正式访谈都在征得受访者同意的前提下进行了录音。

(3)现场观察。在实地调研过程中,参观了企业办公区、工作室和各业务的工厂厂房,对部分企业工作环节的运作流程进行了考察,并与现场的工作人员进行了简单的交流。调研数据收集概况如表 3-16 所示。

表 3-16　调研数据收集概况

编号	E 企业	F 企业	G 企业	H 企业
名称	YX 塑胶制品有限公司	MY 玩具有限公司	CJ 招牌装潢有限公司	JZH 建设工程有限公司
正式访谈对象、次数	企业家：3 次 下属员工：2 次	企业家：2 次 主管：2 次	企业家：2 次 下属员工：1 次	企业家：2 次 主管：1 次
补充访谈对象、次数	其他员工：1 次	无	无	无
访谈总次数	6 次	4 次	3 次	3 次
二手资料	公开宣传、招聘资料、内部纸质文件	企业网站、公开宣传、招聘资料、内部纸质文件	公开宣传、招聘资料、内部纸质文件	企业网站、公开宣传、招聘资料、内部纸质文件
现场观察	公司办公区、工厂厂房	公司办公区、工厂厂房	设计工作室	公司办公区

资源来源：笔者根据调研数据整理。

3.3.3.4　数据编码与数据分析

第一步，进行开放式编码。首先，在进行案例访谈和数据收集后，将收集到的数据材料结合相关参考文献，从中整理出关键词，并标注关键词所在的句子与段落，对概念进行提炼。其次，根据分析框架，将编码归属到不同的关键影响因素中，形成一级编码。这一部分所需的数据有较大一部分是参考已有的文本资料而获得的，因此在编码前去除了与研究内容无关的数据，只编码与研究内容密切相关的信息。此外，为了确保访谈者主观性因素不会对数据信息的收集产生较大的影响，在进行信息编码时，以最大限度地使用受访者的原始语句为原则，从中提炼相关的关键词。最终共得到 435 条原始语句，提炼出了 40 个概念，并得到20 个范畴，形成数据结构表，如表 3-17 所示。

表 3-17　数据结构

一级编码	二级编码	三级编码
企业家有意愿对人力资本进行投资（r11） 企业家敢于对员工做出风险性承诺（r12）	内部风险偏好（R1）	企业家风险偏好（R）
企业家勇于面对变动的市场（r21） 企业家对竞争对手采取合作学习的态度（r22）	外部风险偏好（R2）	

续表

一级编码	二级编码	三级编码
企业家有提升自我能力素质的倾向（a11） 企业家有以身作则带动员工与企业发展的倾向（a12）	个人取向（A1）	企业家成就需要（A）
企业家注重社会口碑评价（a21） 企业家有较强社会责任感（a22）	社会取向（A2）	
企业家运用政策法律优势促进经营（f11）	政策法律感知能力（F1）	外部感知能力（F）
企业家通过社会道德的约束来树立个人形象（f21） 企业家通过社会道德约束员工（f22）	道德规范感知能力（F2）	
企业家时刻关注市场变化动向（f31） 企业家对竞争对手采取合作学习的态度（f32）	竞争环境感知能力（F3）	
企业家时刻关注顾客需求的变化动向（f41） 企业家用顾客至上原则要求员工（f42）	顾客需求感知能力（F4）	
企业为员工发放固定基本工资并配备五险一金（gd11） 企业根据项目时限的提前或延后对员工进行物质奖罚（gd12）	物质性报酬（GD1）	工作导向型雇佣关系模式（GD）
员工履行份内职责（gd21） 员工时刻遵循规章制度（gd22）	员工角色内要求（GD2）	
企业按照规定发放基本工资（tb11） 企业对员工进行业绩补贴（tb12）	物质性报酬（TB1）	投资不足型雇佣关系模式（TB）
各环节员工各司其职（tb21） 各环节员工注重团队合作（tb22）	员工角色内要求（TB2）	
员工以优秀的态度进行服务（tb31） 员工为顾客提供创新见解（tb32）	员工角色外要求（TB3）	
企业按照规定发放基本工资（tg11） 企业通过效率与利润计算并发放员工的提成（tg12）	物质性报酬（TG1）	投资过度型雇佣关系模式（TG）
员工得到可持续的培训（tg21） 员工有充分的发展空间得以发挥才能（tg22） 企业给予员工充分授权（tg23）	发展性报酬（TG2）	
员工完成份内工作（tg31） 员工注重团队合作（tg32）	员工角色内要求（TG3）	

续表

一级编码	二级编码	三级编码
企业对员工按时按需发放相应薪酬（zd11） 企业对员工进行转正升职激励（zd12）	物质性报酬（ZD1）	组织导向型雇佣 关系模式（ZD）
员工得到企业家较多的培训投入（zd21） 员工得到企业家的充分授权并得以发挥才能（zd22）	发展性报酬（ZD2）	
员工严格履行份内工作（zd31） 员工以身作则努力提升公司形象（zd32）	员工角色内要求（ZD3）	
员工从组织的综合利益进行考虑（zd41） 员工为企业提出建设性意见（zd42）	员工角色外要求（ZD4）	

资源来源：笔者根据调研数据整理。

第二步，进行主轴编码。在开放式编码的基础上进行具体操作，确定二级编码中存在的逻辑关系，将二级编码引入三级编码中。在对这些关联进行归纳总结的基础上，得出了 7 个主范畴，各个主范畴的内涵和与之相对应的开放式编码如表 3-18 所示。

表 3-18　轴心编码

主范畴	对应范畴	范畴内涵
企业家风险偏好（R）	内部风险偏好（R1）	企业家对人力资本投入的意愿与力度
	外部风险偏好（R2）	企业家对企业外部变动的应对态度
企业家成就需要（A）	个人取向（A1）	企业家对自我成就的要求与期望
	社会取向（A2）	企业家对社会影响与评价的关注与期望
外部感知能力（F）	政策法律感知能力（F1）	企业家运用政策法律优势有效促进经营
	道德规范感知能力（F2）	企业家运用道德约束进行人员管理与经营
	竞争环境感知能力（F3）	企业家为了在变化的市场环境中生存发展所采取的方式，对待竞争对手采取合作与学习的态度
	顾客需求感知能力（F4）	企业家时刻关注并满足顾客需求，能够向顾客提出具有创新性的建设意见
工作导向型雇佣 关系模式（GD）	物质性报酬（GD1）	企业家为员工发放固定基本工资并配备五险一金，同时根据任务时限的提前或延后进行物质性奖惩
	员工角色内要求（GD2）	企业家要求员工遵守规章制度完成份内工作

续表

主范畴	对应范畴	范畴内涵
投资不足型雇佣关系模式（TB）	物质性报酬（TB1）	企业家为员工按规定发放基本工资并进行业绩补贴
	员工角色内要求（TB2）	企业家要求各部门员工在履行本职的同时还要注重团队合作
	员工角色外要求（TB3）	企业家要求员工以认真的态度服务顾客，以顾客至上为原则
投资过度型雇佣关系模式（TG）	物质性报酬（TG1）	企业家为员工发放基本工资并根据效率、计件和利润来计算与发放提成
	发展性报酬（TG2）	企业家注重员工的职业发展，给予员工广阔的发展空间，全面发掘员工的才能与潜力
	员工角色内要求（TG3）	企业家要求员工履行份内职责，同时注重团队合作
组织导向型雇佣关系模式（ZD）	物质性报酬（ZD1）	企业家相应发放的薪酬和履行对员工的物质性报酬的承诺，对员工适当进行转正或升职的激励
	发展性报酬（ZD2）	企业家对员工进行大量培训投入，提升员工的个人素质，同时对员工充分授权
	员工角色内要求（ZD3）	企业家要求员工在履行份内工作的同时还要以身作则以提升公司整体形象
	员工角色外要求（ZD4）	企业家要求员工能够从企业的综合利益考虑，能够为企业提供具有创新性的意见

资源来源：笔者根据调研数据整理。

第三步，进行选择性编码。在主轴编码的基础上，探索出主范畴之间的逻辑关系，筛选出核心范畴并将其整合成一个有机联系的体系。

3.3.4 研究发现

3.3.4.1 企业家特质对工作导向型雇佣关系模式的影响

调研中 H 企业对应工作导向型雇佣关系模式。根据访谈数据，企业家特质中的企业家内部风险偏好和社会取向的成就需要对工作导向型雇佣关系模式具有一定的影响，具体分析如表 3-19 所示。

表 3-19　企业家成就需要与工作导向型雇佣关系模式的相关范畴与典型引用语举例

主范畴	对应范畴	编码	典型引用语举例	指向性
企业家风险偏好（R）	内部风险偏好（R1）	企业家敢于对员工做出风险性承诺（r11）	"对于在规定时限内提前完成的工作，企业会根据规定，按照提前完成的天数对员工进行现金奖励。"（Hr11）	内部风险偏好（R1）→政策法律感知能力（F1）→物质性报酬（GD1）
企业家成就需要（A）	社会取向（A2）	企业家有较强社会责任感（a21）	"建筑工程项目事关社会民生，一切环节都要讲规矩。前期在规划图纸时像楼距等相关规划要在遵循政府政策的前提下进行设计；现场施工时需要员工踏实做事，因为看似毫厘之间的差别可能会酿成大祸。"（Ha21）	社会取向（A2）→政策法律感知能力（F1）→员工角色内要求（GD2）；社会取向（A2）→道德规范感知能力（F2）→员工角色内要求（GD2）
工作导向型雇佣关系模式（GD）	物质性报酬（GD1）	企业为员工发放固定基本工资并配备五险一金（gd11）企业根据项目时限的提前或延后对员工进行物质奖罚（gd12）	"项目管理人员的薪酬是固定基本工资，同时企业会为其配备五险一金。"（Hgd11）"企业会根据项目的时限对员工进行奖罚。超出时限时根据超出的天数来扣钱，提前完成时根据提前完成的天数进行现金奖励。"（Hgd12）	—
	员工角色内要求（GD2）	员工履行份内职责（gd21）员工时刻遵循规章制度（gd22）	"员工需要踏实做事，因为看似毫厘之间的差别可能会酿成大祸。"（Hgd21）"企业会和第三方的监理公司合作，在施工现场监督员工是否按照规定进行工作。"（Hgd22）	—

资源来源：笔者根据调研数据整理。

由表 3-19 和图 3-9 可知，企业家内部风险偏好通过影响企业家的外部感知能力中的政策法律感知能力，进而影响企业对员工的物质性报酬；企业家社会取向中的成就需要通过影响企业家外部感知能力中的政策法律感知能力和道德规范感知能力，进而影响员工角色内要求。

关于工作导向型雇佣关系模式，席猛等（2018）指出在低提供诱因和低期望贡献下，员工和组织之间的关系是暂时的和不稳定的，企业与员工主要进行的是经济交换，很难产生情感上的互动。访谈数据也印证了这一想法，H 企业企业家着眼于规范制度，给予员工的诱因薄弱，期望值也较低；接受采访的员工表示，员工每日的工作均以份内职责和任务为标准，没有过多关注分外的工作任务，以类似"拿钱办事"的心态面对工作，对组织并没有过多归属感的体现。

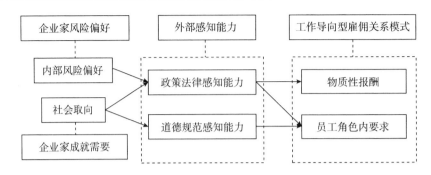

图 3-9　工作导向型雇佣关系模式的影响路径

资源来源：笔者根据研究思路绘制。

由于此种雇佣关系模式适用于员工的工作任务定义明确且工作结果容易测量的情形（Zhang et al.，2011），企业家社会取向中的成就需要与工程建设行业发展需求相适配，按照政策法律与道德规范，结合各项目具体的细节要求对员工予以基础的框架式约束，不管是项目高层主管还是基建工人，员工在实际工作中的绩效可以通过项目要求进行准确的衡量，员工在框架内为了达到所在职位相应的工作要求而努力，组织也通过此框架对其予以业绩衡量并进行物质性奖惩。在对案例企业进行访谈的过程中，结合 H 企业所在工程建设行业的性质，有如下发现：

（1）企业家面对来自内部的风险时，政策法律的感知能力会发挥作用，通过已规定好的条目为员工发放相应的物质性奖励，实行激励奖惩机制，以便调动员工的工作积极性。企业严格执行奖惩机制对项目成果进行衡量，考察员工份内的工作表现，任务定义十分具体（徐云飞等，2017）。作为一家工程建设企业，若由于毫厘的偏差而造成的损失将严重影响经济和社会的发展，因此按照详细的条目衡量员工工作执行情况并以此为依据进行奖惩具有必要性。

（2）企业家社会取向的成就需要发挥着主导作用。在承接与社会民生直接相关以及涉及政府建设的项目时，企业家需要秉承服务人民、服务社会的理念，即此时企业家社会取向的成就需要发挥作用，体现在其对于道德规范的感知能力上，进而对员工角色内要求产生影响；企业的生产经营过程也需要在相关规定的框架内进行，即企业家社会取向的成就需要体现在对于政策法律的感知能力上，并要求员工时刻按照规章制度履行份内职责。

（3）企业家个人取向的成就需要较弱，仅在前期对于工程项目的承接上有微弱体现，而对于员工并没有明显的指向。同样，企业家对于来自外部风险的偏好较低，因为工程建设行业最主要的外部风险来自前期承接项目时的投标招标，而在这个过程中并没有过多涉及多数员工，只涉及相关高层管理者的份内工作，因此总的来说企业家的风险偏好对于员工的物质性报酬并没有实质性指向。根据以上分析，得到如下命题：

命题9：企业家内部风险偏好通过影响企业家的外部感知能力中的政策法律感知能力，进而影响员工的物质性报酬；企业家社会取向的成就需要通过影响企业家外部感知能力中的政策法律感知能力和道德规范感知能力，进而影响企业对员工的角色内要求。

3.3.4.2 企业家特质对投资不足型雇佣关系模式的影响

G 企业对应投资不足型雇佣关系模式。根据访谈数据，企业家特质中的企业家成就需要主要可以从个人取向和社会取向两个范畴进行分析，具体如表3-20所示。

表 3-20 企业家成就需要与投资不足型雇佣关系模式的相关范畴与典型引用语举例

主范畴	对应范畴	编码	典型引用语举例	指向性
企业家成就需要（A）	个人取向（A1）	企业家有提升自我能力素质的倾向（a11）企业家有以身作则带动员工与企业发展的倾向（a12）	"有一次订单很紧急，客户隔天就要用到的户外广告板被风刮倒，老板和几位负责这笔订单的员工一起紧急出动为客户重新将新的广告板送达并安装好，满足了客户的需求。"（Ga12）	个人取向（A1）→顾客需求感知能力（F4）→员工角色内要求（TB2）
	社会取向（A2）	企业家注重社会口碑评价（a21）企业家有较强社会责任感（a22）	"企业家一直向员工强调，工作时心态要放端正，有些客户给的报酬不多，但要求很高，这时仍然需要服务到位，不能嫌单子小就不接，因为小单子不接，大单子就不会找上门来。这是一个连锁反应。"（Ga21）	社会取向（A2）→道德规范感知能力（F2）→员工角色外要求（TB3）
投资不足型雇佣关系模式（TB）	物质性报酬（TB1）	企业按照规定发放基本工资（tb11）企业对员工进行业绩补贴（tb12）	"每一位员工都有基本工资，每个月都有业绩补贴，员工为公司创造利润，在月底能够得到业绩的提成。"（Gtb11、Gtb12）	—

续表

主范畴	对应范畴	编码	典型引用语举例	指向性
投资不足型雇佣关系模式（TB）	员工角色内要求（TB2）	各环节员工各司其职（tb21）各环节员工注重团队合作（tb22）	"每个环节按照每位员工的特长进行人员配备。"（Gtb21）"接单和设计是前道流程，生产、安装和服务是后道流程，只有前道流程完成了，特别是设计环节到最后得到客户认可，才能继续下一个环节，因此各环节员工需要良好的配合。"（Gtb22）	—
	员工角色外要求（TB3）	员工以认真的态度进行服务（tb31）员工为顾客提供创新见解（tb32）	"客户从普通人的视角去表述自己的需求，接单和设计沟通人员需要从专业的角度来分析。"（Gtb31）"设计人员除了会设计外，还要与客户沟通。客户把他的要求交给设计人员，拥有良好沟通能力的设计人员要明白和理解客户真正的需求。如果沟通失败，即使花再多的时间也只能设计出无法令客户满意的产品，这是低效的。"（Gtb32）	—

资源来源：笔者根据调研数据整理。

由表3-20和图3-10可以发现，企业家成就需要通过影响企业家的外部感知能力，主要体现在顾客需求感知能力和道德规范感知能力，而顾客需求感知能力可以提升企业家对员工的物质性报酬和员工角色内要求，道德规范感知能力可以提升企业家对员工的角色外要求，进而驱动投资不足型的雇佣关系模式。

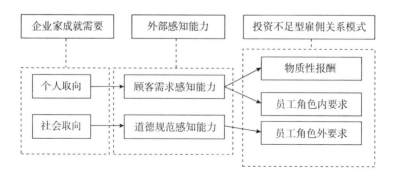

图3-10　投资不足型雇佣关系模式的影响路径

资源来源：笔者根据研究思路绘制。

在投资不足型雇佣关系模式下，马跃如等（2018）指出，一方面，企业家对员工给予的期望贡献较高，员工能够感知到此种高期待，由此认为自己被企业所重视，员工在工作中可以收获价值感和实际意义；另一方面，由于缺乏相应的物质性和发展性报酬，员工工作积极性的可持续性也受到了一定的负面影响。

投资不足型雇佣关系模式更易出现在市场竞争十分激烈的行业中（Tsui et al.，1997），G 企业所在的广告行业便是如此。在服务经济时代，竞争激烈行业中尤其是中小企业的企业家的成就需要，其着眼点已不再是基础的政策法规，而是更高要求的道德规范与顾客需求，进而对于员工的工作要求不再仅仅局限于角色内相应的职责，还要求员工具备较高的道德素质与职业素养，能够考虑到企业的长远利益，协助企业家稳定并扩大顾客群体，提高市场占有率。但由于中小企业自身存在一定的现实局限性，给予员工的工作激励还没有普及发展性报酬。结合访谈数据进一步来看，可以发现：

（1）在企业家成就需要中，个人取向的成就需要促使企业家发挥组织中的带头作用，企业家与员工一起投身于服务顾客，时刻跟进并及时满足顾客需求，此时员工在肩负工作任务的前提下被企业家以身作则的行为所带动。其中一位接受采访的员工表示"深受老板的鼓舞，就算深夜加班也让人十分有动力"，这体现了雇佣关系的社会交换是双方在情感和精神上的互动（Cropanzano，2005），此时企业家的顾客需求感知能力能够促使员工时刻履行其角色内要求，能够促使员工既优质又更高效地完成每一单项目，因此员工也得以获得相应的物质性报酬。

（2）企业家成就需要中的社会取向促使企业家更加注重大众的口碑评价，企业家坚守着较强的社会责任感，也因此体现出具有较高的道德规范感知能力；在访谈过程中企业家多次强调员工要"端正心态"，这进一步体现企业家对员工怀有角色外要求的期望，要求员工具备较高的职业素质；此外，企业家注重大众的口碑评价意味着对员工的创新思维提出了更高的要求。企业家认为，不仅仅是企业家自身，员工在工作过程中也同样需要具备创新能力，提前为顾客展示更为先进的理念，有利于提升企业口碑。

（3）关于企业家风险偏好对于员工的影响，企业家表示"多数时候还是靠员工个人在工作中积累经验，我们会为其提供匹配能力的物质报酬与奖励"，即企业家对于来自内部的风险偏好较小，通过员工个人努力与成果对员工的投资进行评判，没有主动进行额外与员工职业发展相关的投入；同时结合 G 企业所在的广告设计行业来看，其外部风险主要来自同行业中同规模企业的竞争，对此企业家要求员工坚持"顾客至上"和"端正心态"原则，即企业家对于来自外部的风险偏好也较小，更倾向于一步一个脚印。也就是说，企业家风险偏好对于投资不足型雇佣关系模式并没有明显的指向性。根据以上分析，得到如下命题：

命题 10：企业家个人取向和社会取向的成就需要分别通过影响外部感知能力中的顾客需求感知能力和道德规范感知能力，进而影响物质性报酬、员工角色内要求和员工角色外要求，共同驱动投资不足型雇佣关系模式的形成。

3.3.4.3 企业家特质对投资过度型雇佣关系模式的影响

F 企业对应投资过度型雇佣关系模式。根据访谈数据，企业家特质中的企业家内部和外部风险偏好与企业家社会取向的成就需要会对投资过度型雇佣关系模式产生影响，具体如表 3-21 所示。

表 3-21　企业家风险偏好与投资过度型雇佣关系模式的相关范畴与典型引用语举例

主范畴	对应范畴	编码	典型引用语举例	指向性
企业家风险偏好（R）	内部风险偏好（R1）	企业家有意愿对人力资本进行投资（r11）企业家敢于对员工做出风险性承诺（r12）	"比如涉及外贸的报关和船务，同样是安排两个人，有些企业会专门让一个人负责一项工作，但是 F 企业不会限制员工的业务方向，会让这两位员工掌握两项业务，这样能让这两位员工得到全面的发展。"（Fr11）"业务人员按照利润进行提成，但并不是固定比例，而是通过每一个时间段的订单积累进行业务能力的评判，业务能力越高，提成比例越高。"（Fr12）	内部风险偏好（R1）→发展性报酬（TG2）；内部风险偏好（R1）→物质性报酬（TG1）
	外部风险偏好（R2）	企业家勇于面对变动的市场（r21）企业家对竞争对手采取合作学习的态度（r22）	"市场竞争是激烈的，对于 F 企业这类以客户订单为中心经营的企业，一切都要以顾客为主，以客户的时间确定订单的生产时间与人员配置，这也要求每一个环节的员工配合。"（Fr21）"全球市场很大，当企业的市场做大时，同行也可以一个主攻欧洲市场，一个主攻美洲市场，到时候资源也能共享，有困难也会互相帮助，这是双赢。"（Fr22）	外部风险偏好（R2）→顾客需求感知能力（F4）→员工角色内要求（TG3）；外部风险偏好（R2）→竞争环境感知能力（F3）→发展性报酬（TG2）

续表

主范畴	对应范畴	编码	典型引用语举例	指向性
企业家成就需要（A）	社会取向（A2）	企业家有较强的社会责任感（a22）	"商人有一种广阔的胸怀与使命感，企业很愿意看到员工在其培养下逐渐变得优秀，因为这也是在为社会培养人才，如果有一天员工自己当了老板，这也是企业家的荣耀。"（Fa22）	社会取向（A2）→道德规范感知能力（F2）→发展性报酬（TG2）
投资过度型雇佣关系模式（TG）	物质性报酬（TG1）	企业按照规定为员工发放基本工资（tg11）企业通过效率与利润计算并发放提成（tg12）	"生产部门员工的薪酬是计件提成，这样才能体现他们的生产效率；业务部门员工的薪酬是通过订单的大小和数量来评判其业务能力，业务能力越高，提成比例越高。"（Ftg12）	—
	发展性报酬（TG2）	员工得到可持续的培训（tg21）员工有充分的发展空间得以发挥才能（tg22）企业给予员工充分授权（tg23）	"办公业务部专门设置一个开放型小空间，摆放一架可移动的小白板，用上课与交流的形式不定时地开展培训，同时开放式空间也能促进员工进行头脑风暴。"（Ftg21）"员工得到了能够全面发展的机会，他们也会努力学习钻研，做到企业客观条件与员工主观意愿相互配合，共同发掘员工的潜力。"（Ftg22）"过于限制员工的业务方向只会使优秀人才跳槽。"（Ftg22）	—
	员工角色内要求（TG3）	员工完成份内工作（tg31）员工注重团队合作（tg32）	"为了既优质又更有效率地完成顾客的订单，企业家一直要求员工对于一笔订单从接单到生产再到外贸的全过程都要注重配合。"（Ftg32）	—

资源来源：笔者根据调研数据整理。

由表 3-21 和图 3-11 可知，企业家的内部风险偏好直接正向影响发展性报酬和物质性报酬；同时企业家的外部风险偏好通过影响企业家的外部感知能力，主要体现在竞争环境感知能力和顾客需求感知能力，进而分别影响发展性报酬和员工角色内要求；企业家社会取向的成就需要通过影响外部感知能力中的道德规范感知能力，进而影响员工的发展性报酬。

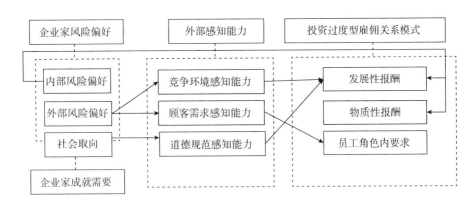

图 3-11 投资过度型雇佣关系模式的影响路径

资源来源：笔者根据研究思路绘制。

投资过度型雇佣关系模式的特点是组织采用广义的、长期的激励来交换员工定义明确的短期贡献（张一弛，2004），这需要企业家具有十分长远的眼光与较为广阔的胸怀，在外部竞争环境与顾客需求的压力下维持正常经营的同时，承担一定的风险对员工进行长远投资，且在短时间内不会强制性要求员工提供本职工作外的工作回报。显而易见，在此种雇佣关系模式下，员工处于有利的位置，反过来体现的是企业家较强的抗风险能力，在面临竞争激烈的市场与多变的顾客需求这类外部压力下，企业家能够决心从企业内部入手培养优秀人才队伍，在实地访谈中也可以对此予以佐证，研究发现：

（1）当企业家对内部风险的偏好较高，其有意愿、有能力花费较多时间与精力对人力资本进行投资，如为员工安排适当不同类型的工作并予以其相应的适度授权，敢于对员工做出风险性承诺，员工能够获得来自企业家给予的充足发展空间和更多具体的实践经验；此时从员工的角度来看，员工不仅能够获得未来更高的薪酬与职业晋升机会这类物质性报酬，而且还能在其中充分发挥才能，提高个人职业素养，因此员工也更能表现出积极性与创造性；而从企业家的角度来看，根据社会交换理论，为了回报企业的高投入，员工会在积极完成本职工作的基础上，进一步做出有利于企业的行为（张火灿等，2007），尽管较大的人力资本投入具有一定的风险性，但是能够通过给予员工物质性报酬和发展性报酬激励，从而培养优秀人才，为企业带来更多收益。

（2）通过访谈交流得知，作为既负责生产制造又负责后续的对外贸易的企业，企业家的外部风险偏好主要来自变化无常的市场与同行间的竞争；从大的视野入手，当着眼于竞争环境时，企业家有意愿通过最大限度地发挥人才潜力而助力企业开拓并站稳一定的市场；当细化至小的视野时，对于企业而言，每一笔来自顾客的订单都是一次自我表现、自我提升与自我发展的机会，因此企业家时刻追踪着整笔订单所有环节的细节，要求员工具备高水准、高素质，对于企业家来说，被给予相应工作任务的员工能够充分履行份内工作已经是一项具有较高难度实操性的要求。

（3）在访谈过程中，企业家的成就需要更倾向于社会取向。在他看来，为社会培养优秀人才是职责所在，从社会道德规范的角度出发对员工进行投资。因此在这种情况下，企业家能够为员工的职业发展进行深层次的思考与培养，员工获得了来自企业家十分丰厚的发展性报酬。

（4）关于个人取向的成就需要，企业家并没有过度想要展现自我抱负的欲望，他表示"更乐意看到员工在其精心培养下出人头地"，比起展现个人抱负，体现社会责任感才是企业家认为的重点。根据以上分析，得到如下命题：

命题11：企业家对来自内部风险的偏好直接正向影响员工的物质性报酬和发展性报酬；企业家对来自外部风险的偏好分别通过影响外部感知能力中的竞争环境感知能力和顾客需求感知能力，进而分别影响员工的发展性报酬和角色内要求；企业家社会取向的成就需要通过影响外部感知能力中的道德规范感知能力，进而影响员工的发展性报酬。由此共同驱动投资过度型雇佣关系模式的形成。

3.3.4.4　企业家特质对组织导向型雇佣关系模式的影响

E企业对应组织导向型雇佣关系模式。张一弛（2004）指出，虽然扩展的激励-贡献模型对应的四种雇佣关系模式都显著地存在于现实经济生活中，但是组织导向型的雇佣关系在各种所有制形式的企业中都占据着主导地位。在对组织导向型雇佣关系模式的企业数据进行分析后，其具体范畴如表3-22所示。

表3-22　企业家风险偏好、企业家成就需要与组织导向型雇佣关系模式的
相关范畴与典型引用语举例

主范畴	对应范畴	编码	典型引用语举例	指向性
企业家风险偏好（R）	内部风险偏好（R1）	企业家有意愿对人力资本进行投资（r11）企业家敢于对员工做出风险性承诺（r12）	"操作技工跟着师傅在工厂内部被培训好几年，最少也需要一到两年才能真正出师。"（Er11）"将一个流程的操作掌握得又快又熟练的正式员工可以晋升为车间主任。"（Er12）	内部风险偏好（R1）→物质性报酬（ZD1）；内部风险偏好（R1）→发展性报酬（ZD2）
	外部风险偏好（R2）	企业家勇于面对变动的市场（r21）企业家对竞争对手采取合作学习的态度（r22）	"目前在同行大公司的挤压下，对于小微企业来说利润空间比较窄，所以对每个环节精益求精能节省不必要的成本支出。因此企业家也时常鼓励工人把在工作中产生的好想法提出来，共同为企业的开源节流努力。"（Er21）"企业家一直关注着ST本地最大的一家同行企业，这家企业的老板也是自己经手每一个环节，亲自过目图纸，自己操作压制模具后才放心生产，力争成为一名技术型管理者。"（Er22）	外部风险偏好（R2）→竞争环境感知能力（F4）→员工角色外要求(ZD4)
企业家成就需要（A）	个人取向（A1）	企业家有提升自我能力素质的倾向（a11）企业家有以身作则带动员工与企业发展的倾向（a12）	"企业家对于生产流程的每一项技术都十分熟悉，而且不断尝试进行技术革新，在探索革新的过程中要求一线的技术工人参与。"（Ea11）"工人很佩服老板，因为他不仅精通每一项技术，而且经常亲自来车间进行指导，工人亲切地称他为师傅，虚心向师傅请教学习。"（Ea12）	个人取向（A1）→员工角色外要求（ZD4）；个人取向（A1）→道德规范感知能力（F2）→员工角色内要求（ZD3）
	社会取向（A2）	企业家注重社会口碑评价（a21）企业家有较强的社会责任感（a22）	"因为每一种产品从制图到生产都经过企业家的手，所以企业对产品质量很有信心，而且经过多年的经营，已经能够稳定拿下供应链下游的大企业的订单。"（Ea21）"现在人们已经完全离不开塑料包装制品，质量过关的塑料制品一定是对人体无害的，企业也是在为民服务。"	社会取向（A2）→竞争环境感知能力（F2）→员工角色内要求（ZD3）

续表

主范畴	对应范畴	编码	典型引用语举例	指向性
组织导向型雇佣关系模式（ZD）	物质性报酬（ZD1）	企业对员工进行转正升职激励（zd12）	"学徒工经过培训后，根据个人表现，技术掌握得快就可以快点转成正式工，工资水平相应会提高。"（Ezd12）	—
	发展性报酬（ZD2）	员工得到企业家较多的培训投入（zd21） 员工得到企业家的充分授权并得以发挥才能（zd22）	"像操作机械工人这类技术难度较大的工种，内部培训最少需要一到两年。"（Ezd21） "在研究设计新产品的新模板时，老板与技术工人一起探讨。"（Ezd22）	—
	员工角色内要求（ZD3）	员工严格履行份内工作职责（zd31） 员工以身作则努力提升公司形象（zd32）	"每一个环节的工人在老板的带领下积极工作，从不懈怠。"（Ezd31） "不只是老板，每位员工都是公司的一分子，生产出来的产品代表着公司的形象，所以看似很平常的工作细节也一定要做好。"（Ezd32）	—
	员工角色外要求（ZD4）	员工从组织的综合利益进行考虑（zd41） 员工为企业提出建设性意见（zd42）	"工人不只是在生产线上机械地进行流水作业，不管老板有没有这样的需求，员工在工作时总是会不自觉地反思目前的工作，而且工人之间也会相互交流工作体会，有时发现很好的新想法会和老板说。"（Ezd41） "企业家在收到新产品样品时，反思如何在保证产品质量的前提下更好地节约原材料，提升成品率，并就此与工人展开研讨，积极听取员工的建设性意见。"（Ezd42）	—

资源来源：笔者根据调研数据整理。

由表3-22和图3-12可以发现，企业家的内部风险偏好直接影响着发展性报酬和物质性报酬，而外部风险偏好通过影响企业家的竞争环境感知能力发挥作用，影响员工角色外要求；企业家成就需要中，个人取向在直接影响着员工角色外要求的同时，也通过影响道德规范感知能力，进而对员工角色内要求施加影响，同时企业家成就需要中的社会取向影响着竞争环境感知能力，而竞争环境感知能力影响着员工的角色内和角色外要求。由此共同驱动组织导向型雇佣关系模式的形成。

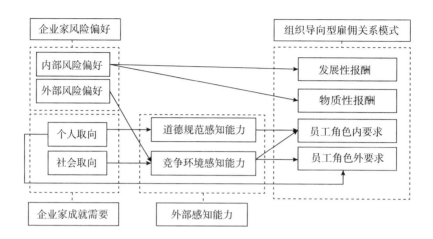

图 3-12 组织导向型雇佣关系模式的影响路径
资源来源：笔者根据研究思路绘制。

由于组织导向型雇佣关系模式在现实生活中有一种主观意会和双方默契的特点（Rousseau et al.，1993），企业家与员工的关系是双向的：一方面企业家愿意承担风险并为员工提供物质性报酬与发展性报酬，同时成就需要驱使着企业家着眼于外部竞争环境并用约束能力较强的道德规范影响着员工，此时并不仅仅是对于员工的要求，企业家也在对自己进行要求，致力于以身作则带动员工，这是一种情感上的互动；另一方面员工获得来自组织较多的投入以及被给予了广阔的发展空间，强烈的组织使命感让员工十分有意愿为企业提供长期的利益贡献。通过访谈和实地考察有如下发现：

（1）当企业家愿意在人才培养上相应地付出较多的时间成本和资金成本时，经过长时间的精心培养，此类员工在今后的职业生涯中能够很明显地为企业创造更高的利润产值。对员工从投入到产出的这个过程进行进一步分析，当企业家向员工明确传达满足一定绩效后可获得相应的如晋升之类的物质性承诺，员工更具有为企业创造产值的动力。同时，由企业家和员工共同参与技术研讨时，这让员工具有一种参与感，当企业家给予员工一定的授权，并积极参考员工所提出的建设性意见，员工感受到自己被给予了更多的发展空间，即对员工的发展性报酬产生了影响，有利于调动员工的工作积极性。

（2）来自外部剧烈动荡的市场风险影响着中小微企业，为了企业的生存与发展，企业家有义务对竞争环境充分感知，时刻跟进市场动向并进行反思总结。

企业家认为对于小微企业来说,"每一位员工都可以成为企业存亡的智力支持",这对员工提出了进一步的要求,即员工不仅要熟练份内工作,同时更要具有远见与开拓性思维这一角色外要求。

(3) 关于个人取向的成就需要,首先,当企业家具有一定的自我价值实现的欲望时,对于员工的角色外要求在客观上具有相应水平的提升,企业家经营企业,而企业因员工工作得以运转,因此从某种角度看来,员工是企业家实现个人取向的成就需要的关键角色。其次,当企业家将很大程度上的能力聚焦于企业经营,其表现出来的对工作的尽职尽责也在道德规范层面影响着员工,因为自我决定理论认为,个体会内化那些受组织提倡或者控制的活动规则,如组织制度、价值观等 (Gagné et al., 2005),也就是说,员工本身对于组织具有较高的信任,因而也更易受到企业家的影响,在企业家个人取向的成就需要的感召下,员工的工作责任心与积极性也因此被调动,员工角色内要求由此得到加强与发挥。

(4) 关于社会取向的成就需要,结合 E 企业所在的塑胶制造行业,企业家肩负着为广大人民群众的生产生活提供便利的使命,同时由于该行业中小微企业众多,竞争十分激烈,这时企业家社会取向的成就需要促使企业家关注市场上的产品占有率,进而体现出企业对员工份内工作的高要求,真正落实企业对于产品质量的高标准。根据以上分析,得到如下命题:

命题 12:企业家内部风险偏好直接正向影响发展性报酬和物质性报酬;企业家外部风险偏好通过影响竞争环境感知能力进而影响员工角色外要求;企业家个人取向的成就需要在直接正向影响员工角色外要求的同时,也通过影响道德规范感知能力进而影响员工角色内要求;企业家社会取向的成就需要通过影响竞争环境感知能力进而影响员工角色内要求。以上共同驱动组织导向型雇佣关系模式的形成。

3.3.5　研究小结与理论贡献

3.3.5.1　研究小结

对于工作导向型雇佣关系模式,企业家内部风险偏好通过影响企业家的外部感知能力中的政策法律感知能力,进而影响员工的物质性报酬;企业家社会取向的成就需要通过影响企业家的外部感知能力中的政策法律感知能力和道德规范感知能力,进而影响员工的角色内要求。对于投资不足型雇佣关系模式,企业家个人取向和社会取向的成就需要分别通过影响外部感知能力中的顾客需求感知能力和道德规范感知能力,进而影响物质性报酬、员工角色内要求和员工角色外要求。对于投资过度型雇佣关系模式,企业家对来自内部风险的偏好直接正向影响员工的物质性报酬和发展性报酬,企业家对来自外部风险的偏好分别通过影响外部感知能力中的竞争环境感知能力和顾客需求感知能力，进而分别影响员工发展性报酬和员工角色内要求；企业家社会取向的成就需要通过影响外部感知能力中的道德规范感知能力，进而影响员工的发展性报酬。对于组织导向型雇佣关系模式，企业家内部风险偏好直接正向影响发展性报酬和物质性报酬；企业家外部风险偏好通过影响竞争环境感知能力进而影响员工角色外要求；企业家个人取向的成就需要在直接正向影响员工角色外要求的同时，也通过影响道德规范感知能力进而影响员工角色内要求；企业家社会取向的成就需要通过影响竞争环境感知能力进而影响员工角色内要求。

3.3.5.2　理论贡献

首先，本书拓展了企业家特质对雇佣关系模式这一变量的研究结果与研究方向。结果表明，企业家特质中的风险偏好和成就需要的高低差异能够影响企业家的外部感知能力，进一步地影响企业为员工提供激励和赋予其期望的水平，形成相应的雇佣关系模式。而以往有关文献主要研究企业家特质对企业的影响，包括策略选择（Maak et al.，2016）、创新水平（McCarthy et al.，2017）、经营绩效（李巍，2013）等，忽略了组织与员工的雇佣关系。本书通过将雇佣关系模式引入企业家特质的研究中，从组织内部的纵向视角深入研究企业家特质对雇佣关系模式的影响，新增了雇佣关系模式这一结果变量，拓展了企业家特质的研究方向，使企业家特质表现在企业内部视角的研究更为丰富。

其次，本书拓展了雇佣关系模式的研究前因。以往基于员工层面的心理契约、组织支持和基于组织层面的雇佣模式、交换关系等研究对于理解雇佣关系模式具有重要的作用，但鲜有探讨雇佣关系模式的前因。本书基于激励-贡献模型，结合高阶理论和刘易斯等（Lewis et al.，2014）认为的"风险偏好和成就需要两种因素是将企业家与一般经理人员进行区分最为重要的特征"这一观点，探究企业家特质对雇佣关系模式的影响机制。通过引入外部感知能力作为中介变量，对其进行衡量的因素包括政策法律、道德规范、竞争环境、顾客需求（Zhou et al.，2010），使企业家特质影响雇佣关系模式的作用机制更加明晰，既丰富了企业家特质结果变量的研究，又拓展了雇佣关系模式的前因变量研究。

最后，本书探索了企业家特质对雇佣关系模式的驱动机制，为探讨雇佣关系模式影响因素的作用机制提供参考。在较少数关注到雇佣关系模式前因变量的研究中，尚未分析研究变量对雇佣关系模式的具体驱动机制。本书通过多案例研究，明确阐释了企业家特质对不同类型的雇佣关系模式的影响机制，并形成了相应的影响路径图，厘清了逻辑关系，有助于研究的规范化。

3.4　制度特征对企业新民工雇佣关系模式的影响机制研究

在经济全球化的大背景下，中国步入全面深化改革的阶段，企业面临的外部环境发生了快速的改变，企业内部的组织和管理方式也随之发生很大的改变，员工-组织间出现了多种类型的雇佣方式，既有互惠性质的组织导向型模式，又有基于纯粹经济交易下的工作导向型模式。根据国外的实证分析，基于组织的雇佣制模型对改善中国的组织绩效和工作成果具有很大的影响。在当前情况下，选择何种形式的雇佣关系模式会受到不同因素的影响，而且会对企业内部管理和外部行为产生差异性的影响。我国企业在选择雇佣关系模式时，往往要顾及特定的本土环境因素，因而西方成熟的雇佣关系模式并不适合我国的实际情况。所以，在我国社会背景下找出对雇佣行为产生主要影响的因素并对其产生的作用机理进行研究是十分必要的。

对以往文献进行分析，学者大多是从企业的内部要素来考察企业的雇佣行为，很少有人以制度特征这一组织外部因素为前因变量来研究，而企业的制度特征又是一个对企业雇佣关系模式的选择有重要影响的因素，因此有必要从这一方向去研究企业雇佣关系模式。目前已有文献从制度层面对企业雇佣关系进行研究，并将所有可能影响雇佣关系模式的前因搭建成一个整体的模型（李召敏等，2017），该成果只是研究制度是否影响企业雇佣关系模式的选择，但制度特征对雇佣关系模式的具体影响机制的领域目前还缺乏详细的研究成果。因而，本书将从制度特征这一层面对雇佣关系模式的具体影响路径进行探讨。

基于以上问题，本书把制度特征构造为规制、规范和认知三个方面，以这三个方面为出发点，从制度层面研究其如何影响企业雇佣关系模式的选择，运用案例研究的方式，选取一家我国本土的科创公司进行深入分析，通过对获取的数据进行编码和解析，从而得出相关的命题。这既能提高研究的针对性，又能为企业在选择雇佣关系模式时，从一定程度上为其提供一定的理论依据，同时也能扩展有关雇佣关系模式的研究。

在理论层面上，本书以我国一家本土科创公司作为案例研究对象，从而考察企业外部制度特征如何影响雇佣关系模式的机制。首先，丰富了对于制度特征中规制、规范和认知三个维度的研究，将雇佣关系模式运用于这三个维度的研究中，本书基于企业外部的横向视角，探索制度特征中规制、规范和认知这三个维度对雇佣关系的作用。其次，本书从制度特征角度出发，对企业雇佣关系的影响机制进行了扩展，从而丰富了从组织外部对于雇佣关系模式前因变量的研究。最后，本书还初步探索了规制、规范和认知这三个维度对雇佣关系模式的驱动机制，为之后探讨雇佣关系的作用机制提供理论方面的参考。

在实践层面上，首先，有利于企业在适应环境的条件下选择适配的雇佣关系模式。雇佣关系模式与企业本身的情况是否匹配有着重要意义。本书从组织的外部因素入手，探讨和剖析了各种类型的雇佣关系模式，以期企业能够在今后的发展中更好地选择与企业情况适配的雇佣模式，从而实现企业的可持续性发展。其次，提高了公司管理层对于企业外部制度特征的关注程度。当前，对企业外部制度环境特征的正确理解和把握已成为影响公司持续发展的关键性因素，但是仍然有一部分企业还未意识到企业外部制度特征的重要程度。本书旨在探究其对企业的影响，以提升管理者对企业制度环境重要性的理解。最后，从外部制度对雇佣关系模式的影响入手，为致力于寻求革新的企业提供全新的思考视角，以促进企业的变革。

3.4.1 制度特征

关于制度环境的内涵，学术界存在分歧。1931 年，康芒斯就关注到制度的重要意义，凡勃伦（Thorstein Veblen）对"制度"这一概念提出了自己看法，并创立了制度经济学说。制度是一种人工设定的限制，是一种博弈的法则，它包括正式和非正式这两种特定的规则（North，1990）。本书所说的"制度环境"就是指正式规则和非正式规则。正式规则可以理解为政治、经济、文化等方面的法律法规，非正式规则并不是在明文规定下形成的，而是随着时间的推移，最终留下的文化和习俗。从制度经济学派的观点来看，制度环境在某种意义上就是指某种特定的对人类行为的制约因素，人们在社会中的活动过程必须通过某种具体特殊的机制来制约。制度环境的各个方面可进行再划分，特定制度环境的具体要素是由具有充分权利保障其执行并维持其稳定的国家或地区的机构所产生的，上述所说的这些具体要素是指规制、认知和规范。以前的某些研究把上述三个方面都归为"文化"，因而无法很好地区分三者之间的关系（Scott，1995）。本书将制度环境中的三个维度区分开来，从规制、认知和规范三个方面讨论其对企业雇佣关系的影响。

3.4.1.1 规制维度

制度环境的规制维度是指由国家或其他主管机关采取的奖励与处罚手段，使公司和个人的行动符合法规（Scott，1995）。从一般意义上说，规制制度是指法律、政策规定等以及与国家或政府等具有法律权威的组织所制定的法规。规制制度的功能在于以处罚的方式来约束公司的行为，从而让公司遵从制定的法律和规章。如果公司的行为违背了规制制度管制的要求，将会被法院等专业执法机关所控制。因此，制度对社会既有限制的作用，也有激励的作用。这样，公司可以借助政府的政策和其他资源，享有对自己有利的政策，从而为公司的雇佣关系指明方向。比如，根据《公司法》《劳动法》《合同法》等法律法规，企业可以进行一系列改革，推动公司发展，激活市场经济要素，改善公司的雇佣关系（杨雪，2007）。

3.4.1.2　认知维度

制度层面的认知维度源自认知理论，它是基于主观、结构性规则及约束的个体和组织的行动方式。具体来说，是国家全体公民具备的必要的知识和技能，以建立、维持和改善公司的雇佣关系。在一个国家内部，具体问题和认识已经形成了一种制度化的内容，有些是由一国人民共同分享的一种社会知识。因为各国的文化存在差异，其雇佣的方式也不尽相同，我国企业的雇佣方式必须立足于我国的实际情况。

3.4.1.3　规范维度

制度层面的规范维度是指个体对人性与行动的认识所形成的价值观念，它包含了社会各个层面对企业建立雇佣关系模式的尊重和重视的程度。一个国家的文化、价值观和信仰都会对雇员关于雇佣关系的理解产生影响。这个价值观和准则是根据角色的不同，为具体的机构和个人决定合适的目标。当具体的机构和个人从事某种特殊行为时，就会受到这些观念和价值观对其行为的评价，而这种评价对于被赋予角色的具体的个人或机构来说是一种规范性质的压力。

3.4.2　分析框架

基于理论与实践的局限，本书围绕"制度特征对本土科创企业雇佣关系模式的影响机制"的研究问题展开论述，研究采用徐淑英等（1997）基于激励-贡献雇佣关系模型构建的分析模型，将制度特征构造为规制、规范和认知三个维度，以高管团队的注意力为中介变量，将企业雇佣关系模式视为不同的制度特征对高管团队注意力产生差异影响的结果。高管团队注意力是指占据管理人员意识的一项或若干项重要的主题和计划，这些主题和计划涉及很多与决定有关的问题以及对应的解决办法。在面临由多种外在的制度逻辑所产生的各种要求时，公司管理人员将会把重点放在重要的问题上，并思考这些问题将会对公司的决策产生怎样的影响（刘畅，2019）。因此，高管团队的注意力会把内部环境和组织的行动联系起来，从而对公司的决策产生直接的影响。由此，高管团队注意力配置是影响公司和雇员之间关系的重要因素，为研究企业在不同制度特征下对于雇佣关系模式的选择提供了新颖的视角。根据高管团队的注意力定义和分类，可把注意力分为内部注意力、外部注意力和未来注意力三个方面（Yadav et al.，2007）。因此，本书借用这一划分模式，并基于企业外部的规制、规范和认知三个维度，提出"前因—过程—结果"的分析框架，如图3-13所示。

图3-13　"前因—过程—结果"的分析框架

资源来源：笔者根据研究思路绘制。

3.4.3　研究设计

3.4.3.1　研究方法

本书采用纵向案例研究方法，具体原因如下：第一，案例研究非常适合探索现象背后关于"为什么"的问题，本书聚焦制度特征如何影响本土科创企业雇佣关系模式的选择，本质上是聚焦影响过程的研究，采用探索性纵向单案例研究更适用于本部分研究。第二，本书还关注在企业的不同发展过程中，制度特征对于雇佣关系模式选择的影响；而纵向案例适合研究在时间推移过程中事物如何变化的问题。由此，采取纵向案例研究的方法有利于从不同的时间节点对于企业行为进行深挖，并在纵向对比中挖掘本土科创企业对于雇佣关系模式选择的内在机制，从而完善研究的结论。

3.4.3.2　案例筛选与案例介绍

3.4.3.2.1　案例筛选

为更好地回答"制度特征如何影响企业雇佣关系"这一研究问题，本书选择一家高技术行业的科创企业作为研究案例企业，对其进行深度的分析。使用案例研究方法可以把问题集中在一定范围内进行研究，产生的结论更加典型（Yin，2013）。之所以会选择DR集团，主要有两个方面的原因：一是此次案例企业的选取可以保证能够访谈到企业的员工和管理者，并得到详细的信息和完整的内部资料，同时被访谈者也很乐意配合本次访谈，以便保证数据的完整性和准确性，为之后的数据整理和分析做准备。二是案例企业目前已经进入发展的成熟阶段，经历了企业发展周期的前四个阶段，满足了本书的要求。因此，本书选择这家公司进行案例研究，探讨和剖析制度特征对雇佣关系模式选择的作用机制。

3.4.3.2.2　案例介绍

DR 公司的发展经过四个时期：孕育期、求生存期、成长期和成熟期，具体情况如图 3-14 所示。DR 公司创立于 1991 年，以生产软件为主营业务。但在 20 世纪末期，由于消费者不愿意支付软件的费用，盗版的泛滥使公司的主要业务受到阻碍。于是，DR 公司开始向综合业务转变，1996 年上市之后，DR 公司考察市场需求，根据市场的发展提出解决方案，把主营软件以服务的方式呈现出来，并涉足了医药行业，将软件和制造技术相融合（李秀芝，2019）。自 2010 年起，DR 公司逐步实现多元化经营，吸纳社会资金，深度介入医疗行业，包括数字化管理、健康管理、云化医院等，积极投身于新能源技术的研究，开拓新的发展道路，并开始了软件赋能的阶段。

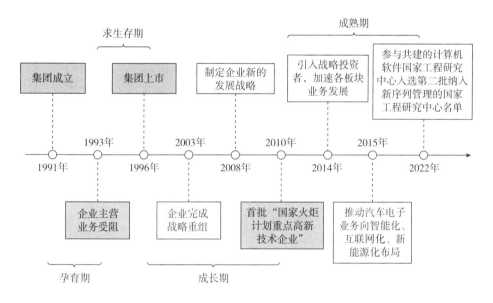

图 3-14　1991~2022 年 DR 集团组织发展

资源来源：笔者根据调研数据整理。

3.4.3.3　数据收集与三角验证

遵循案例研究的典型规则，采用实时和回顾性原则收集数据。此外，在数据收集阶段，本书遵循案例研究中数据收集的三角验证原则，尽可能使用多渠道的多元化方式来收集资料，包括企业提供的内部档案资料，文献查询、手动检索所得的外部网络资料，以及实地调研得到的一手访谈资料和现场观察资料，并尽量完整地记录与所研究过程相关的事件。具体如下：

（1）半结构化访谈。这是案例研究信息的重要来源。本部分所选择的公司工作内容繁多，工作责任也不尽相同，因此注重对不同部门的雇员进行采访，以保证资料收集更加有效、丰富和真实。同时，在选择访谈对象时，也会仔细考虑雇员的工作责任。在2022年1月至3月，研究团队进行了5次采访，其中2次是针对管理层，3次是针对员工。在采访过程中，尽可能地获得被采访对象的帮助以完成录音的工作，以便于对相关资料进行收集和分析。

（2）第二手资料。在收集二手资料时，首先是从公司官方网站、招聘信息、员工工作评估表、离职表格、公司政策规章等方面入手。其次是参考有关公司自身历程和经营管理方面的图书及刊物进行文献的收集。

（3）现场观察。实地考察时，对公司的工作场所及人员的工作状况进行了考察，并与在座的人员进行了交流。调研情况如表3-23所示。

表3-23　调研概况

编号	DR 集团
访谈对象、次数	管理人员：2 次 员工：3 次
访谈总次数	5 次
访谈人员所属部门	人力资源管理部门、市场部门
二手资料	官方网站、招聘信息、内部资料、图书文献
现场观察	企业工作区域、员工工作状态

资源来源：笔者根据调研数据整理。

综上所述，数据收集过程遵循三角验证原则，以多来源、多形式的数据进行交叉验证，确保时间真实和表达合理；此外，档案资料、现场访谈与二手资料分别从案例企业、学者这两种角度弥补研究问题的不足与局限性。

3.4.3.4　数据编码与数据分析

本书旨在对制度特征如何影响雇佣关系模式这一问题进行系统剖析，将所获得的真实信息资料进行分类并加以编码，具体包括三个方面。

3.4.3.4.1　开放式编码

本书利用开放式编码实现了对数据资料的概念化和范畴化。首先，对采访结束后的数据进行了梳理，根据相关的研究文献，将相关的信息进行归纳和分类，对其中的关键词汇进行分类，并将其对应的意义提炼出来。其次，根据理论架构，将代码按照相关的关键要素进行分类，从而形成一级编码。大部分的信息都是从现有的数据中提取出来的，所以在编写代码时，会将不相关的内容剔除掉，只保留了与研究主题相关的部分。最后，在编码过程中，研究团队注重对被访问者的原始陈述和话语的使用，从其中抽取关键词汇，并绘制建数据结构表格，尽可能地减少被访问者的主观因素，从而提高了访问对象的客观性和真实性，数据结构如表3-24所示。

表3-24 数据结构

一级编码	二级编码	三级编码
企业所在行业或企业经营行为受到政府制约（z11）	约束性规制（Z1）	规制（Z）
企业需要遵循政府出台的一般性制度，做到经营行为合法合规（z21）	一般性规制（Z2）	
企业所在行业或企业经营行为得到政府支持（z31）	激励性规制（Z3）	
社会对企业的道德规范要求较高（f11） 企业违反规范后懊恼、自责的感受反应较强（f12）	规范压力较大（F1）	规范（F）
社会对企业的道德规范要求较低（f21） 企业违反规范后产生的社会负面影响较小（f22）	规范压力较小（F2）	
企业的经营行为与社会主流文化一致性较高，得到社会较为广泛的认可（r11）	认知一致性（R1）	认知（R）
企业的经营行为与社会主流文化一致性较低，未得到社会较为广泛的认可（r21）	认知不一致性（R2）	
高管更多关注企业内部事务（L11）	内部注意力（L1）	高管团队注意力（L）
高管更多关注企业外部事务（L21） 高管关注外部对企业的评价（L22）	外部注意力（L2）	
高管更多关注于还未发生的事（L31） 高管关注员工的未来发展（L32）	未来注意力（L3）	
企业给予员工基本的薪资，作为其恪守职责的报酬（gd11） 企业根据员工工作完成的效果和进度发放物质性奖励（gd12）	物质性报酬（GD1）	工作导向型雇佣关系模式（GD）
员工按质按量完成上级布置的任务（gd21） 员工严格遵守公司规章（gd22）	员工角色内要求（GD2）	
企业根据与员工的劳动合同发放工资（tb11） 企业根据员工工作表现和成果给予报酬（tb12）	物质性报酬（TB1）	投资不足型雇佣关系模式（TB）
员工严格遵守岗位的职责（tb21）	员工角色内要求（TB2）	
员工要具有创新性，为公司建言献策（tb31） 员工要服从公司的额外要求，提高自身的职业操守（tb32）	员工角色外要求（TB3）	

续表

一级编码	二级编码	三级编码
企业根据约定发放员工基本薪资（tg11） 企业根据工作成果和绩效的考核给予员工适当的物质奖励（tg12）	物质性报酬（TG1）	投资过度型雇佣关系模式（TG）
员工有机会提高自己的能力，参与公司培训（tg21） 员工享有一定的决策权，自主性较高（tg22）	发展性报酬（TG2）	
员工需要严格遵循公司规章制度，完成任务（tg31） 员工之间团结一致（tg32）	员工角色内要求（TG3）	
企业根据签订的劳动合同发放员工应得的工资（zd11） 企业根据员工的表现提供物质和精神的嘉奖（zd12）	物质性报酬（ZD1）	组织导向型雇佣关系模式（ZD）
企业为员工提供培训的平台（zd21） 员工自主性较高，有一定的决策权（zd22）	发展性报酬（ZD2）	
员工遵守员工手册，认真完成工作（zd31）	员工角色内要求（ZD3）	
员工行为要符合企业形象，考虑企业的整体利益（zd41） 员工为公司提出有用的创新性建议，促进公司长远发展（zd42）	员工角色外要求（ZD4）	

资源来源：笔者根据调研数据整理。

3.4.3.4.2 轴心编码

在第一步编码的前提下进行轴心编码，分析提取出二级编码，并且研究这些编码之间的关系，把它们归属到相应的三级编码中。通过相关的分析，在此基础上最终归纳出了 8 个主范畴，这些主范畴的含义和与其有关的编码的对应关系如表 3-25 所示。

表 3-25 轴心编码

主范畴	对应范畴	范畴内涵
规制（Z）	约束性规制（Z1）	企业所在行业或企业行为受到政府制约
	一般性规制（Z2）	企业需要遵循政府出台的一般性制度，做到经营行为合法合规
	激励性规制（Z2）	企业所在行业或企业行为受到政府支持
规范（F）	规范压力较大（F1）	社会对企业的道德规范要求较高
	规范压力较小（F2）	社会对企业的道德规范要求较低
认知（R）	认知一致性（R1）	企业的经营行为与社会主流文化一致性较高，得到社会较为广泛的认可
	认知不一致性（R2）	企业的经营行为与社会主流文化一致性较低，未得到社会较为广泛的认可

续表

主范畴	对应范畴	范畴内涵
高管团队 注意力（L）	内部注意力（L1）	高管关注企业内部事务，以企业行为合法合规为要求
	外部注意力（L2）	高管关注企业外部评价，注重企业发展形象
	未来注意力（L3）	高管关注企业未来发展，关注企业的可持续性
工作导向型 雇佣关系 模式（GD）	物质性报酬（GD1）	组织按劳动合同的规定为员工发放工资，并根据员工日常的表现和绩效的考核进行补充奖励
	员工角色内要求（GD2）	组织要求员工根据员工手册约束自身的行为
投资不足型 雇佣关系 模式（TB）	物质性报酬（TB1）	组织按时发放员工的基本薪酬，并根据工作的状况进行适当的奖励
	员工角色内要求（TB2）	组织要求员工完成岗位规定的工作任务
	员工角色外要求（TB3）	组织要求员工建言献策，提出开创性的建议
投资过度型 雇佣关系 模式（TG）	物质性报酬（TG1）	组织为员工发放基本的薪酬，并按规定浮动薪酬
	发展性报酬（TG2）	组织注重员工的未来发展，为其提供培训平台和机会
	员工角色内要求（TG3）	组织要求员工按规定完成工作任务，履行职责
组织导向型 雇佣关系 模式（ZD）	物质性报酬（ZD1）	组织为员工发放基本薪酬，并为员工缴纳五险一金
	发展性报酬（ZD2）	组织充分授权员工，促进员工的能力提升
	员工角色内要求（ZD3）	组织要求员工履行本职工作要求
	员工角色外要求（ZD4）	组织要求员工创新，并在行为上与公司一致，以公司的利益为先

资源来源：笔者根据调研数据整理。

3.4.3.4.3　选择性编码

选择性编码就是从附属类别中发掘出更具一般性的中心类，并对其进行深层次的探讨，探索核心范畴与初级范畴之间的关系，从中提炼出最重要的要素，将其概括为一个整体。

3.4.4　研究发现

首先，围绕我国本土情境下"制度特征如何影响企业雇佣关系的选择""企业雇佣关系实现组织导向型这一模式的跃迁路径"这两个研究问题，本书根据案例企业发展的生命周期划分时序区间，分析案例企业各个发展阶段在制度特征、高管团队注意力和企业雇佣关系模式的因果联系；其次，在时序区间的基础上挖掘案例企业的跃迁路径；最后，基于企业发展的生命周期和我国本土情境，搭建以高管团队注意力为中介变量，制度特征如何影响企业雇佣关系模式的"APCC"理论分析框架。

3.4.4.1 企业雇佣关系模式选择的时序区间分析

本土情境下的企业雇佣关系模式会受到制度特征的影响。因此，引入时间维度进行动态分析，深度挖掘以 DR 集团为例的科创企业在雇佣关系选择过程中不断涌现的关键事件和行为，将案例企业雇佣关系的选择过程与企业生命周期相对应分为孕育期、求生存期、成长期和成熟期四个时序区间，如图 3-15 所示。

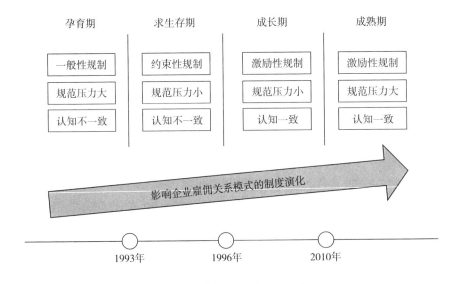

图 3-15　DR 集团制度演变的时序区间

资源来源：笔者根据研究思路绘制。

3.4.4.1.1 企业孕育期

调研中发现，案例企业在企业发展的孕育期为投资不足型雇佣关系模式。根据访谈数据，制度特征中的一般性规制、规范压力较大和认知不一致性对投资不足型雇佣关系模式起到一定的作用，具体情况如表 3-26 所示。

表 3-26　制度特征与投资不足型雇佣关系模式的相关范畴与引用语举例

主范畴	相应范畴	编码	引用语举例	指向性
规制（Z）	一般性规制（Z2）	企业需要遵循政府出台的一般性制度，做到经营行为合法合规（z21）	"在企业成立初期，企业的决策者为员工制定了与政策要求一致的规章制度，要求员工行为合法合规。"（DRz21）	一般性规制（Z2）→内部注意力（L1）→物质性报酬（TB1）/员工角色内要求（TB2）

续表

主范畴	相应范畴	编码	引用语举例	指向性
规范（F）	规范压力较大（F1）	社会对企业的道德规范要求较高（f11）企业违反规范后懊恼、自责的感受反应较强（f12）	"由于科创的行业性质，办企初期，想把企业打造成行业内的标杆，而且社会也对科创企业的要求很高，企业的想法要足够创新且可行，企业也要让社会满意。"（DRf11、DRf12）"最开始公司的招聘要求是足够的创新能力，作为应届毕业生，他们非常想要有机会施展拳脚。"（DRf11）	规范压力较大（F1）→外部注意力（L2）→员工角色内要求（TB2）/员工角色外要求（TB3）
认知（R）	认知不一致性（R2）	企业的经营行为与社会主流文化一致性较低，未得到社会较为广泛的认可（r21）	"公司最开始成立时，社会对科创行业的看法比较矛盾，一方面希望其做些什么，另一方面又觉得其什么也做不出来。"（DRr11）	认知不一致性（R2）→内部注意力（L1）→物质性报酬（TB1）/员工角色内要求（TB2）
投资不足型雇佣关系模式（TB）	物质性报酬（TB1）	企业根据与员工签订的劳动合同发放工资（tb11）企业根据员工工作表现和成果给予报酬（tb12）	"每位员工入职都会签订劳动合同，企业每个月会按时给员工发放基本工资并且根据他们的工作完成情况实施奖惩措施。"（DRtb11/DRtb12）	—
	员工角色内要求（TB2）	员工严格遵守岗位的职责（tb21）	"公司要求每个岗位的员工认真做好份内工作，并让他们的行为符合公司员工手册的规定。"（DRtb21）	—
	员工角色外要求（TB3）	员工要具有创新性，为公司建言献策（tb31）员工要服从公司的额外要求，提高自身的职业操守（tb32）	"对于科创公司而言，员工的基础技能过硬与员工的创新性较高，是非常有必要的。"（DRtb31/DRtb32）	—

资源来源：笔者根据调研数据整理。

根据徐淑英等（1997）提出的基于激励-贡献的企业雇佣关系模型，投资不足型的雇佣关系模式的特征表现为对员工的激励较少且多为物质性报酬，而组织对于员工的期望较高。在这样的组织关系之下，员工能够感受到企业对于自己的期望，但由于企业给予的激励性不高，员工很难扮演好角色之外的另一种社会角色，因而工作的积极性会大打折扣。从采访中得到的资料来看，以上的模式特征也能得到证实，DR 集团在初期运作时对雇员的期待很高，不仅要求员工严格履行公司岗位的职责，还要为公司在初期的生存和发展提供建设性的意见。但是企业对员工的激励较少，除物质性报酬并没有提供其他的激励性机制。

结合访谈内容，员工与组织关系会受到制度特征中的规制、规范以及认知的影响。制度特征的三个维度通过影响高管团队注意力从而影响企业雇佣关系模式的选择。结合案例企业孕育发展期的特点，具体如下：

（1）制度特征。结合案例科创企业的特征以及访谈内容，案例企业最初孕育期的发展在外部制度方面会受到一般性规制、规范压力较大和认知不一致性的影响。具体来说，在规制方面，DR 集团作为国内先进的软件研发企业，DR 企业的成立是因为高校的教授与博士都有将软件落地的想法，所以当时在政策法规方面，相关的资料和信息还不够完善，政府对于这一类科创企业的普遍要求多为合法合规的企业行为等普适性要求，没有更多的明确偏向性的政策出台。在社会规范方面，案例企业成立于 20 世纪末期，社会对于企业的要求较高，国内不断推进自主创新，期望提高科技创新能力，社会对于科创企业的规范性要求普遍较高，在访谈过程中，管理者也表示当时社会期望企业与"微软"对标，所以公司最初的定位不光是要做好软件产品本身，还要树立起中国软件业的标杆，因而对自身的企业建设要求比较高（张翼南，2001）。在社会认知方面，结合访谈的内容，管理者表示虽然国家在不断推动科技创新领域的发展，但在企业初创时期科研人员对如何将学术理论的研究与软件本身落地相结合认识不清晰，创业者对用怎么样的方式去诠释心中的"软件宏图"不明确，当时 DR 企业的创立是不被看好的。

（2）高管团队注意力。郑莹（2015）研究发现不同制度逻辑主导下企业注意力配置的不同，从而会导致企业行为和结果出现差异。在企业处于孕育时期，在上述制度特征的影响下，公司高管团队注意力会受到外部制度的影响，这一时期外部制度的变化会同时影响内部注意力和外部注意力，从而作用于企业雇佣关系模式。首先，公司高管团队会关注制度特征中的规制和认知维度，注意力焦点会配置于公司内部，即更多地关注公司内部的变化。由于在孕育期企业会受到一般性规制和认知不一致的外部影响，高管团队会将外部的政策法规即政府针对企业提出的合法合规的政策性要求转变为公司的规章制度，要求员工严格遵守公司章程办事，规定员工的角色内要求。其次，公司高管团队还会关注制度特征中的规范维度，注意力焦点会配置于公司外部，通过对外部事物的关注调整企业的行为（林亚楠，2017）。为应对外部的规范压力，公司将社会对公司提出的高规范要求转变为公司对员工提出的角色外要求，要求员工发挥充分的主观能动性，为公司的发展建言献策，以符合社会在规范方面对企业提出的期望，建立良好的企业形象，强调组织的规范合法性。此外，由于一般性规制和认知不一致性，企业高管团队会优先考虑企业的生存问题，结合初期资金有限的因素，只能为员工提供物质性报酬，保证员工的日常开销和基本工资。综上所述，公司为员工提供的诱因只包括物质性报酬，公司期望员工的贡献包括员工角色内要求和员工角色外要求，企业在孕育期的雇佣关系模式为投资不足型。根据以上分析，得到如下命题：

命题 13：当企业制度特征中的一般性规制、规范压力较大以及认知不一致性占主导地位时，结合企业孕育期的发展周期特征，高管团队注意力会侧重于内部和外部事务，员工做出的贡献多而企业提供的诱因少，从而形成投资不足型的企业雇佣关系模式。

3.4.4.1.2　企业求生存期

DR 企业在求生存期时选择的雇佣关系模式为工作导向型。根据访谈数据，这一时期企业外部制度特征中的约束性规制、规范压力较大和认知不一致性对企业选择工作导向型雇佣关系起到一定的作用，具体情况如表 3-27 所示。

根据徐淑英等（1997）提出的基于激励-贡献的企业雇佣关系模型，工作导向型的雇佣关系模式的特征表现为对员工获得的激励性质的报酬较少，且公司对于员工的期望值较低，员工对于公司的贡献值也较小。在这种雇佣关系模式下，员工和企业之间的联系是短暂且不稳定的，也就是说，雇员与企业的关系是基于财务上的交易，员工和组织几乎没有进行情感层面的交流（席猛等，2018）。对采访的资料进行整理和分析所得出的结果也证实了这一观点，案例公司处于求生存期时，其在经营管理中以企业的规章制度为导向，为员工提供的诱因不多，对员工的期待不高；受访的企业员工也表示他们在企业中并没有感受到归属感，组织对于员工缺少吸引力，很多员工都抱着"花钱办事"的想法，因而公司与员工之间仅仅是简单的金钱交易的关系，组织当中的成员没有任何的集体荣誉意识，都只是完成份内职责和任务，不会过多关注职责外的工作。

结合访谈内容，员工与组织之间之所以在求生存期建立起这样的经济交换关系，是因为制度特征中的规制、规范以及认知三个维度会通过其对于高管团队注意力的作用，最终影响企业雇佣关系模式的选择。结合 DR 企业求生存发展期的特点，具体如表 3-27 所示。

表 3-27　制度特征与工作导向型雇佣关系模式的相关范畴与引用语举例

主范畴	相应范畴	编码	引用语举例	指向性
规制（Z）	约束性规制（Z1）	企业所在行业或企业经营行为受到政府制约（z11）	"当时并没有支持性的政策来辅助企业的发展。而且，对软件类的科创公司而言最重要的是产品的版权问题，但是当出现盗版产品时，当时并没有强有力的政策法规可以制止和维权。"（DRz11）	约束性规制（Z1）→内部注意力（L1）→物质性报酬（GD1）/员工角色内要求（GD2）
规范（F）	规范压力较小（F2）	社会对企业的道德规范要求较低（f21）企业违反规范后产生的社会负面影响较小（f22）	"因为当时是 DR 公司最艰难的一段时间，做出的软件没有人愿意为之买单，社会热度降低了，社会对 DR 公司的期望值变低，DR 公司主要专注于企业内部事务。"（DRf21）	规范压力较小（F2）→内部注意力（L1）→物质性报酬（GD1）/员工角色内要求（GD2）
认知（R）	认知不一致性（R2）	企业的经营行为与社会主流文化的一致性较低，未得到社会较为广泛的认可（r21）	"当时，社会大众对于科技创新这一行业的了解甚少，而且 DR 公司所做的产品主要是软件类，社会的认可广泛性不够。"（DRr21）	认知不一致性（R2）→内部注意力（L1）→物质性报酬（GD1）/员工角色内要求（GD2）
工作导向型雇佣关系模式（GD）	物质性报酬（GD1）	企业给予员工基本的薪资，作为其恪守职责的报酬（gd11）企业根据工作完成的效果和进度为员工发放物质性奖励（gd12）	"即使在困难时期，DR 公司做到每个月发放员工的固定工资，并且公司还会有浮动薪酬作为补充。"（DRgd11）	—
	员工角色内要求（GD2）	员工按质按量完成上级布置的任务（gd21）员工严格遵守公司规章（gd22）	"员工需要认真完成份内工作，严格遵守公司的规章制度，履行职务规定的工作任务。"（DRgd22）	—

资源来源：笔者根据调研数据整理。

（1）制度特征。结合访谈内容，案例企业在求生存阶段会受到制度特征中约束性规制、规范压力较小以及认知不一致性的影响。案例企业所处高技术行业，在孕育期之后，科技创新企业在发展的同时面临创新产品保护性低和创新成果被抄袭的困扰，但是政府并没有出台创新者利益保护的相关政策，对于科创企业来说，政府政策的特征从一般性规制向约束性规制转移，除对普适性的规制以外，还对科创企业的研发能力提出了更高的要求，但是并没有涉及针对盗版产品的处理措施，这在一定程度上挫伤了企业的创新积极性（陈昂，2014）。此外，社会规范也从孕育期的高要求到现阶段的低要求。在科创企业成立初期，结合当时的社会环境，没人愿意为软件产品买单，且软件产品的创新点很快被市场大量抄袭，存在大量盗版产品（张翼南，2001），社会大众对其期望值降低，对其规范的要求降低，因此，社会规范的压力降低。从认知方面来看，社会大众仍然对科创企业的全貌不明所以，没有专门的渠道去普及，而且要想理解科创企业项目本身需要建立在一定的技术知识基础上，而且大众对于盗版产品的存在选择漠视，社会大众更愿意花费较少的钱去购买性能相同的盗版产品，当时的社会并没有全面地认识到知识产权的概念。

（2）高管团队注意力。注意力的情境原则指出，政策制定者对于特定主题和解决办法的重视程度取决于他们所面临的实际情况（Ocasio，1997）。对企业而言，外部条件的变化会对管理层的决策产生一定的影响，因此，高管团队在进行雇佣关系模式决策时需要将实际的情境因素考虑进去。在企业的求生存期，企业制度特征的情况不容乐观。在外部环境不利于企业的发展时，由于高管团队注意力是稀缺资源，高管会将更多的注意力配置于企业内部，这一时期企业的行为动力产生于企业的内部（林亚楠，2017）。制度特征会通过对高管团队注意力的影响从而作用于企业雇佣关系模式的选择。在这一阶段，由于制度特征的三个维度对于企业本身的经营行为产生的积极影响较小，高管团队的注意力焦点会配置于企业内部，强调组织的规制合法性。政府规制呈约束性特征以及认知维度的不一致会影响高管团队对企业内部规章制度的制定以及员工的管理与员工角色内要求，要求员工应严格遵守企业规章制度，如上下班严格打卡等（陈昂，2014）；社会规范压力小使高管团队更少关注雇员职责之外的任务，即外部注意力相对于企业孕育期时减少。因此，在这一时期，高管团队的内部注意力影响企业的行为。此外，此时企业处于求生存期以及结合相关的制度特征，企业能够提供给员工的诱因较少，仅能提供保证员工正常生活需求的物质性报酬，不会对员工进行长期的投资，如企业不会对员工进行系统培训，企业也不会关注员工未来的职业发展规划等（席猛等，2018）；同时，企业高管团队的注意力集中于企业内部事务。综上可知，案例企业在求生存期的企业雇佣关系模式为工作导向型。根据以上分析，得到如下命题：

命题14：当企业制度特征中的约束性规制、规范压力较小以及认知不一致性占主导地位时，结合企业求生存期的发展周期特征，高管团队注意力会侧重于内部，企业提供的诱因和员工的贡献较少，从而形成工作导向型的企业雇佣关系模式。

3.4.4.1.3　企业成长期

从访谈内容中发现，案例企业在成长期对应投资过度型的企业雇佣关系模式。根据访谈数据，制度特征中的鼓励性规制、规范压力较小以及认知一致性会影响企业雇佣关系模式，具体如表 3-28 所示。

表 3-28　制度特征与投资过度型雇佣关系模式的相关范畴与引用语举例

主范畴	相应范畴	编码	引用语举例	指向性
规制（Z）	激励性规制（Z3）	企业所在行业或企业经营行为得到政府支持（z31）	"公司由求生存期向成长期转变，随着 DR 公司的上市和产品的转型，也正逢信息时代，政府出台了很多关于科技行业的支持性政策，为 DR 公司的发展提供了很多帮助。"（DRz31）	激励性规制（Z3）→内部注意力（L1）→物质性报酬（TG1）/员工角色内要求（TG3）；激励性规制（Z3）→未来注意力（L3）→发展性报酬（TG2）
规范（F）	规范压力较小（F2）	社会对企业的道德规范要求较低（f21）企业违反规范后产生的社会负面影响较小（f22）	"企业由求生存期到成长期转变，社会对科创型企业的包容度较高，企业对员工执行规范性的管理。"（DRf21、DRf22）	规范压力较小（F2）→内部注意力（L1）→物质性报酬（TG1）/员工角色内要求（TG3）
认知（R）	认知一致性（R1）	企业的经营行为与社会主流文化一致性较高，得到社会较为广泛的认可（r11）	"随着 DR 公司的产品逐渐进入社会生活领域，公众开始愿意了解这一行业，公司的大部分经营行为都能够得到支持。这一现象也对 DR 公司招募人员产生了良性影响。"（DRr11）	认知一致性（R1）→未来注意力（L3）→发展性报酬（TG2）
投资过度型雇佣关系模式（TG）	物质性报酬（TG1）	企业根据约定发放员工基本薪资（tg11）企业根据工作成果和绩效的考核给予员工适当的物质奖励（tg12）	"DR 公司每位员工都有基本工资，而且公司在每个月会根据员工的工作完成情况以及完成结果的好坏实施奖惩措施。"（DRtg11）	—
	发展性报酬（TG2）	员工有机会提高自己的能力，参与公司培训（tg21）员工享有一定的决策权，自主性较高（tg22）	"公司会定时给员工开展各方面的培训，同时在考取各类证书方面也给他们提供部分资源。"（DRtg22）	—
	员工角色内要求（TG3）	员工需要严格遵循公司规章制度，完成任务（tg31）员工之间团结一致（tg32）	"科创企业要求员工能够遵守公司规章制度，便于企业更好地管理员工。"（DRtg31、DRtg32）	—

资源来源：笔者根据调研数据整理。

根据徐淑英等（1997）提出的基于激励-贡献的企业雇佣关系模型，投资过度型的雇佣关系模式的特征表现为组织对员工的激励较多，包括物质性报酬和发展性报酬，而组织对于员工的期望不高。在这样的组织关系之下，组织给予员工更多的激励，不仅关注员工目前的生活所需，也考虑到员工的未来发展，企业对于员工的培养具有长期持续性，员工对于企业会产生依赖性。但企业对于员工所带来的贡献并没有提出很高的要求，只对员工提出角色内要求。通过分析访谈所得的数据，得出的结果也证实了这一观点，案例企业是科技创新性质的公司，在成长期经营管理中，公司不光注重员工目前的能力和绩效结果，同时也会针对结果给予专业的评价以及提供对应的培训机会和平台。

结合访谈内容，制度特征中的规制、规范以及认知会影响高管团队注意力，从而作用于员工与组织关系，最终形成投资过度型的雇佣关系模式。结合案例企业企业成长期的发展特征，有如下发现：

（1）制度特征。进入 21 世纪，我国逐渐步入互联网快速发展的时代，国家也在从科技大国向科技强国不断转变，政府对于科技创新行业出台了相应的激励性规制，如《国务院关于印发鼓励软件产业和集成电路产业发展若干政策的通知》（国办发〔2000〕18 号）是为了促进我国的软件业发展，不断提高国内的自主知识产权和国际竞争优势，从而促进国民经济持续、快速、健康发展。该政策内容涉及企业税收的减免、对企业技术的支持、高技术人才的引进等规定。国家重视软件企业的发展，用政策推动科技创新行业的不断发展。DR 集团把握机遇，自上市后，实施数字圈地，利用中国各个产业加快了信息化进程，以牺牲盈利为代价，把软件做成服务，进入各行各业（张翼南，2001）。同时，DR 集团向医疗领域发展，将软件与制造业相结合。随着企业的不断发展，DR 集团的产品与业务已遍及世界 60 多个国家和地区，其产品已广泛应用于世界知名汽车、数字家庭产品、IT 产品等创新产品中（陈昂，2014）。因此，从制度特征中的认知维度来看，社会大众对于科技创新行业的认知一致性较高，大众的支持性较强。结合访谈内容，在科创企业从求生存期到成长期的过程中，DR 集团的成长势头足，发展趋势较好，企业根据外部环境调整战略，致力于成为全球优秀的 IT 解决方案与服务供应商（吴蔚，2008）。社会大众开始逐渐了解软件企业的项目内容，对于企业的容错要求也较为宽松，包容程度较高，因而从制度特征的规范维度来看，科创企业在这一阶段所受到的社会规范压力较小。

（2）高管团队注意力。企业高管团队注意力焦点的配置会受到企业外部制度特征的影响。在企业的成长期阶段，案例企业的外部制度特征情况较为乐观。从制度特征的规制和认知维度来看，政府政策在一定程度上支持企业的经营行为，出台激励性制度来推动企业的不断发展，与此同时处于成长期的企业面临的社会认知从不一致逐渐向一致性转变，使企业高管团队的注意力除关注企业的内部事务之外还关注企业的未来发展，充分考虑企业的市场地位，制定新的企业战略以占据更多的市场份额，强调企业认知层面的合法性。在高管团队注意力焦点配置的变化之下，结合访谈内容和企业成长期的发展特点，DR 集团在为员工提供基本的物质性报酬的同时，还注重员工个人的培训需求，定期提供培训机会和平台，促进员工的不断发展，具备长期储备人才的思想。在这种情况下，企业将提高雇员的物质性报酬和发展性报酬，员工可以得到更多的发展机遇，使其在组织中充分展示自身的才能，并在企业的支持下提升自己的道德素质和品德素养，更加积极地履行自己的岗位职责。在社会交换理论的基础上分析可知，员工在感受到组织对他们的支持和重视之后，他们在工作中会更加认真负责，会努力为组织做贡献，以期达到组织的期望（张火灿等，2007）。此外，从制度特征的规范维度来看，社会对于科创企业的经营行为较为宽容，高管团队的注意力配置于企业内部事务，表现为企业对员工角色内要求的关注，要求员工行为合法合规，按时、按量、按质地完成工作，并严格执行公司各项规章制度。综上可知，DR 集团在发展的成长期，企业为员工提供物质性报酬和发展性报酬两方面的诱因，关注员工角色内的要求，企业这一时期的企业雇佣关系模式为投资过度型。根据以上分析，得到如下命题：

命题 15：当企业制度特征中的激励性规制、规范压力较小以及认知一致性占主导地位时，结合案例企业成长期的发展特点，高管团队注意力会侧重于内部和未来，企业提供的诱因多而员工的贡献少，从而形成投资过度型企业雇佣关系模式。

3.4.4.1.4 企业成熟期

在本次案例研究中，处于成熟期的案例企业对应的是组织导向型雇佣关系模式。在现实生活中，组织导向型企业雇佣关系模式运用广泛。结合访谈，总结分析得到的数据信息，发现企业制度特征中的激励性规制、规范压力较大和认知一致性强对组织导向型雇佣关系模式具有一定的影响。在对组织导向型雇佣关系模式的相关数据进行分析后，其具体范畴如表 3-29 所示。

表 3-29 制度特征与组织导向型雇佣关系模式的相关范畴与引用语举例

主范畴	相应范畴	编码	引用语举例	指向性
规制（Z）	激励性规制（Z3）	企业所在行业或企业经营行为得到政府支持（z31）	"近几年，公司的软件注册量和应用量猛增，DR 公司发展得越来越好，不光是赶上了互联网时代，而且还有政府出台的政策支持，员工的薪酬也大幅提高。"（DRz31）	激励性规制（Z3）→内部注意力（L1）→物质性报酬（ZD1）/员工角色内要求（ZD3） 激励性规制（Z3）→未来注意力（L3）→发展性报酬（ZD2）

续表

主范畴	相应范畴	编码	引用语举例	指向性
规范（F）	规范压力较大（F1）	社会对企业的道德规范要求较高（f11） 企业违反规范后懊恼、自责的感受反应较强（f12）	"虽然 DR 公司主要是通过'互联网+'的模式来进行企业转型，深入参与大众生活，但是其仍然对自己的创新能力有很高的要求，做到保护用户的隐私以满足大众的期望。"（DRf11、DRf12）	规范压力较大（F1）→外部注意力（L2）→员工角色外要求（ZD4）
认知（R）	认知一致性（R1）	企业的经营行为与社会主流文化一致性较高，得到社会较为广泛的认可（r11）	"科创行业越来越能够受到大众的重视，并与社会主流文化保持一致性，现在也有非常多的年轻人愿意加入 DR 公司，越来越多的人认同 DR 公司的发展。"（DRr11）	认知一致性（R1）→未来注意力（L3）→发展性报酬（ZD2）
组织导向型雇佣关系模式（ZD）	物质性报酬（ZD1）	企业根据劳动合同为员工发放其应得的工资（zd11） 企业根据员工的表现提供物质和精神的嘉奖（zd12）	"公司会定期给员工发放工资，保障员工的生活成本，这也是对员工认真工作的回报。"（DRzd12）	—
	发展性报酬（ZD2）	企业为员工提供培训的平台（zd21） 员工自主性较高，有一定的决策权（zd22）	"公司为员工提供很好的培养条件，特别是技术部和研发部的员工，基本上每个月都有机会参与培训。此外，DR 公司会授权员工在工作上进行创新，员工与公司之间信任程度很高。"（DRzd22）	—
	员工角色内要求（ZD3）	员工遵守员工手册，认真完成工作（zd31）	"公司一直以来都十分注重对员工的管理，要求员工严格遵守公司的规章制度。在员工入职前还会提供岗前的适应培训，让员工更好地适应和履行职责。"（DRzd31、DRzd32）	—
	员工角色外要求（ZD4）	员工行为要符合企业形象，考虑企业的整体利益（zd41） 员工为公司提出有用的创新性建议，促进公司长远发展（zd42）	"现在隐私泄露是科创企业确需解决的问题，员工进入公司前都会签订保密协议，要保护用户的隐私。"（DRzd42）	—

资源来源：笔者根据调研数据整理。

根据徐淑英等（1997）提出的基于激励-贡献的企业雇佣关系模型，组织导向型的雇佣关系模式的特征表现为对员工的激励较多，包括物质性报酬和发展性报酬，同时组织对于员工的期望也比较高，包括角色内和角色外两方面要求。基于这样的组织关系特征，组织和员工之间会产生一种互相的感情（Rousseau et al.，1993），一方面雇主为雇员提供更多的投资，不仅考虑员工当下的生活所需，还注重员工的未来规划和发展，这些促使组织和员工都提高对自己的要求，积极为公司的发展建言献策；另一方面，员工得到了企业的投资以及被企业给予了更多的发展机会，因而组织内部形成一种良性循环，对于组织和员工都产生了积极的影响。通过分析访谈所得的数据，结果也证实了这一观点，三家案例企业处于成熟阶段，在经营管理中，公司不光注重员工目前的能力和绩效结果，同时也会针对结果给予专业的评价以及提供对应的培训机会和平台。此外，该公司除要求员工遵守企业内部制定的员工手册和相关规定以外，还要求员工为如何做好网络安防系统建言献策，提出可操作性的方案，以防止企业信息泄密和用户隐私的泄露。

结合访谈内容，制度特征中的规制、规范以及认知三个维度会影响企业的高管团队注意力，从而作用于 DR 公司成熟期的员工与组织关系，最终形成组织导向型的雇佣关系模式。DR 公司为科创企业，在其成熟期的发展过程中，企业所受到的政府规制具有激励性的特征，社会规范压力大，具备认知一致性。在访谈中，有如下发现：

（1）制度特征。DR 集团自成立以来，提出要致力于以软件来创造新的商业模式和企业价值，开始将不同商业模式的业务分流，使其成为独立的进程，并引入更多的社会资金，在强化软件与医疗领域的联系的同时，还参与到汽车新能源技术的领域当中，开创集团新的发展道路。随着集团的不断发展和规模的不断扩大，企业逐步进入新的软件赋能阶段，从一家以软件产品和服务为主营业务的公司朝着以软件赋能与融合，并通过软件构造新商业与创造新价值的方向发展（马苓等，2020）。在访谈中，管理者表示企业的发展离不开政府政策的支持。DR 集团在政策支持之下推出健康云软件，为居民提供健康监测的功能，解决居民就医问诊的前期工作。在制度特征的认知维度方面，科创行业得到了社会广泛的认可，具有认知一致性。例如，各省市会评选省市级科学技术奖、科学技术振兴奖、科学技术进步奖、专利奖等奖项，以促进科创企业的创新行为。同时，在访谈过程中，管理人员表示越来越多的年轻人加入科学技术行业，而且无论是员工本人还是员工的家属对于科创企业的前景都是非常看好的。在企业的成熟期，企业制度特征中的激励性规制和认知一致性推动公司的发展，不仅能够解决当前存在的问题，还能为科创企业的发展提供更好的平台。此外，目前科创行业所受到的规范压力在不断变大，生活在目前的数字社会中，无论是用户的个人信息还是科创行业本身商业机密的泄露都是社会十分关注的问题。这就要求科创企业不仅要合法合规地经营，还要提高企业自身的安防能力，建立可靠的安防系统，以避免信息泄露的不良事件发生。因此，科创企业所面临的社会规范压力较大。

（2）高管团队注意力。高管团队的注意力焦点配置会受到制度特征的影响，注意力焦点配置的差异会使企业的雇佣关系模式产生差异。结合企业当前成熟期发展阶段的特征，这一阶段企业的外部制度特征情况较为乐观。首先，在激励性规制和社会认知一致性的双重作用之下，企业高管的注意力焦点配置不仅关注企业内部发展，更充分关注企业未来的发展。在访谈的过程中，企业管理者都表示企业基于员工基本薪酬，能够在考虑企业自身发展的同时注重员工的学习与成长，为员工更快地适应企业发展提供社会化的平台与培训的机会。此外，企业的管理具有多样化的特点，每天都安排早操活动以及下午茶补给的福利，让员工能够有更多的获得感和满足感。同时企业根据政府政策制定了相关的规章制度以及员工管理办法，使员工在履行职责的基础上获得进一步发展。分析访谈内容，管理人员和员工表示，公司为员工提供的额外福利能够让员工具有更多的归属感和获得感，公司的人员流失情况出现得比较少，公司带领着员工逐渐进步。此外，科创企业目前面临的社会规范压力较大，高管团队的注意力焦点配置转向企业的外部配置。在访谈过程中，管理人员表示，无论是用户信息的泄露还是企业商业机密的泄露都会影响到企业本身的发展甚至是生存问题。对此，企业专门给予安防部门更多的资金预算，并配备高技术团队实时监控企业资料库和用户信息库，以避免相关信息泄露。因而，针对企业员工，公司不仅要求他们严格遵守规章制度，还对员工提出了角色外的要求，如签订用工合同之前与员工签订保密性协议，若员工泄密，企业会追究员工的法律责任。综上可知，DR 公司在成熟期时员工与企业的关系是长期、稳定的，企业给予员工的诱因包括物质性报酬和发展性报酬，企业对员工提出了角色内要求和角色外要求，企业提供的诱因和员工提供的贡献都呈现高水平的特征，在企业的成熟期阶段雇佣关系模式为组织导向型。根据以上分析，得到如下命题：

命题 16：当企业制度特征中的激励性规制、规范压力较大以及认知一致性占主导地位时，结合企业成熟期的发展特点，高管团队注意力会侧重于内部、外部和未来，企业提供的诱因和员工的贡献呈现高水平特征，从而形成组织导向型的企业雇佣关系模式。

3.4.4.2 企业雇佣关系模式的跃迁路径分析

根据上述分析，DR 公司在不同发展阶段差异化的雇佣关系模式是其企业外部制度特征的体现。根据案例科创企业的实际情况，基于 DR 公司的企业发展生命周期和中国本土情境，本书认为企业及其高管团队会根据外部制度特征的变化而不断调整注意力配置的焦点，选择与自身企业发展状况和外部制度特征相适配的企业雇佣关系模式，雇佣关系模式经企业孕育期的投资不足型到企业求生存期的工作导向型再到企业成长期的投资过度型最终演变成企业成熟期的组织导向型，获得了持续竞争优势，雇佣关系模式的跃迁路径如图3-16所示。

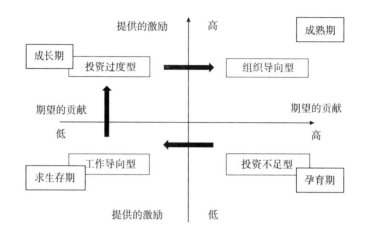

图3-16 雇佣关系模式的跃迁路径

资源来源：笔者根据调研数据整理。

根据案例科创企业，企业发展过程中不同生命周期的雇佣关系模式会受到制度特征的影响，先后从投资不足型向工作导向型再向投资过度型最终向组织导向型进行转变，制度特征通过影响企业高管团队注意力这一中介变量，进而影响企业雇佣关系模式。

（1）企业雇佣关系模式由孕育期的投资不足型向求生存期的工作导向型转变。当案例企业处于孕育期时，高管团队受一般性规制和认知不一致性的影响，注意力配置焦点在企业内部的运营和管理方面，关注企业员工本身的职责规范和岗位要求；受规范压力大的影响，企业高管团队会关注企业的外部形象和影响力等问题，对企业员工的行为提出更高的制度外要求。当案例企业处于求生存期时，高管团队受外部制度的影响会将更多的注意力聚焦于企业内部，受约束性规制、规范压力较小和认知不一致性的影响，较孕育期的制度情况变得较为不利，高管团队会更加关注企业内部，严格制定企业的规章制度。从企业孕育期到求生存期这一阶段，高管团队注意力在制度特征变化的影响下，从同时配置内部注意力和外部注意力到更加关注于企业内部发展，企业更加强调规制合法性。

（2）企业雇佣关系模式由求生存期的工作导向型向成长期的投资过度型转变。当案例企业处于求生存期时，企业高管团队更关注于企业内部。当案例企业处于成长期时，高管团队在外部制度的影响下会将注意力配置于企业内部和未来，受到激励性规制、规范压力较小和认知一致性的影响，高管团队不仅关注企业当前的发展，还考虑企业未来的战略，注重员工的发展性，为员工提供学习的平台和机会。从企业求生存期到成长期这一阶段，高管团队注意力在制度特征变化的影响下，从更关注企业内部到配置焦点转向内部注意力和未来注意力两个方面，在强调企业规制合法性的同时还强调企业认知合法性。

（3）企业雇佣关系模式由成长期的投资过度型向成熟期的组织导向型转变。当案例企业处于成长期时，企业高管团队关注企业内部和未来的发展。当案例企业处于成熟期时，高管团队在外部制度的影响下会将注意力配置于企业的内部、外部和未来三个方面，受激励性规制、规范压力较大和认知一致性的影响，高管团队不仅关注企业的内部需要和社会地位，还关注员工和企业的未来，用发展的眼光管理企业，制定企业战略。从企业成长期到成熟期这一阶段，高管团队注意力在制度特征变化的影响下，企业在成熟期时高管团队的注意力会关注更多的方面，如企业内部的管理、企业外部的形象建立以及企业未来的长期性发展，除强调企业的规制合法性外，还强调企业规范合法性和认知合法性，从而建立企业的组织合法性，最终选择组织导向型的企业雇佣关系模式。

综上分析，在企业发展的不同阶段，企业的雇佣关系模式会受到高管团队注意力影响，而制度特征又会作用于企业高管团队注意力，因而，当企业的注意力相对短视时，企业高管团队应调整注意力，聚焦于企业内部、外部和未来三个方面，从而实现企业雇佣关系最终向组织导向型这一理想模式跃迁。

3.4.4.3　企业雇佣关系模式的 APCC 理论框架

基于上述企业生命周期视角的分析，围绕"制度特征如何影响本土科创企业雇佣关系模式选择"这一核心研究问题，本书提出了用于研究中国本土情境下科创企业雇佣关系模式选择过程的"APCC"理论分析框架，如图 3-17 所示。该框架基于高管团队注意力为中介变量和"前因-结果"理论框架，借鉴现有文献对过程和情境因素的讨论，通过引入过程和情境机制探讨案例企业发展过程中制度特征对其雇佣关系模式的影响，其中 A 代表前因（Antecedent）、P 代表过程（Process）、C 代表结果（Consequence）和情境（Context），分别对应企业制度特征前因、企业高管团队注意力焦点配置差异化过程、企业形成的企业雇佣关系模型以及案例企业所处于的独特的中国情境。

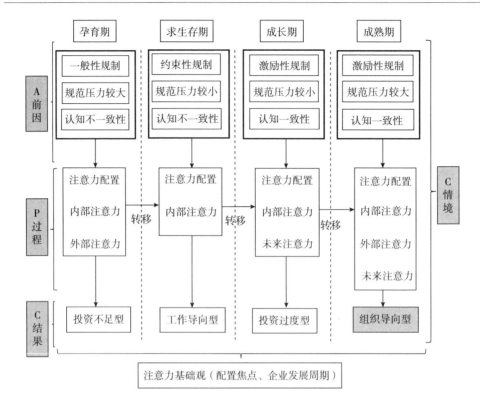

图 3-17 企业雇佣关系模式 APCC 理论分析模型

资源来源：笔者根据调研数据整理。

第一，企业在不同阶段的制度特征、高管团队注意力和企业雇佣关系模式存在显著差异。企业在孕育期、求生存期、成长期和成熟期的主导制度特征与高管团队注意力配置焦点各具差异，随着企业外部制度特征的演变，组织在发展的不同阶段的制度特征主导不同，组织注意力的转移尤其是高管团队的注意力配置焦点也随之变化，进而企业在不同阶段所选择的企业雇佣关系模式不同。案例研究结论表明，企业雇佣关系模式的选择涉及制度特征、高管团队注意力和时间三个关键维度。具体而言，当企业处于孕育期时，制度特征以一般性规制、规范压力较大和认知不一致性为主导，高管团队的注意力受到制度特征的影响，配置焦点为内部注意力和外部注意力；当企业处于求生存期时，制度特征以约束性规制、规范压力较小和认知不一致性为主导，高管团队的注意力受到制度特征的影响，配置焦点为内部注意力；当企业处于成长期时，制度特征以激励性规制、规范压力较小和认知一致性为主导，高管团队的注意力受到制度特征的影响，配置焦点为内部注意力和未来注意力；当企业处于成熟期时，制度特征以激励性规制、规范压力较大和认知一致性为主导，高管团队的注意力受到制度特征的影响，配置焦点为内部注意力、外部注意力和未来注意力。

第二，通过调整企业高管团队注意力的配置焦点，企业不同发展阶段的不同雇佣关系模式在制度特征的作用下会先后从投资不足型到工作导向型再到投资过度型最终到组织导向型转变。具体而言，高管团队的注意力配置焦点要不断地从内部向外部和未来分配，关注企业发展的三个维度，强调企业的规制合法性、规范合法性和认知合法性，从而实现组织合法性，最终形成组织导向型的企业雇佣关系模式。因此，在管理企业的过程中，高管团队要基于企业外部的制度特征，在企业的不同发展阶段调整注意力配置对象和焦点，不断关注企业的外部环境和长期性发展，选择适配的雇佣关系模式，为企业最终实现组织导向型这一理想的雇佣关系模式提供支撑。

3.4.5 研究小结与理论贡献

3.4.5.1 研究小结

不同发展周期中的企业在不同的制度特征的影响下，高管团队注意力呈现差异，从而形成不同的企业雇佣关系模式。具体如下：在企业处于孕育期发展阶段时，企业制度特征中的一般性规制、规范压力较大以及认知不一致性占主导地位，高管团队注意力会同时集中于内部和外部，不仅要求员工行为合法合规，而且对员工自身提出了更高的要求，因此员工的贡献多而企业提供的诱因少，从而形成投资不足型的企业雇佣关系模式。在企业处于求生存期发展阶段时，企业制度特征中的约束性规制、规范压力较小以及认知不一致性占主导地位，高管团队注意力更多集中于内部，高管强调员工的合法合规行为，注重规制合法性，因此企业提供的诱因和员工的贡献都较少，从而形成工作导向型的企业雇佣关系模式。在企业处于成长期发展阶段时，企业制度特征中的激励性规制、规范压力较小以及认知一致性占主导地位，高管团队注意力会同时集中于内部和未来，要求员工行为合法合规，并为员工提供更多的发展机会，因此企业提供的诱因多而员工的贡献少，从而形成投资过度型的企业雇佣关系模式。在企业处于成熟期发展阶段时，企业制度特征中的激励性规制、规范压力较大以及认知一致性占主导地位，高管团队注意力同时集中于内部、外部和未来，要求员工行为合法合规且提出更多的规范要求，同时为员工提供更多的发展机会，企业提供的诱因和员工的贡献都处于较高的水平，从而形成组织导向型的企业雇佣关系模式。

企业在各个发展阶段，按照制度特征对注意力配置焦点进行调节，最终实现向组织导向型雇佣关系模式的转变。具体如下：高管团队要基于企业外部的制度特征，在企业不同的发展阶段调整注意力配置焦点，要不断地从内部向外部和未来分配，关注企业发展的三个维度，强调企业的规制合法性、规范合法性和认知合法性，从而实现组织合法性，最终形成组织导向型的企业雇佣关系模式。

3.4.5.2 理论贡献

第一，一些研究关注组织内部的人力资源管理实践、企业家特征和企业工会实践对企业雇佣关系的影响，部分研究更多地关注所有制形式（张一弛，2004）、人力资源管理特征（赵曙明等，2016）、领导风格（马苓等，2020）等组织内部性因素对雇佣关系模式的影响机制，本书重点关注组织外部性因素即制度特征这一前因变量对雇佣关系模式的影响机制。本部分把制度特征构造成规制、规范和认知三个维度，基于激励-贡献模型，引入企业高管团队注意力这一变量作为中介变量，借助现有文献对这一变量的研究，将高管团队注意力分为内部注意力、外部注意力和未来注意力三种类型，并结合社会交换理论，探究制度特征对雇佣关系模式的影响机制。本书通过引入高管团队注意力作为中介变量，对制度特征中规制、规范和认知三个方面借助中介变量影响雇佣关系模式的这一具体路径进行研究，使制度特征影响雇佣关系模式的作用机制更加明晰，既丰富了高管团队注意力这一变量作为中介变量的相关研究，又扩展了雇佣关系模式的前因变量。

第二，与时间性相关的研究已被认为是研究企业行为的关键所在，本部分对企业雇佣关系模式的研究正是以企业发展生命周期理论为基础，认为制度特征对于企业雇佣关系模式的影响是随企业生命周期发展变化的动态过程。首先，由于企业所处的制度环境是复杂且持续变化的，本书分析了 DR 公司在不同阶段制度特征中的规制、规范和认知三个维度的动态演化对雇佣关系模式选择的作用机制。其次，引入的中介变量企业高管团队注意力的配置过程也会随不同的制度特征而发生动态变化。再次，本书采用纵向案例研究方法，根据企业的生命周期划分时序区间，动态剖析了 DR 公司在孕育期、求生存期、成长期和成熟期的雇佣关系模式的选择和跃迁路径，为研究本土情境下科创企业的雇佣关系模式提供了引入时间维度的过程视角，由此弥补了现有实证分析和案例研究对企业雇佣关系模式动态关注不足的局限。

第三，研究结论响应了一些学者对本土管理实践研究的呼吁。一方面，回答了本土情境下研究企业雇佣关系模式"特殊在何处、为什么特殊以及如何特殊"的三大问题。不同于西方管理实践，中国特殊的情境导致企业在识别和选择制度特征、高管团队注意力配置焦点与企业雇佣关系模式方面呈现出不同于西方企业的独特特征。另一方面，面对近年来"亟须研究中国本土企业社会行为背后的动机和机制"的号召，本书立足经济社会转型的国情背景之下的"中国故事"，以一家本土科创企业 DR 公司作为典型案例，系统识别符合中国情境的制度特征，抽离出与西方企业不同的本土情境下企业构建和谐员工-组织关系的共性经验，并提供如何不断向组织导向型雇佣关系模式发展的具体路径建议，从而为研究本土企业如何建立良好的雇佣关系与获得持续的企业竞争优势提供了理论启示。

第4章 企业雇佣关系模式对新民工获得感的影响机制研究

4.1 新民工的获得感：构念内涵、量表开发及验证

在经济转型的大背景下，中国社会涌现了一系列关于新民工的城市融合及治理等方面问题仍难以解决（缪小林等，2022）。新民工是城市劳动力群体中具有较多弱势因素的外来力量，因而其获得感的多少能更好地反映出绝大多数人社会总体获得感的发展水平（刘瑞，2011），但很少有相关文献站在新民工视角展开研究。现有文献研究大多集中在获得感的现状及提升措施，而针对工作获得感的内涵与维度、农民工工作获得感的薄弱点何在、工作获得感的提升受到哪些因素影响等问题尚未给出有效的理论诠释与实证经验（杨金龙等，2019）。在现有研究中，新民工获得感暂没有共识性概念，其定量研究及测量量表也较为有限，此研究现状在很大程度上限制了新民工获得感与日常生活、心理健康之间关系的实证分析，且无法根据规范、确定的方式为新民工获得感相关研究的必要性与相关性提供实证支撑。由此，有必要深入探究新民工获得感的构念界定与维度，探究并开发出具有一定信效度的获得感测量量表，进而为该群体获得感的提升提供理论支持。

社会认知理论认为，人类活动是由个体所处环境、个体认知以及其他个体行为等因素交互作用的结果。组织内部进取精神会使员工在工作过程中感知到积极的创新取向，而这种感知也必然会对组织内个体的思维和行动产生相应的作用。员工创新行为的增多代表个体能够在活动中产生较多新想法并进行实践，因而这类个体更容易获得突破和发展。为满足这种创新取向，个体需在现有条件下进行突破，即产生较强的进取精神、做出较多创新行为。针对上述实践与理论发展的

局限性，本部分将围绕"新民工获得感—进取精神—员工创新行为"这一理论模型，进一步验证新民工获得感量表，并对新民工获得感与员工创新行为的效用机制进行研究。本部分通过对新民工获得感进行构念界定、维度探究及量表开发，从而为该群体获得感的提升提供理论支持。

4.1.1　新民工获得感界定与量表开发

4.1.1.1　获得感内涵测量方法

根据马斯洛需求理论，人的需求由生理需要、安全需要、归属与爱的需要、尊重需要、自我实现需要五个方面组成，这些需要构成不同的等级或水平（彭聃龄，2001），高级需要的出现以低级需要的满足为前提，低级需要直接关乎个体生存，高级需要的满足使个体获得更好发展。"满足"意为"感到已经足够"（中国社会科学院语言研究所词典室，2005），"获得满足"性质又分为主观与客观两个方面，个体得到尊重、爱、归属感等是主观精神的满足，得到保障、薪水等真切利好是客观物质的满足。因而本部分在现有研究与综合表 4-1 的基础上将获得感定义为个体低级需要与高级需要得到主观或客观满足后产生的积极主观感受。长期以来，中国城乡二元经济结构造成城乡发展差距不断扩大，新民工在城市的就业壁垒和障碍依旧存在，大量的新民工难以在城市获得比较满意的职业（赵建国等，2019）。因此新民工获得感以低层次需要的满足为重要基础，以范围更广的高层次需要如个人发展和社会保障所体现出的充足、便捷、尊重、公平等方面来突出群体特征，这使新民工获得感维度划分更具区分度。综上所述，将新民工获得感划分为七个维度，包含经济收入获得感、自我实现获得感、社会保障获得感、公共服务获得感、文化建设获得感、生态环境获得感、政治参与获得感（见表 4-1）。

表 4-1　新民工获得感层次和维度的初步划分

维度	关键词
经济收入获得感	心理期望、比照感知、横向经济获得感、纵向经济获得感等
自我实现获得感	工作安全、晋升机会、工作时间等
社会保障获得感	社会保险、社会救助、社会福利、社会支持、社会优抚等
公共服务获得感	教育资源、医疗卫生、住房保障、养老、公共安全等
文化建设获得感	文化生活、健身休闲、旅游出行等
生态环境获得感	生态保护、环境治理、环境质量等
政治参与获得感	政治氛围、政治信任、政治认同、政治参与等

资源来源：笔者根据现有文献整理。

4.1.1.2 初始量表生成

考虑到量表既要继承已有的研究成果，又要反映目标群体的特点与特征，因此按照量表开发的科学步骤，量表的编制主要经过两个阶段：①通过访谈、开放式问卷等收集原始资料；②对收集的原始资料进行编码、整理，初步形成封闭式的问卷。在收集原始资料方面，首先，通过对新民工及其相关概念进行研究，了解其内涵；其次，通过对国内外有关资料查阅，对新民工及其相关变量进行调查；再次，深入企业对员工和管理者进行访谈，并进一步收集质性资料，主要方式包括个别访谈和小组访谈。访谈的主题是"你认为什么是获得感""你在生活中的哪些方面会有比较高的获得感"。在此基础上，结合访谈和文献资料最终形成初始条目池。在编制原始量表方面，对访谈和开放式问卷调查得到的资料进行归类、汇总，得到新民工的问题项以及频次排序。初始问卷条目编制完成后，邀请2位人力资源管理专家、3名人力资源专业的硕士研究生对这些条目的措辞进行反馈和修改，将里面涉及程度不一致的题项修改为具有一致性的题项，将概念比较空泛、操作性较差的题项删除，将可能引起歧义的题项进行修改，最终得到原始问卷。

4.1.1.3 探索性研究

在对量表的探索性研究和信度分析之前，采用现场问卷取样的形式，对原始量表进行预调研，于2022年11月共发放问卷130份，回收有效问卷106份，对原始量表的项目分析、探索性因素分析以及信度分析的结果都比较理想，但因部分题项因子载荷系数较低、不同维度题项区别度较低等问题进行维度与题项的修改。将原有维度中的部分维度进行合并，形成经济收入、社会生活、个人发展和政治参与四个维度组成的量表，根据四个维度组合及修改原有题项，最终形成新民工获得感初始问卷，并在此基础上进行初始调研。

在此基础上，现场发放初始问卷，于2022年12月共发放问卷140份，回收108份，问卷有效回收率约为77.1%。在有效样本中，性别方面，男性占62%，女性为38%；年龄方面，16~20岁占2.8%，21~30岁占63%，31~40岁占34.38%；文化程度方面，初中及以下占3.7%，高中及中专占27.8%，大专占35.2%，本科及以上占33.3%；月收入方面，1500元以下占0.9%，1501~2500元占9.3%，2501~3500元占24.1%，3501~4500元占38%，4501元以上占27.8%；行业方面，服务业占33.3%，制造业占28.7%，建筑业占31.5%，其他行业则占6.5%。

运用软件对有效数据进行KMO抽样适当性检验和巴特利特（Bartlett）球形检验，结果如表4-2所示，样本KMO值为0.813，巴特利特球形检验的近似卡方值为723.190，自由度为120.000，达到显著水平（p=0.000<0.001），表明数

据样本适合做因素分析。经主成分分析，提取出特征值大于 1 的因子，接着对因素分析结果进行最大正交旋转并结合碎石图，共抽取出 4 个公因子。4 个公因子的累计方差解释率达到 64.287%，较为理想。

表 4-2 　 KMO 抽样适当性检验和巴特利特球形检验结果

取样足够的 Kaiser-Meyer-Olkin 度量		0.813
巴特利特的球形检验	近似卡方值	723.190
	df	120.000
	Sig.	0.000

资源来源：笔者根据统计数据整理。

进行克朗巴赫 α 系数（Cronbach's α）信度分析，以确保题目在所属构面中具有较高一致性。根据以往探索性研究所采用的标准，若该因子的克朗巴赫 α 系数内部一致性值均大于 0.60 即保留。同时，若发现将某一题目删除后反而增加其内部一致性者，则该题项应删除不用。将 16 个因素一一进行信度分析后，克朗巴赫 α 系数为 0.866，在未发现有删除某题目时可增加该分量表的信度（见表 4-3），显示自编量表的信度较佳。

表 4-3 　 旋转后因子载荷矩阵

题项	因子载荷			
	经济收入	社会生活	个人发展	政治参与
Q1_1. 经济收入带来很强的获得感	0.696	-0.084	0.310	0.137
Q1_2. 经济收入可以满足生活需求	0.748	0.146	0.081	-0.128
Q1_3. 与过去相比，更满意现在的经济收入	0.757	0.183	-0.033	0.163
Q1_4. 经济收入水平与工作能力相匹配	0.802	0.167	0.084	0.043
Q1_5. 与他人相比，较满意自身经济收入	0.855	0.051	0.156	0.036
Q2_2. 工作中有很多晋升机会	0.301	0.137	0.641	0.359
Q2_4. 工作中有足够的安全保障	0.121	0.182	0.797	-0.134
Q2_5. 工作中可以得到别人的理解和认可	-0.026	0.274	0.670	0.230
Q2_8. 工作带来了令人满意的个人发展	0.323	0.341	0.646	0.217
Q3_1. 社会生活中享受到足够的社会保障措施	0.123	0.749	0.089	0.234
Q3_2. 认为社会生活中所提供的养老支持和保障很充足	0.158	0.752	0.301	0.118
Q3_3. 满意目前社会生活中享受到的公共服务	0.106	0.786	0.171	0.156
Q3_6. 现今良好的生态环境带给了很大的社会生活满意感	0.071	0.541	0.258	0.255
Q4_1. 对中国的政治制度非常了解	0.053	0.195	0.092	0.688
Q4_2. 如有需要会积极进行政治参与，积极表达想法	0.109	0.140	0.146	0.785
Q4_3. 认为及时行使个人政治权利很有必要	-0.031	0.260	0.066	0.825
解释变异	0.205	0.142	0.156	0.140

资源来源：笔者根据统计数据整理。

4.1.1.4 验证性研究

本书分析采用 AMOS 20.0 处理数据对有效数据进行验证性因素研究，结果如表 4-4 和图 4-1 所示，模型的整体拟合情况较好。其中，绝对拟合指数 χ^2/df 为 1.43，近似误差均方根 RMSEA 超过 0.05 的理想水平，相对拟合指数 CFI、IFI、TLI 均达到 0.9 以上，可见，拟合优度指标均在可以接受的范围内，说明设定模型的结构较为合理。新民工获得感初始量表的结构效度分析结果见图 4-1。由图可知，量表各题项的因子载荷均高于 0.5 的标准值，表明量表具有一定效度。

表 4-4 量表拟合系数

χ^2/df	RMSEA	NFI	CFI	IFI	TLI
1.43	0.063	0.817	0.935	0.937	0.920

资源来源：笔者根据统计数据整理。

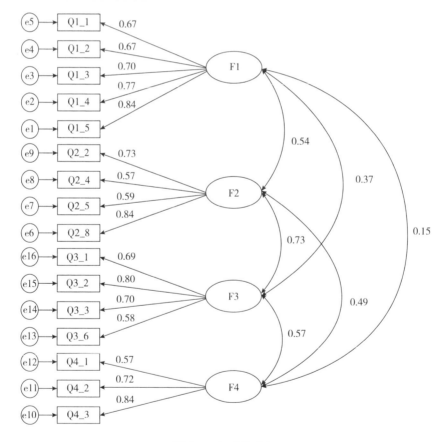

图 4-1 标准化路径

资源来源：笔者根据统计数据整理。

由组合信度与聚敛信度分析结果可知（见表4-5、表4-6），经济收入、个人发展、社会生活和政治参与各个潜变量对应题目的因子载荷均大于0.55，说明各个潜变量对应所属题目具有较高代表性。另外各个潜变量的平均方差变异AVE均大于0.45，且各个潜变量的组合信度均大于0.75，说明聚敛效度理想。

表4-5　组合信度与聚敛效度

路径			Estimate（因子载荷）	AVE（平均方差提取量）	CR（组合信度）
Q1_5	←	经济收入	0.840		
Q1_4	←	经济收入	0.771		
Q1_3	←	经济收入	0.697	0.537	0.852
Q1_2	←	经济收入	0.666		
Q1_1	←	经济收入	0.674		
Q2_8	←	个人发展	0.835		
Q2_5	←	个人发展	0.593	0.474	0.779
Q2_4	←	个人发展	0.566		
Q2_2	←	个人发展	0.727		
Q3_6	←	社会生活	0.576		
Q3_3	←	社会生活	0.702	0.487	0.789
Q3_2	←	社会生活	0.800		
Q3_1	←	社会生活	0.695		
Q4_3	←	政治参与	0.842		
Q4_2	←	政治参与	0.721	0.519	0.759
Q4_1	←	政治参与	0.572		

资源来源：笔者根据统计数据整理。

表4-6　量表四维度区分效度

	经济收入	个人发展	社会生活	政治参与
经济收入	0.537			
个人发展	0.538	0.474		
社会生活	0.371**	0.734	0.478	
政治参与	0.15**	0.494**	0.566	0.519
AVE的平方根	0.733	0.688	0.698	0.720

注：** 表示 p<0.01。

资源来源：笔者根据统计数据整理。

区分效度检验显示，经济收入与个人发展、个人发展与社会生活、社会生活与政治参与间区分效度不显著，其余维度间区分效度均小于 0.5 且小于 AVE 的平方根，量表四维度间具有一定区分效度。

4.1.1.5　项目分析

本书采用 SPSS Statistics 21.0 软件进行项目分析。项目标准差的数值大小反映该项目是否能够鉴别个体反应的差异，若项目标准差大，说明被试在该项目上的得分分布较广，项目能够反映个体差异，反之则项目鉴别能力较弱。项目分析检验结果显示，量表各题项的标准差均大于 0.50（见表 4-7），题项鉴别力较好。各题项得分与总分的相关分析中，r 值在 0.453~0.747，接近或大于 0.5，均达到了 0.01 的显著水平，说明个体向内部一致性较好。

表 4-7　新民工获得感量表项目分析结果

题号	决断值（t 值）	与总分相关（r 值）	标准差
Q1_1	−7.724**	0.596**	0.991
Q1_2	−5.448**	0.535**	1.009
Q1_3	−6.807**	0.605**	0.977
Q1_4	−7.372**	0.636**	0.946
Q1_5	−7.827**	0.646**	1.129
Q2_2	−7.563**	0.700**	1.007
Q2_4	−4.232**	0.497**	0.848
Q2_5	−4.961**	0.518**	0.662
Q2_8	−8.975**	0.747**	0.900
Q3_1	−5.569**	0.571**	0.730
Q3_2	−9.066**	0.648**	0.911
Q3_3	−5.293**	0.588**	0.770
Q3_6	−4.867**	0.513**	0.561
Q4_1	−3.891**	0.453**	0.833
Q4_2	−4.492**	0.513**	0.811
Q4_3	−3.417**	0.465**	0.729

注：** 表示 $p<0.01$。

资源来源：笔者根据统计数据整理。

4.1.2　新民工获得感量表的实证研究

个体在发展过程中会受到来自内部和周围环境的影响从而产生需求，当产生如食物、空气、安全等低级需要或尊重、发展、自我实现等高级需要时，个体会努力追求精神和物质的平衡状态（彭聃龄，2001），当个体需要得到满足与发展时，就会产生新的需要。

高级需要的出现总要以低级需要的满足为条件（任李娜，2009），当社会生存环境中的经济生活、政治权益、社会服务等方面的需求得到更充分的满足与保障时，自我发展等方面的高级需求才更容易出现。人的需要随着社会生产水平的提高而不断丰富发展，个体的需要在良好的环境下也会呈现出向更高层次发展的趋势（周彦丽，1993）。当个体的低级需求满足程度较高、获得感程度越高时，越能激发其高级需求，表现出更为突出的以实现自我为目的进取精神和更高频率的员工创新行为。因此本书选择进取精神、员工创新行为作为新民工获得感的两个结果变量进行效用检验。此外，较高程度的进取精神使员工工作自主性得到提高，从而拥有较强的提高工作效率和提升工作质量的倾向，增加员工的创新投入，增强其创新行为（王辉等，2017）。综上可知，本书选择进取精神作为中介变量，构建新民工获得感—进取精神—员工创新行为的模型，进一步验证所开发量表的效用，同时分析新民工对员工创新行为的影响机制。

4.1.2.1　研究假设

物质需求是人们生存和生活中最基础的需求，在解决获得感多少的问题上，企业要先关注员工基本需求被满足的程度。当生存相关的需求得到满足时，个体便会追求更高阶段的需求，追求自我价值的实现，以寻求更高层次的获得感。员工创新行为是员工在组织活动中从发现问题到产生有益的新想法或新事物，并付诸实施的行为（姚艳虹等，2013），包括寻找问题及机会、产生实践想法、细致构思评估、积极实施等维度。当员工产生收获、满意、认可、公平等正向主观情感时，会以努力工作的方式来反馈其对企业的信任与支持（吴婷，2014）。因而可以推断，当员工拥有较高程度获得感和拥有较多正向主观情感感知时，就有可能表现出更多的创新行为。由此，提出假设1：新民工获得感对员工创新行为有正向影响。

进取精神是人的理想追求以及较高创造能力在事业上的体现，是实践中表现出来的积极奋进意识（卢小君等，2007），工作与生活满意度对个体行为具有较强预测作用，当其对自我认识以及对周围任何环境的认识较为明确时，便会产生进取精神。强烈的进取精神会促使个体在自我决策过程中收集信息、制订方案等方面更加努力和投入（朱振伟等，2010）。当具有较好的社会生存发展环境且个体在其中感知到公平、尊重时，个体才能更好地表现、发展、实现自我，并在其中产生更高程度的进取精神，而进取精神的产生与个体在此基础上做出的实践又能够带给个体较好的满足感与获得感。因而可以假设，当个体具有较高水平获得感时，其会产生更高程度的进取精神。由此，提出假设2：新民工获得感对个体进取精神有正向影响。

创新行为的影响因素较多，其中内部动机是其重要影响因素。内部动机会对个体创新的构想及实施有正向影响（卢小君等，2007）。进取精神较强的人常会以更强的能力在工作上寻求自我发展，具体表现在其具有更强的发现问题和解决问题的能力（袁梅，2012）。个体进取精神越强，对自身的期望也就越高，即容易产生更加主动的行为来影响周围环境（吴君，2013），例如，主动采取行动带来积极变化，产生更多克服困难的信心和勇气等，容易激发个体成就动机，主动发现问题并找出解决方案，产生更多有利于生产和生活的行为。因此可以假设，新民工进取精神越强，其创新行为越多，反之亦然。由此，提出假设3：个体进取精神对员工创新行为有正向影响。

如今，新民工的需求已经从以往满足生存发展到现在追求更高质量的生活和实现理想等多方面的需求转变。在新民工个体追求更好发展、更高层次获得感的过程中，进取与创新是其实现目标必不可少的条件。进取精神是人特有的能动性、自觉性体现（王磊，2016），其核心是开拓创新，努力争取更高的成就、创造更大的价值（冯兆荣，1987）。追求更高层次的需求会产生更强的进取和创造观念，同时具有较强进取精神的人会更主动地改善工作成果，从而产生创新行为（袁梅，2012）。因此，可以提出假设4：进取精神在新民工获得感与员工创新行为的关系中起到中介作用。

如上所述，理论模型构建如图4-2所示。

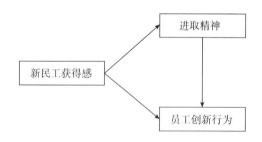

图4-2 理论模型

资源来源：笔者根据研究思路绘制。

4.1.2.2 样本概况和量表选择

调研采取现场发放问卷的形式，于2023年1~2月共发放266份问卷，回收213份有效问卷，问卷有效回收率约为80.1%。在有效问卷的被试中，性别方面，男性占 54.5%，女性占 45.5%；年龄方面，16~20 岁占 2.3%，21~30 岁占 68.1%，31~40 岁占 29.6%；婚姻状况方面，未婚占 45.1%，已婚占 54.0%，其他情况占 0.9%；月收入方面，1500 元以下占 5.2%，1501~2500 元占 7%，2501~3500 元占 22.1%，3501~4500 元占 37.1%，4501 元以上的占 28.6%；文化程度方面，初中及以下占 8.9%，高中及中专占 34.3%，大专占 33.3%，本科及以上占 23.5%；行业方面，服务业占 35.2%，制造业占 25.4%，建筑业占 28.2%，其他行业占 11.3%；工作时间方面，1 年以下占 12.7%，1~5 年占 55.4%，6~10 年占 25.8%，10 年以上占 6.1%。在实证检验过程中，除新民工获得感量表外，其他量表均为成熟量表。

新民工获得感量表的克朗巴赫 α 系数值为 0.889，员工创新行为的测量采用张振刚等开发的量表，包括"改善工作流程、思考解决工作问题、推行新的工作方法、检验新方法有效性"等 8 个题项，该量表的克朗巴赫 α 系数值为 0.882；进取精神的测量采用才国伟等（2016）开发的量表，包括"自身不适及不喜爱某事的情况下是否能够努力工作"等 3 个题项，该量表的克朗巴赫 α 系数值为 0.711。

4.1.2.3　结果分析

本书采用 AMOS20.0 软件进行验证性因子分析，由表 4-8 可知，整体来看模型的拟合情况良好。其中，绝对拟合指数 χ^2/df 值为 1.294，近似误差均方根 RMSEA 为 0.052，超过 0.05 的理想水平，相对拟合指数 CFI、IFI、TLI 均达到了 0.9 以上，可见，拟合优度指标都在可接受的范围内，说明设定模型的结构是合理的。

表 4-8　验证性因子分析结果

χ^2/df	RMSEA	CFI	IFI	TLI
1.294	0.052	0.920	0.923	0.908

资源来源：笔者根据统计数据整理。

新民工获得感、进取精神及员工创新行为总分及其平均值、标准差、克朗巴赫 α 系数以及各变量间的相关关系如表 4-9 所示。从表中的相关系数可以看出，新民工获得感与进取精神正相关（$r = 0.352$，$p < 0.01$），新民工获得感与员工创新行为正相关（$r = 0.589$，$p < 0.01$）；进取精神与员工创新行为正相关（$r = 0.611$，$p < 0.01$）。

表4-9 各变量之间的相关分析

变量	平均值	标准差	新民工获得感	进取精神	员工创新行为
新民工获得感	3.608	0.635	(0.889)		
进取精神	3.266	0.446	0.352**	(0.711)	
员工创新行为	3.787	0.624	0.589**	0.611**	(0.882)

注：** 表示 $p<0.01$。

资料来源：笔者经过 SPSS 软件计算而得。

为进一步验证假设，本书进行回归分析，结果如表4-10所示，模型2显示员工创新行为与新民工获得感呈显著正相关（$\beta = 0.635$，$p<0.001$），与工作时间呈显著负相关（$\beta = -0.214$，$p<0.01$）；模型6显示进取精神与新民工获得感呈显著正相关（$\beta = 0.394$，$p<0.001$），与工作时间呈显著负相关（$\beta = -0.287$，$p<0.01$）；模型3显示员工创新行为与进取精神呈显著正相关（$\beta = 0.603$，$p<0.001$）。由此，假设1至假设3得到验证。

表4-10 假设检验

类别	员工创新行为				进取精神	
	M1	M2	M3	M4	M5	M6
性别	-0.131	-0.115	-0.091	-0.09	-0.067	-0.057
年龄	0.020	0.149	-0.069	0.049	0.148	0.228**
婚姻状况	-0.028	-0.07	-0.051	-0.076	0.039	0.013
月收入	0.085	0.005	0.029	-0.014	0.093	0.043
文化程度	0.144	0.002	0.08	-0.006	0.105	0.017
行业	-0.014	0.014	-0.013	0.007	-0.001	0.017
工作时间	-0.025	-0.214**	0.078	-0.088	-0.170	-0.287**
新民工获得感		0.635***		0.462***		0.394***
进取精神			0.603***	0.439***		
F	1.391	16.574***	16.562***	27.848***	1.292	5.464***
R^2	0.045	0.394	0.394	0.553	0.042	0.176
ΔR^2	0.013	0.37	0.37	0.533	0.01	0.144

注：** 表示 $p<0.01$，*** 表示 $p<0.001$。

资源来源：笔者经过 SPSS 软件计算而得。

在检验中介作用时，根据回归分析法，由模型4可知，当新民工获得感与进取精神同时对员工创新行为产生影响时，二者均呈显著正相关，新民工获得感对员工创新行为影响的系数由 0.635 降为 0.462，进取精神对员工创新行为影响的系数由 0.603 降为 0.439，说明进取精神在新民工获得感与员工创新行为的关系中起到部分中介作用。

同时，根据拔靴法（Bootstrap），共抽取 5000 次样本，结果如表 4-11 所示，新民工获得感对员工创新行为的直接影响的 95% 置信区间为 ［0.481，0.783］，进取精神对员工创新行为的间接影响的 95% 置信区间为 ［0.107，0.244］，直接效应与间接效应均显著，进一步说明进取精神的中介作用显著，其中，直接效应在总效应中占比为 72.781%，间接效应在总效应中占比为 27.219%，进一步说明分析结果的可靠性。由此，假设 4 得到证实。

表 4-11　总效应、直接效应以及中介效应分解

	效应值	Boot 标准误	Boot CI 下限	Boot CI 上限	效应占比（%）
总效应	0.624	0.078	0.481	0.783	
直接效应	0.454	0.068	0.324	0.587	72.781
进取精神的中介作用	0.170	0.036	0.107	0.244	27.219

注：Boot 标准误、Boot CI 下限和 Boot CI 上限分别指通过拔靴法估计的标准误差、95% 置信区间的下限和上限；所有数值通过四舍五入后保留三位小数。

4.1.3　研究小结与理论贡献

4.1.3.1　研究小结

经研究，本部分得出以下结论：①将获得感定义为个体低级需要与高级需要得到主观或客观满足后产生的积极主观感受。②最终修订的新民工获得感量表包含四个维度（见表 4-12），分别是经济收入、自我发展、社会生活和政治参与。经济收入维度的获得感是指个体自身在日常活动中因经济利益流入而产生的获得感，收入的多少及是否公平等因素影响经济收入维度获得感的产生。自我发展是指新民工进城务工过程中在工作、人际交往、社会关系等方面所获得的发展，工作安全与晋升机会、自身所获得的理解和认可等因素对自我发展维度获得感的产生有显著影响。社会生活是指新民工在城市务工生活中所享受的社会保障、公共服务、生态环境质量等所带来的获得感。政治参与是指个体在政治了解、参与的过程中实实在在的感受。③新民工获得感与进取精神、员工创新行为均呈显著正向影响，进取精神显著正向影响员工创新作为。④进取精神在新民工获得感与员工创新行为的关系中呈中介作用。

表4-12 新民工获得感层次和维度的正式划分

维度	关键词
经济收入	满足所需、收入与能力匹配、横向经济获得感、纵向经济获得感等
自我发展	工作安全、工作晋升机会、理解与认可等
社会生活	社会保障、公共服务、生态环境等
政治参与	政治了解、政治信任、政治参与等

资源来源：笔者根据研究思路绘制。

4.1.3.2 研究贡献

其一，对新生代农民工获得感进行构念开发与维度探究。关于新民工获得感成果较少，本书在现有关于农民工、获得感、幸福感等相关研究成果的基础上，对新民工获得感内涵进行明晰，填补新民工获得感研究的缺口。其二，开发具有较高信度和良好效度的量表。目前部分研究虽涉及新民工获得感，但缺少具体量表和定性与定量分析的支撑，本书通过多种统计分析方法开发出新民工获得感量表，为后续研究提供结构清晰的测量工具。其三，为现有的研究提供支撑。本书构建新民工获得感—进取精神—员工创新行为模型，解释新民工获得感对于员工创新行为的作用机制，为"获得感提升促进新民工自身发展""获得感提升有利于创新"等结论提供定量支持。

4.1.3.3 管理启示

其一，增强企业社会责任感，建立制度使发展成果更公平地惠及全体员工；为新民工群体及时、合理支付薪酬，促进薪酬与员工工作能力相匹配，避免新民工这一较弱势的群体受到不公正对待；稳定企业就业环境，提高安全保障和增加员工晋升机会，组织培训以提高劳动力素质，让新民工有满足感。其二，政府通过立法规范市场参与者，促使机会与规则的公平与平等；调节收入分配，促使再分配公平，出台社会保障、公共服务政策，实现便捷化、充足化；有效治理社会环境，保障新民工政治权利，及时回应其诉求，增强和提高群众对政府的信任度和满意感。其三，工会增强"存在感"，加大对新民工的权益保障，尽可能为职工提供多方面的服务；提高向新民工传达政策制度的力度，保障农民工及时了解、更多地享受到政策红利。其四，新民工个体应通过发展技术水平、提升思想高度，使自身有能力实现更高追求，进一步融入城市，获得更好发展。其五，增强公众对新民工群体的理解、尊重与包容，使这一群体有机会更好、更快地融入城市生活。

4.2　企业雇佣关系模式影响新民工获得感的分析框架

　　新民工是中国工业化进程和经济增长的人力资源保障，新民工的心理诉求关系着"三农"问题和工业化、城镇化的发展（韩俊等，2009）。获得感作为一种心理感受，符合新民工的心理诉求。辛秀芹（2016）认为"获得感"是基于实际获得（包括物质、精神、文化等方面的获得）而产生的一种主观的感受，即个人的需求得到满足后产生的一种幸福、愉悦、满足的积极感受。新民工的获得感受到多种因素的影响，如组织、团队和个体等，组织因素是影响新民工的重要因素。不同雇佣关系模式下的激励水平和期望贡献不同，而员工的获得感与企业的激励和期望贡献有着密不可分的关系，即企业的雇佣关系模式必然会影响新民工的获得感。这表明，从企业雇佣关系模式角度入手去探索如何影响新民工获得感的水平是目前亟待探究的重要问题。

　　目前关于上述问题的研究主要有以下三个方面：第一，获得感作为一个近年来才提出的新概念，针对获得感的前因变量研究较少，主要从宏观角度进行分析。有的是从马斯洛需求层次方面进行研究（辛秀芹，2016），有的是从社会政策方面进行研究（梁土坤，2019），有的是从公共服务方面进行研究（成会君等，2021）。第二，针对新民工获得感的研究很少。在以往研究中，有学者从社会支持角度来分析影响新民工获得感的因素，认为在工作和生活中遇到困难时是否得到及时有效的帮助会影响新民工的获得感（唐有财等，2017）；也有学者从尊重需要和个人发展需求进行分析（关香丽等，2016）。第三，目前企业雇佣关系的结果变量主要关注对企业、团队以及员工层面产生的影响，例如，员工态度、员工行为、团队创造力、企业创新绩效等，虽然关于雇佣关系模式的结果变量研究成果丰富，但关于对社会福祉和获得感方面产生影响的研究较少。因此，目前已有的文献还不能去解释企业雇佣关系对新民工获得感的影响机制。

　　由于获得感提出的时间较短，且获得感作为本土性较强的词汇，目前尚未开发出成熟的量表和指标进行测量，研究的可靠性还有待加强。学界对新民工获得感的研究还处在摸索阶段，而新民工在工作中的获得感与企业雇佣关系模式关联度较大。基于上述问题，本部分基于四种雇佣关系模式，根据公平理论，以组织公平为切入点，从雇佣关系模式角度入手，探索其对新民工获得感的影响机制。具体而言，本部分将参考现有文献，以四种雇佣关系模式为前提，根据公平理论，采用案例研究的方法，以具体企业为研究对象，收集相关信息，对信息进行编码与分析，厘清雇佣关系模式与新民工获得感之间的关系并得出相应命题。该研究可进一步丰富企业雇佣关系模式的结果变量研究，在企业层面为提高新民工获得感提供理论上的参考，帮助企业转型升级。

在研究雇佣关系模式如何影响新民工获得感时，会发现企业的雇佣关系模式存在平衡与不平衡两种，因此在期望贡献与提供诱因的交互作用下会导致组织公平焦点不同，且不同雇佣关系模式下的组织公平焦点不同。组织公平分为分配公平、程序公平、人际公平和信息公平四个维度，分配公平体现的是员工最终得到的资源结果是否公平，主要是员工对于自身付出的劳动与获得回报是否公平的感知；程序公平是指公司薪酬分配制度是否合理完善，分配过程是否公开透明，衡量标准是否一致等；人际公平是指在公司内部，同事之间交流是否平等，领导对待下属是否礼貌和尊重等；信息公平则是指领导是否会将自己知道的信息告知员工，公司内部是否有信息差。根据公平理论，每个人都会把自己付出的劳动与回报进行比较，包括经济收入、对公司的贡献、晋升速度、培训机会等，如果公平合理，员工自然会心情好、工作积极性高、对公司产生归属感，而这些积极的感受就是新民工获得感的来源。本部分将新民工获得感分为生理获得、心理获得以及物质获得。生理获得是指员工在工作中充满能量，工作积极性高等；心理获得是指员工在工作中产生的心理上的获得，如有了归属感、成就感等；物质获得是指员工切切实实得到的东西，如职位得到晋升、经验更丰富、职场竞争力上升等（王媛媛，2019）。因此，本节以组织的期望贡献和提供诱因为切入点，同时引入组织公平为中介变量，结合文献资料，探究企业雇佣关系模式如何影响新民工的获得感，具体框架如图4-3所示。

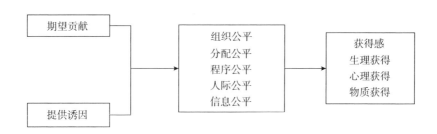

图4-3　分析框架

资源来源：笔者根据研究思路绘制。

4.3　研究设计

4.3.1　研究方法

本书使用案例研究方法，选取案例企业，通过访谈和查阅资料收集相关数据并进一步开始研究。案例研究更偏向于定性，能够获得较为全面和整体的观点。一般会先确定研究的目的、内容、范围及对象，之后选择恰当的案例作为研究个案，针对案例进行探讨并收集相关数据和资料，对数据和资料进行分析之后，得出研究结果。新民工获得感是一种感知，很难用明确的数据对其进行分析，具有一定的抽象意义，但是采用案例研究法选取典型案例就可以对获得感这一抽象概念进行较为灵活的分析，从而探究企业雇佣关系模式影响新民工获得感的过程。

4.3.2　理论抽样与案例背景介绍

本书选择食品制造行业、互联网行业、汽车行业和零部件制造行业的四家企业进行研究，有以下两个原因：其一，四家案例企业分别采用四种不同雇佣关系模式，研究结果说服力更强；其二，通过这四家案例企业可以访谈到企业的新民工，方便收集到更多的第一手资料。因此，本书基于这四家企业的具体情况展开研究，获得访谈资料，探索企业雇佣关系模式对新民工获得感的影响。

4.3.3　调研过程与访谈对象

本书围绕企业雇佣关系和新民工获得感为新民工设计访谈问题。访谈中主要采用关键事件描述法，让公司的新民工描述一些他们认为的最好和最差的事情，描述他们的工作内容以及获得的薪酬待遇、职业发展等，了解公司对他们的期望贡献和提供的诱因，进而初步判断公司的雇佣关系模式；同时了解他们对于组织公平的感知，以及生理获得、心理获得、物质获得的水平等，从而研究雇佣关系模式对新民工获得感的影响。

在访谈之前，列出大致想要了解的方向，做好访谈提纲，但是要确保访谈过程中询问的顺序以及具体内容不过于死板，根据实际情况做出必要调整。在访谈过程中尽量以轻松愉悦的方式进行，同时做好重要问题的记录。采用这种半结构化的方法可以使访谈内容具有弹性，尽量保证收集到的数据信息贴近真实情况。

4.3.4 数据收集与数据编码

数据主要来源于两个方面。其一，半结构化访谈。访谈作为第一手资料对于本部分研究十分关键。由于研究的是新民工获得感，选取访谈对象为年龄在 20~40 岁且户口在农村的人群，尽量保证数据的真实性和有效性。研究团队在 2022 年 12 月至 2023 年 3 月共进行了 14 次访谈。其二，第二手资料。除对公司的新民工进行访谈之外，本部分还关注了案例企业在各大网站上的相关信息，包括公司的招聘要求、薪酬情况、员工的离职率、网站上员工对公司的评价、公司的相关政策等情况。调研情况如表 4-13 所示。

表 4-13　调研概况

编号	I 企业	J 企业	K 企业	L 企业
名称	××生物食品有限公司	××泰克精密工业股份有限公司	××汽车股份有限公司	NJ 科技有限公司
访谈次数	4 次	3 次	3 次	4 次
二手资料	各大网站、招聘要求、内部信息	各大网站、招聘要求、内部信息	各大网站、招聘要求、内部信息	各大网站、招聘要求、内部信息

资源来源：笔者根据调研数据整理。

本书数据编码分为开放式编码、轴心编码、选择性编码。第一，开放式编码。首先，结合相关文献对访谈以及收集到的资料进行分析和整理，删去与研究不相关的语句，留下与内容相关的信息，在这些相关信息中选取一些与本部分研究有关的重要词句，并进行编码。本部分将新民工表达的语句作为第一手资料是比较真实可靠的，基于此建立了数据结构表，如表 4-14 所示。第二，轴心编码。轴心编码需要依据开放性编码进行进一步分析，将基础数据转化为更为抽象的概念。结合文献，进一步识别、对比，归纳出二级编码，并厘清编码之间的关系，从而进一步提取出三级编码。根据访谈数据，提取出来 6 个主范畴，具体情况如表 4-15 所示。第三，选择性编码。需要将所有编码范畴进行整合归纳，形成具有解释力的理论。结合轴心编码，分析这些主范畴，将它们总结成能够解释整个研究的框架。

表 4-14　数据结构

一级编码	二级编码	三级编码
工作使员工感觉到自己很强大、充满能量（h11） 工作使员工充满活力和工作激情等（h12）	生理获得（h1）	获得感（H）
员工的自尊需求被满足，得到他人尊重（h21） 员工对公司有归属感，认为自己是公司的一部分（h22） 员工的价值得到肯定，产生成就感（h23）	心理获得（h2）	
员工获得了经济报酬（h31） 员工有了更多的工作经验，能力得到了提升（h32） 员工的岗位得到提升（h33）	物质获得（h3）	
员工认为资源分配是公平的，付出得到了应有的回报（zz11）	分配公平（zz1）	组织公平（ZZ）
企业分配资源的过程是公平的，确定结果分配的程序或方法是公平的（zz21）	程序公平（zz2）	
上级对待下属有礼貌，考虑到对方的尊严，尊重对方的人格（zz31）	人际公平（zz3）	
企业给员工解释，让员工了解公司，包括决策等内在理由（zz41）	信息公平（zz4）	
企业给予员工基本薪酬（gd11） 企业通过员工的绩效来发放可变薪酬（gd12）	物质性报酬（gd1）	工作导向型雇佣关系模式（GD）
企业要求员工完成岗位内职责（gd21） 企业要求员工按规章制度办事（gd22）	员工角色内要求（gd2）	
企业按照工作岗位给予员工固定报酬（tb11） 企业按照员工的绩效分发一定的可变薪酬（tb12）	物质性报酬（tb1）	投资不足型雇佣关系模式（TB）
员工按要求完成岗位工作（tb21） 企业要求员工严格遵守规章制度（tb22）	员工角色内要求（tb2）	
员工的工作能力要提高（tb31） 员工要能够自己解决问题，超额完成任务（tb32）	员工角色外要求（tb3）	
企业根据岗位给予员工丰富的物质报酬（tg11） 企业按照整体绩效发放奖金（tg12）	物质性报酬（tg1）	投资过度型雇佣关系模式（TG）
员工有较多自主权，可以发挥才能（tg21） 员工能够获得较多培训机会（tg22） 员工可以参与公司决策（tg23）	发展性报酬（tg2）	
企业要求员工认真完成岗位职责（tg31） 企业要求员工要有协作精神（tg32）	员工角色内要求（tg3）	

一级编码	二级编码	三级编码
企业按照劳动合同发放薪酬（zd11） 企业按照项目进度给予员工奖励（zd12）	物质性报酬（zd1）	组织导向型雇佣关系模式（ZD）
员工获得较多的培训机会（zd21） 企业有清晰的职业发展路径规划（zd22） 员工自主权较高，有发挥空间（zd23）	发展性报酬（zd2）	
员工需要认真完成工作（zd31） 员工需要有团队合作精神（zd32）	员工角色内要求（zd3）	
员工需要不断提升自己的职业技能（zd41） 员工要参与决策，为公司发展提供意见（zd42）	员工角色外要求（zd4）	

资源来源：笔者根据调研数据整理。

表 4-15 轴心编码

主范畴	对应范畴	范畴内涵
获得感（H）	生理获得（h1）	员工生理层面的得到
	心理获得（h2）	员工心理层面的得到
	物质获得（h3）	员工物质层面的得到
组织公平（ZZ）	分配公平（zz1）	企业结果分配的公平
	程序公平（zz2）	企业分配程序的公平
	人际公平（zz3）	领导与下属的地位平等
	信息公平（zz4）	员工能了解该有的信息
工作导向型雇佣关系模式（GD）	物质性报酬（gd1）	企业给予员工较少的基本薪酬，主要根据绩效分配可变薪酬
	员工角色内要求（gd2）	企业要求员工完成岗位任务，遵守规章制度
投资不足型雇佣关系模式（TB）	物质性报酬（tb1）	企业根据岗位和绩效确定员工的薪酬
	员工角色内要求（tb2）	企业要求员工认真完成岗位任务
	员工角色外要求（tb3）	企业要求员工要有创新意识和建言行为
投资过度型雇佣关系模式（TG）	物质性报酬（tg1）	员工的固定薪酬较高，并且有较高的奖金
	发展性报酬（tg2）	企业给予员工培训机会和发展空间，让员工有足够的晋升机会
	员工角色内要求（tg3）	员工需要完成自己的岗位任务
组织导向型雇佣关系模式（ZD）	物质性报酬（zd1）	企业为员工提供多样化的薪酬，包括基本薪酬、可变薪酬以及间接薪酬
	发展性报酬（zd2）	企业给予员工较高的工作控制水平，投入资源培训员工，帮助员工成长，并给予其广阔的发展空间
	员工角色内要求（zd3）	员工要完成好岗位职责，遵守企业规章制度
	员工角色外要求（zd4）	员工需要有创新行为，为企业的发展出谋献策，参与企业决策

资源来源：笔者根据调研数据整理。

4.4　研究发现

4.4.1　初创期

I 企业的期望贡献水平高，提供诱因水平低，是投资不足型雇佣关系。在初创期，企业资金量不足，规模小、层级少，规章制度不完善，各个岗位的职责并不明晰，并且企业希望能够尽快打开市场，因此在这个时期，企业希望员工能够为企业的发展做出贡献，除自身的岗位要求，企业期望员工能够为企业的发展提出更好的建议或是为产品的质量、效率等提出改进措施，从而让企业能够拥有竞争优势。但 I 企业刚刚成立，资金和规模不足以支撑其培养员工或者给予员工高报酬。因此 I 企业在这个阶段主要采用投资不足型雇佣关系模式，具体表现为 I 企业除了对新民工的工作职责提出要求之外，还对员工有角色外要求。但企业只能给员工提供物质性报酬，难以为员工组织培训，提升其技能，员工的晋升机会较少。通过采访得知，"员工如果为公司的发展提供了好的建议或是工作方法，公司会根据效果进行评估并给予员工奖金奖励。" 根据访谈数据，投资不足型雇佣关系对新民工获得感产生一定的影响，详细情况如表 4-16 所示。

表 4-16　投资不足型雇佣关系模式与新民工获得感的范畴和典型语句举例

主范畴	对应范畴	编码	典型引用语举例
投资不足型雇佣关系模式（TB）	物质性报酬（tb1）	企业按照工作岗位给予员工固定报酬（tb11） 企业按照绩效分发给员工一定的可变薪酬（tb12）	"员工有岗位固定工资。"（Itb11） "根据员工完成的绩效，企业会给予一些物质性报酬，如奖金、福利等。"（Itb12）
	员工角色内要求（tb2）	员工按要求完成岗位工作（tb21） 企业要求员工严格遵守规章制度（tb22）	"生产各环节会由不同小组负责，每个人只需要完成好自己的任务。"（Itb21） "员工必须按照企业的规章制度完成任务，企业会进行监督。"（Itb22）
	员工角色外要求（tb3）	员工的工作能力要提高（tb31） 员工要自己解决问题，超额完成任务（tb32）	"作为食品行业，员工不仅要有工作能力，还要具备道德素质和卫生意识。"（Itb31） "企业希望员工能够提升工作效率，遇到问题自己解决，自觉延长工作时间。"（Itb32）

续表

主范畴	对应范畴	编码	典型引用语举例
组织公平（ZZ）	程序公平（zz2）	企业分配资源的过程是公平的，确定结果分配的程序或方法是公平的（zz21）	"薪酬分配公开透明，企业采取计件方式分配薪酬，提倡多劳多得。"（Izz21）
	人际公平（zz3）	上级对待下属有礼貌，考虑到对方的尊严，尊重对方的人格（zz31）	"领导与员工沟通时处于平等地位，领导会尊重员工，态度良好有礼貌。"（Izz31）
获得感（H）	生理获得（h1）	工作使员工感觉到自己很强大、充满能量（h11）工作使员工充满活力和激情等（h12）	"虽然程序公平，但员工获得的资源较少，缺少工作激情。"（Ih12）
	心理获得（h2）	员工的自尊需求被满足，得到他人的尊重（h21）员工对公司有归属感，认为自己是公司的一部分（h22）员工的价值得到肯定，产生成就感（h23）	"领导与员工沟通时态度友好亲切，员工感觉自己得到了领导的尊重。"（Ih21）"虽然公司提出的高要求有些难以做到，但有时员工做到了会有很大的成就感。"（Ih23）
	物质获得（h3）	员工获得了经济报酬（h31）员工得到更多的工作经验，能力得到提升（h32）员工的岗位得到提升（h33）	"员工在工作中获得了报酬，保证了生活水平。"（Ih31）"员工经过多年积累了工作经验，其工作效率也会比较高。"（Ih32）

资源来源：笔者根据调研数据整理。

组织公平对于提升新民工的获得感十分重要（淦未宇等，2015）。在投资不足型雇佣关系模式下，企业的主导逻辑是打开市场，提高竞争力，但企业的资源有限。因此在这一阶段组织公平主要表现为程序公平和人际公平。在程序公平方面，根据食品行业的特点，员工薪酬主要是基本薪酬加上绩效工资，绩效对薪酬会产生影响，同时员工提出有利于公司发展的建议会得到奖励，因此员工对于分配的程序是比较满意的。受访者表示"每位员工的薪酬都是比较公平的，员工认同公司的奖励制度"。在人际公平方面，企业希望员工能够主动为公司建言献策，因此企业对待新民工的态度是良好且尊重的，领导与员工处于较为平等的地位，领导尊重下属。领导不希望企业离职率太高，因此会定期与员工进行交流，维持友好关系。

通过分析访谈数据可知，一是新民工生理获得水平较低，在投资不足型雇佣关系模式下，组织公平虽然表现出了程序公平，但分配却并不能使新民工满意。I公司对于员工的期望较高，希望员工能够为组织的利益付出更多，愿意加班完成工作任务，但是企业对于员工的激励较少，员工的整体薪酬水平不高，对于超额完成任务会给予一定的物质奖励，但奖励较少，受访者表示"员工认为自己付出的劳动没有得到相应的物质回报"，总体而言新民工的工作积极性不高。

二是新民工的心理获得水平较高，人际公平可以让员工感受到自己得到认同，对组织有归属感，离职倾向降低（淦未宇等，2015）。在 I 公司新民工的自尊需求得到了满足，受访者表示"领导会定期和员工交流，有时公司会提出对员工的期望。"同时，虽然新民工认为自己应该得到更多激励，但是也表示"企业对员工提出了高要求，员工会感受到自己的能力得到了肯定，个人价值被企业认可"，另一位受访者也表示"当员工完成了企业希望自己完成的超额任务时，会产生成就感"。

三是新民工的物质获得水平较低，员工整体薪酬水平不高，企业在员工超额完成任务时会给予一定的物质奖励，但奖励较少，同时企业还未普及发展性激励，给予员工的发展性激励或者职业发展的路径少。总的来说，企业愿意付出的诱因对于希望员工做出的贡献而言是相对较少的。受访者表示"企业希望员工能够完成更多任务，但是给予的激励很少"，"企业希望员工能够超额完成任务，提升自身素质，但是并没有给予对等的回报，员工看不到自己的职业发展前景"。员工在这种情况下岗位难以提升，职业发展前景水平较低，企业很难给员工带来物质获得感。根据以上分析，得到如下命题：

命题17：在投资不足型雇佣关系模式下，企业关注员工角色内要求和角色外要求，并给予物质性报酬，组织公平主要表现为程序公平和人际公平，进而影响新民工的心理获得、生理获得以及物质获得水平。

4.4.2　求生存期

J 企业的期望贡献水平低，提供诱因水平也低，是工作导向型雇佣关系模式。在求生存期，企业所需要资金量大，企业的投入高，面临不确定性与一定风险。企业聚焦于如何降低风险并且扩大市场，而非留住人才，因此企业主要采用工作导向型雇佣关系模式，具体表现为 J 公司只对新民工的工作职责做要求，根据该行业的特点，新民工的岗位任务明确，容易进行绩效考核。同时，企业只会给员工提供物质性报酬，并不会花费大量时间和精力去培养员工。通过采访得知，企业重视生产的效率，希望通过压缩成本来实现利益最大化，对员工有绩效要求并将物质报酬与绩效联系起来。受访员工表示"公司会根据工作的时间、完成的任务来确定给予员工的物质报酬。"企业提供低水平的期望贡献和低水平的诱因，员工与企业的关系相当于平等的物质交换，双方关系是短暂的、不稳定的，企业与员工之间的沟通较少（席猛等，2018）。根据访谈数据，具体情况如表4-17所示。

企业新生代农民工雇佣关系模式优化机制研究

表 4-17　工作导向型雇佣关系模式与新民工获得感的范畴与典型语句举例

主范畴	对应范畴	编码	典型引用语举例
工作导向型雇佣关系模式（GD）	物质性报酬（gd1）	企业给予员工基本薪酬（gd11） 企业通过绩效给员工发放可变薪酬（gd12）	"员工的工资是固定的。"（Jgd11） "企业会根据员工的工作绩效给予物质奖励。"（Jgd12）
	员工角色内要求（gd2）	企业要求员工完成岗位内职责（gd21） 企业要求员工按规章制度办事（gd22）	"员工需要认真完成自己的份内工作任务。"（Jgd21） "企业会监督员工按照规章制度完成工作。"（Jgd22）
组织公平（ZZ）	分配公平（zz1）	员工认为资源分配是公平的，付出得到了应有的回报（zz11）	"公司只需要员工完成岗位职责，对员工的技能水平要求较低，但同时提供的发展性激励很少，员工的付出与回报是公平的。"（Jzz11）
	程序公平（zz2）	企业分配资源的过程是公平的，确定结果分配的程序或方法是公平的（zz21）	"员工薪酬分为固定薪酬和绩效薪酬，资源分配方式比较公平，过程也是公开透明的。"（Jzz21）
	人际公平（zz3）	上级对待下属有礼貌，考虑到对方的尊严，尊重对方的人格（zz31）	"领导与员工的交流很少，但与员工交流时没有颐指气使，双方是平等的。"（Jzz31）
获得感（H）	生理获得（h1）	工作使员工感觉到自己很强大、充满能量（h11） 工作使员工充满活力和工作激情等（h12）	"企业基于绩效给员工发放工资，并且绩效的制定标准较为平等，员工多完成任务能够获得更多报酬，工作积极性较高。"（Jh11）
	心理获得（h2）	员工的自尊需求被满足，得到他人的尊重（h21） 员工对公司有归属感，认为自己是公司的一部分（h22） 员工的价值得到肯定，产生成就感（h23）	"在公司中，同事之间彼此尊重，领导尊重下属，员工的尊重需求得到满足。"（Jh21）
	物质获得（h3）	员工获得了经济报酬（h31） 员工有了更多的工作经验，能力得到提升（h32） 员工的岗位得到提升（h33）	"工作可以让员工获得经济收入，员工对于报酬是比较满意的。"（Jh31） "工作可以提升一定的经验，但员工很难进一步提升能力。"（Jh32）

资源来源：笔者根据调研数据整理。

在工作导向型雇佣关系模式下，企业的主导逻辑是利益交换，因此，在这一阶段组织公平焦点为分配公平、程序公平和人际公平。①分配公平，新民工表示自己获得的物质报酬是符合自己心理预期的。企业在经营管理中对员工的期望贡献不高，只希望员工能够按时完成任务，同时激励水平较低。组织会给员工制定任务，员工只需要按照企业的要求来完成任务即可。受访者表示"工作的技能水平要求较低，员工能够轻松胜任岗位，但同时发展性激励很少，很难有发展前途"，新民工认为该结果是公平的，付出的劳动与获得的价值比较对等。②程序公平，根据制造行业的特点，企业主要根据绩效来分配报酬，员工可以计算自己以及他人能够获得的报酬，计算过程公开透明。受访者表示"员工对于薪酬分配制度比较满意，多劳多得，公司的程序都是公正的"。③人际公平，员工和组织是经济交换的关系，两者处于较为平等地位，领导尊重下属，考虑到了对方的尊严。但员工和组织是建立在经济交换上的一种关系，在情感交流方面有所欠缺（席猛等，2018）。受访者表示"企业与员工的交流程度低，在工作之外的其他方面几乎没有交流"。

通过分析访谈数据可知，一是新民工生理获得水平较高，该模式下组织公平表现出的分配公平和程序公平使新民工工作积极性较高。受访者表示"公司会根据工作完成的任务量来确定给予员工的物质报酬，因此员工会努力提高工作效率，完成更高的绩效以获得更多的物质报酬"，员工在工作中能感受到自己是强大的。二是新民工的心理获得水平较低，虽然在公司内人际公平，同事之间包括领导对下属都是平等的，新民工的自尊需求得到了满足，但是根据公司雇佣关系和岗位的特点，新民工只把公司当作利益交换伙伴，难以产生归属感和成就感。受访者表示"企业与员工的交流频率低，企业领导很少关心员工在工作上以及生活方面遇到的困难，员工对公司也没有什么感情"，同时员工每天的任务由组织制定，只需要按照企业的要求完成任务即可，每天的工作重复性较高，自主程度低，工作控制程度低，已经不会产生成就感。三是新民工的物质获得水平处于中等，新民工能够感受到企业的物质报酬是公平分配的，受访者对于经济收入是满意的，认为"工作使员工获得了经济收入，保证了生活水平"。但同时企业的发展性激励水平低，受访者表示"企业很少有发展性激励，也很少会给予员工培训的机会，他们只需要完成工作内任务即可"。这表明在工作导向型的雇佣关系模式下，企业忽略了对雇员素质和潜能的培养。受访者也表示"在组织中并没有感受到光明的职业发展前景，员工几乎没有发展规划"。员工的工作经验会得到一定的积累，但工作几乎没有给他们带来身份和地位上的改变，自身的能力也很难得到进一步提升，职场发展受限。根据以上分析，得到如下命题。

命题 18：在工作导向型雇佣关系模式下，企业关注员工角色内要求，并给予员工物质性报酬，组织公平主要表现为分配公平、程序公平以及人际公平，进而影响新民工的心理获得、生理获得以及物质获得水平。

4.4.3 成长期

在本次案例研究中，K 企业的期望贡献水平低，提供诱因水平高，属于投资过度型雇佣关系模式。在成长期阶段，企业生存问题基本解决，有较强的活力和发展的实力。同时在这个时期企业已经有了主导的产品，投入大，收益也高。企业目前的资金实力比较雄厚，规模正在迅速扩大（蔡岩松等，2006）。在这个时期，企业的管理者希望留住人才，因此企业倾向于投资过度型雇佣关系模式，具体表现为 K 企业只对新民工的工作职责做要求，并且企业在给予员工物质性报酬之外，也会加强对员工的培养力度，给予员工较多的发展性报酬（张一弛，2004）。受访者表示"企业会组织员工进行培训，提升他们的技能和知识水平，员工的薪酬水平也较高，但是企业却只要求他们能够完成基本的工作任务"，另一位受访者也表示"企业给员工布置的相关工作能够比较轻松地完成，同时企业会给予员工较高的激励"。根据访谈得知，K 企业要求员工以认真的态度完成自己的岗位职责，对于工作任务完成较好的员工，企业会提供多种形式的物质奖励。结合访谈得到的数据，详细情况如表 4-18 所示。

表 4-18　投资过度型雇佣关系模式与新民工获得感的范畴和典型语句举例

主范畴	对应范畴	编码	典型引用语举例
投资过度型雇佣关系模式（TG）	物质性报酬（tg1）	企业根据岗位给予员工丰富的物质报酬（tg11） 企业按照整体绩效给员工发放奖金（tg12）	"员工有较高的基本工资。"（Ktg11） "企业会根据销售额给予员工奖金。"（Ktg12）
	发展性报酬（tg2）	员工有较多自主权，可以发挥才能（tg21） 员工能够获得较多培训机会（tg22） 员工可以参与公司决策（tg23）	"员工在工作岗位上有一定自主权。"（Ktg21） "企业能够给予员工较多培训机会。"（Ktg22）
	员工角色内要求（tg3）	企业要求员工认真完成岗位职责（tg31） 企业要求员工有协作精神（tg32）	"员工需要认真完成工作任务。"（Ktg31） "企业要注重团队配合，有合作精神。"（Ktg32）

续表

主范畴	对应范畴	编码	典型引用语举例
组织公平 （ZZ）	程序公平 （zz2）	企业分配资源的过程是公平的，确定结果分配的程序或方法是公平的（zz21）	"企业的薪酬分配制度趋于完善，员工认同企业的分配方式。"（Kzz21）
	人际公平 （zz3）	上级对待下属有礼貌，考虑到对方的尊严，尊重对方的人格（zz31）	"企业会与员工进行面对面交流，关心员工的生活状况，领导对待下属有礼貌。"（Kzz31）
	信息公平 （zz4）	企业给员工解释，让员工了解公司，包括决策、薪酬分配制度的内在理由（zz41）	"企业希望员工对公司有更多的了解，从而留住人才，决策信息等情况都会如实告知员工。"（Kzz41）
获得感 （H）	生理获得 （h1）	工作使员工感觉到自己很强大、充满能量（h11） 工作使员工充满活力和工作激情等（h12）	"新民工认为工作让自己充满能量，感到自己很强大。"（Kh11） "员工在工作中充满热情，积极性较高，希望能回报公司。"（Kh12）
	心理获得 （h2）	员工的自尊需求被满足，得到他人的尊重（h21） 员工对企业有归属感，认为自己是企业的一部分（h22） 员工的价值得到肯定，产生成就感（h23）	"员工在工作中能够感受到被他人尊重。"（Kh21） "新民工认同自己是企业的一分子，对企业有感情。"（Kh22）
	物质获得 （h3）	员工获得了经济报酬（h31） 员工有了更多的工作经验，能力得到提升（h32） 员工的岗位得到提升（h33）	"新民工能够获得较多的经济回报。"（Kh31） "员工能够感受到自己的能力因为培训得到提升。"（Kh32） "员工的岗位会逐渐晋升，发展前景广阔。"（Kh33）

资源来源：笔者根据调研数据整理。

在投资过度型雇佣关系模式下，企业的主导逻辑是扩大规模、占领市场，企业目前经营状况良好，资源丰富。因此，在这一阶段组织公平主要表现为程序公平、人际公平和信息公平。①程序公平，企业经过发展，薪酬制度趋于完善，员工的基本薪酬较高，绩效薪酬占比较小，员工拥有丰富的奖励，公司有奖金、晋升等激励机制，甚至还会有期权、期股等激励机制。公司以岗定酬，不对员工做出岗位外的其他要求，但如果员工能够做出其他贡献，公司会给予丰厚的奖励。因此员工认为公司的分配程序是公平的。②人际公平，作为一家正在成长中的企业，公司希望能够留住人才，因此会给新民工创造良好的工作氛围，同事之间氛围良好，领导和下属之间关系平等。除此之外，受访者表示"企业对于员工的生活也是比较关心的，在住房、教育、医疗方面企业都会提供一定的帮助，比如企业会提供住宿的地方"。企业会给员工发放交通补贴、餐费补贴等，关心员工生活的方方面面，员工福利比较丰厚，企业会为员工按时缴纳五险一金，解决员工的后顾之忧。③信息公平，其是指企业的管理者向员工告知决策的原因，两者之间的信息是对等的。根据访谈发现，K企业会给予员工较为宽松、自主的工作环境，员工的工作控制水平是较高的，企业希望在这种环境下，能够激发员工潜力，提升员工的能力；同时企业内部的工作以团队的形式开展，鼓励员工合作交流，希望新民工可以发表自己的观点，为企业的发展提出建议。

通过分析访谈数据可知，一是新民工生理获得水平较高，在投资过度型雇佣关系模式下，组织公平表现为程序公平，且在分配过程中新民工认为自己得到的报酬超出自己的预期，员工可以获得想要的物质报酬，只要自身的能力得到提升、工作任务完成得较好就会有晋升的机会。受访者表示"员工在工作中充满干劲，感觉充满的能量"。受访者表示自己工作积极性高，因为公司给予了高的激励，一方面希望自己能够获得奖励，另一方面也希望能够回报公司，让公司发展得更好，因此对待工作都很热情。二是新民工的心理获得水平较高，人际公平、信息公平会提高沟通效率，从而影响工作绩效，员工成就感更高（郭广生等，2022）。在公司内部人际公平、信息公平的影响下，新民工对公司的归属感、忠诚度较高，自尊需求也得到了满足。企业希望员工能够参与决策，因此企业会将决策信息、背后的原因告知员工。新民工对尊重的需求更加强烈，公司人际公平、信息公平会让新民工感受到组织对其的重视程度以及对他们的价值认同。受访者表示"领导会经常和员工交流，让员工了解公司的情况。"另一位受访者也表示"员工对公司有归属感，认同自己是公司的一分子，希望自己的能力会为公司提供价值。"三是新民工的物质获得水平较高，员工感受到程序公平，资源分配是向员工倾斜的，企业愿意为员工提供很多的发展机会，受访者表示企业会制定短期、中期、长期规划，出资请专家为员工进行培训。在日常的管理过程中，公司有奖金、晋升等激励机制，也有期权、期股等激励机制，为员工提供了多种诱因，因此员工会努力地回报组织，为组织做出更多的贡献，而员工一旦提供了贡献，组织也会给予其丰厚的奖励。员工通过培训可以感受到自己的经验、能力都有很大的提升，受访者表示"在公司，员工可以清楚地感受到自己是在进步的，以后会有更好的发展前景。"新民工对于自己的工作控制水平较高，能够感受到自己的职业发展前景。总结上述分析，得出如下命题：

命题19：在投资过度型雇佣关系模式下，企业关注员工角色内要求，并给予员工物质性报酬和发展性报酬，组织公平主要表现为程序公平、人际公平和信息公平，进而影响新民工的心理获得、生理获得以及物质获得水平。

4.4.4　成熟期

L 企业的期望贡献水平高，提供诱因水平高，属于组织导向型雇佣关系模式。在成熟期阶段，企业的规模比较大，市场占有率较高，资金较为充足，组织制度趋于完善，管理越发正规化、科学化（蔡岩松等，2006）。在这个时期，企业更加关注员工的质量，要求员工少而精，企业创新意愿强烈。因此企业在这个时期主要采用组织导向型雇佣关系模式，具体表现为 L 企业除对新民工的工作职责做要求之外，也希望员工能够有创新行为，为公司提出更好的发展建议等。受访者表示"公司对于一些能够做出创新贡献的员工会给予丰厚的奖励"。L 企业提供的福利待遇比较丰富，除固定工资外，还有和绩效挂钩的工资，能够激励公司的员工更好地完成工作，做出更好的绩效，为公司的长远发展做出贡献。公司的福利比较多样化，除五险一金之外，公司还为员工购买了商业保险，节假日会发放一些福利。企业除了给予员工物质性报酬之外，也会加强对员工的培养力度，给予员工较多的发展性报酬。结合访谈，总结分析得到的数据信息，详细情况如表 4-19 所示。

表 4-19　组织导向型雇佣关系模式与新民工获得感的范畴和典型语句举例

主范畴	对应范畴	编码	典型引用语举例
组织导向型雇佣关系模式（ZD）	物质性报酬（zd1）	企业按照劳动合同给员工发放薪酬（zd11） 企业按照项目进度给予员工奖励（zd12）	"企业会按时发放员工基本工资。"（Lzd11） "员工在完成一个项目后，企业会根据员工贡献给予其物质奖励。"（Lzd12）
	发展性报酬（zd2）	员工拥有较多的培训机会（zd21） 企业有清晰的职业发展路径规划（zd22） 员工自主性较高，有发挥空间（zd23）	"企业给予员工培训机会，包括网课以及线下培训，以提高员工的专业技能。"（Lzd21） "企业有合理的等级制度以及公平的晋升机制。"（Lzd22） "企业愿意让员工参与决策，鼓励员工提出意见以改进工作方法。"（Lzd23）
	员工角色内要求（zd3）	员工需要认真完成工作（zd31） 员工需要有团队合作精神（zd32）	"每位员工都必须认真完成工作。"（Lzd31） "项目需要员工合作完成，企业要求员工有合作意识，工作中互相配合。"（Lzd32）
	员工角色外要求（zd4）	员工需要不断提升自己的职业技能（zd41） 员工要参与决策，为企业发展提供意见（zd42）	"员工需要不断地学习专业知识，提升技能水平。"（Lzd41） "企业希望员工能对自己的岗位或者部门提出更好的工作、发展建议，帮助企业更好地发展。"（Lzd42）

续表

主范畴	对应范畴	编码	典型引用语举例
组织公平（ZZ）	分配公平（zz1）	员工认为资源分配是公平的，付出得到了应有的回报（zz11）	"企业对员工提出了高水平的期望，但同时也提供了高水平的激励，员工的付出能够得到公平的回报。"（Lzz11）
	程序公平（zz2）	企业分配资源的过程是公平的，确定结果分配的程序或方法是公平的（zz21）	"企业的薪酬分配制度完善，员工认为分配过程是公平的。"（Lzz21）
	人际公平（zz3）	上级对待下属有礼貌，考虑到对方尊严，尊重对方的人格（zz31）	"领导经常与员工沟通，态度友好，关心员工的生活状况，组织氛围很好。"（Lzz31）
	信息公平（zz4）	企业给员工解释，让员工了解公司，包括决策、薪酬分配制度的内在理由（zz41）	"企业希望员工参与公司决策，为企业提出建议或意见，企业会把决策信息、培训机会等情况及时告知员工。"（Lzz41）
获得感（H）	生理获得（h1）	工作使员工感觉到自己很强大、充满能量（h11） 工作使员工充满活力和工作激情等（h12）	"员工感觉自己在工作中充满能量。"（Lh11） "员工对待工作很热情，积极性高。"（Lh12）
	心理获得（h2）	员工的自尊需求被满足，得到他人的尊重（h21） 员工对公司有归属感，认为自己是公司的一分子（h22） 员工的价值得到肯定，产生成就感（h23）	"员工感受到企业对其很重视，尊重他们的意愿。"（Dh21） "员工认同自己是企业的一分子，愿意与企业共同成长。"（Lh22） "员工可以感受到自身的价值被肯定，自己能够完成难度较高的任务，有成就感。"（Lh23）
	物质获得（h3）	员工获得了经济报酬（h31） 员工有了更多的工作经验，能力得到提升（h32） 员工的岗位得到提升（h33）	"员工认为自己获得的物质报酬与自身的付出比较对等，且薪酬水平较高。"（Lh31） "员工的工作控制度高，有较多培训机会，感受到自己的能力和经验都在提升。"（Lh32） "员工能够享受到公平、公正的权利，职级晋升也是公正、平等的。"（Lh33）

资源来源：笔者根据调研数据整理。

在组织导向型雇佣关系模式下，企业的主导逻辑是稳定市场和加大研发力度，进一步提升竞争力，让人才留在企业。组织公平让新民工看到在企业中长远发展的可行性（秦伟平等，2014）。因此，在这一阶段组织公平主要表现为分配公平、程序公平、人际公平和信息公平。①分配公平，企业虽然对员工提出了高水平的期望贡献，但同时也给予员工高水平的诱因，只要员工能够完成工作任务，为企业的发展做出贡献，企业不会吝啬给予奖励。根据访谈发现，L 企业比较注重企业的创新性发展。受访者表示"企业对于一些能够做出创新贡献的员工会制定较为丰富的奖励政策""L 企业给出的待遇是完全能够满足员工内心期望的"。②程序公平，作为处于成熟期的企业，L 企业有科学的薪酬分配体系和晋升机制。L 企业将岗位划分为不同的职级，会根据员工经验资历、工作绩效、对企业的贡献、员工能力等标准对员工做出职级的晋升，员工的晋升体系较为公正。新民工能够根据自己的能力获得相应报酬，程序较为公平。受访者均表示薪酬晋升机制比较科学，不存在不公平的现象。③人际公平，L 企业一直主张以人为本的理念，对待员工一视同仁，并且尊重和关怀员工。受访者表示"L 企业的氛围很不错，领导的态度一直都是友好和善的，比较重视员工的心理感受，员工能够感受到企业的人文关怀。"④信息公平，作为一家互联网公司，企业会给员工提供广阔的发展空间和工作控制权，鼓励员工发挥才能，员工在工作控制方面的水平是较高的。鼓励员工向企业提出建议，让新民工参与企业决策。受访者表示"领导愿意给予员工工作上的帮助，将信息与员工共享，帮助员工更好地完成工作。"

通过分析访谈数据可知，一是新民工生理获得水平较高，在组织导向型雇佣关系模式下，组织公平表现出了分配公平、程序公平，由于该行业的特点是薪酬水平较高，新民工的生活需求完全可以满足，同时完善且公平的薪酬制度和晋升机制使员工充满活力，工作激情较高。受访者表示"员工对待工作充满热情，因为知道在公平的制度下，只要自己努力工作就能够得到相应的回报。"二是新民工的心理获得水平较高，L 企业内部人际公平、信息公平，受访者表示"领导会经常与员工沟通，企业内部信息、培训机会等情况也会及时告知员工，帮助员工更好地做好工作"。通过访谈发现，L 企业在做决策时会征求员工的意见，也愿意让员工参与决策，做出决策后也会让员工知道理由，新民工会因此感受到自己被组织重视。受访者都表示"在企业中感觉个人价值得到了实现，自己的贡献被企业看在眼里，感受到自己确实是企业的一分子，企业也愿意去倾听员工的意见"。领导者也会与员工进行沟通，关心他们的生活状况。作为外来人员，新民工长期在城市中生活和居住，内心渴望能够融入城市，而企业的这些措施都会让新民工产生归属感和成就感，因此成为其获得感的重要来源。三是新民工的物质获得水平较高，员工感受到分配公平、程序公平，企业愿意为员工提供高水平的薪酬福利，除固定工资外，员工还有和绩效挂钩的工资，公司的福利比较多样化，节假日、生日会发放一些福利。除此之外，在职业发展方面，L企业有较为长远的战略规划，对不同岗位的员工有较为清晰的职业发展路径规划。企业为了让员工提升素质和技能水平以及让企业长远发展，会安排很多培训机会，也会鼓励员工去学习更多的新知识，企业会承担一定费用，提供一些学习的课程，给予员工一些发展性的激励。与此相对应的是，企业对于员工技能方面的要求比较高，受访者表示"企业在员工培训过后会进行相关考核"。员工在能力提升后就能够晋升职级。受访者表示"在L企业工作后，员工能够感受到自己的工作经验丰富了，能力也得到了提升，岗位职级也上升了。"因此，新民工物质获得水平较高。根据以上分析，得到如下命题：

命题20：在组织导向型雇佣关系模式下，企业关注员工角色内要求和角色外要求，并给予员工物质性报酬和发展性报酬，组织公平主要表现为分配公平、程序公平、人际公平和信息公平，进而影响新民工的心理获得、生理获得以及物质获得水平。

4.4.5　企业雇佣关系对新民工获得感影响的"APCC"理论框架

基于对上述企业雇佣关系模式的分析、生命周期的分析以及新民工获得感的分析，围绕"企业雇佣关系模式对新民工获得感的影响机制"这一核心问题，本部分提出了企业雇佣关系模式对新民工获得感影响机制的"APCC"理论分析框架，如图4-4所示。该框架基于公平理论和"前因-结果"理论框架，引入组织公平这一中介变量，探讨企业雇佣关系模式对新民工获得感的影响机制，具体结论如下：

第一，在不同生命周期阶段，企业采取的雇佣关系模式存在差异。企业在初创期、求生存期、成长期和成熟期采用的雇佣关系模式各不相同，对员工的期望贡献和所能给予的诱因逐渐改变。具体而言，在初创期，企业资金量不足，各个岗位的职责并不明晰，因此企业希望员工在角色内和角色外都能够有一定贡献，但企业的资金和规模难以去培养员工以及给予员工发展空间，只能给予员工一定的物质性报酬，因此企业倾向于采用投资不足型雇佣关系模式；在求生存期，企业所需要的资金量大，投入高，风险大，企业希望降低风险并且扩大市场，在这个时期企业想要提高生产效率，节约人工成本，并不想花费时间和资源去培养员工，因此倾向于采用工作导向型雇佣关系模式；在成长期，企业市场不断扩张，有较强的实力，利润高，企业希望为自己培养忠诚度高的人才，并且企业有足够的经济实力来培养员工，因此企业倾向于采用投资过度型雇佣关系模式；在成熟

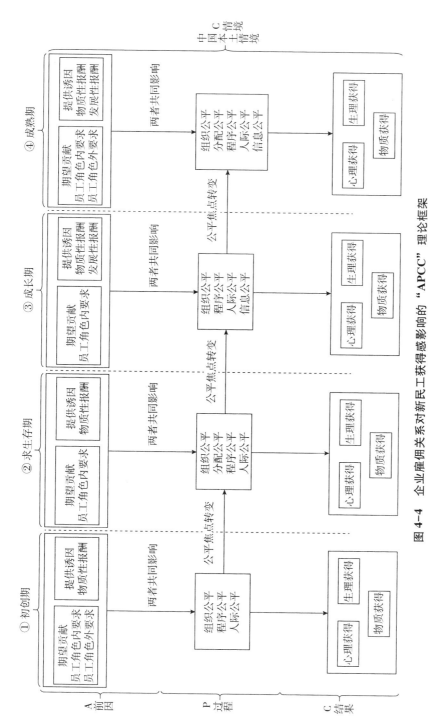

图 4-4　企业雇佣关系对新民工获得感影响的 "APCC" 理论框架

资源来源：笔者根据研究思路绘制。

期，企业的规模较大，资金较为充足，组织制度完善，企业重视优秀员工，希望员工能够做出角色内贡献和角色外贡献，同时愿意付出多样化的报酬，因此企业倾向于采用组织导向型雇佣关系模式。

第二，当企业的雇佣关系模式变化时，企业所表现出来的组织公平也在不断变化，公平焦点随之转移。在投资不足型雇佣关系模式下，期望贡献和提供诱因不平衡，但企业的分配程序较为公平，同时人际关系和谐平等，在这种模式下组织公平主要表现为程序公平和人际公平；在工作导向型雇佣关系模式下，新民工感知到付出劳动与收获的经济报酬比较平衡，绩效导向的薪酬分配制度和程序比较公开透明，因此组织公平焦点转移为分配公平、程序公平和人际公平；在投资过度型雇佣关系模式下，企业尽可能向员工倾斜资源以培养员工，重视与员工的沟通，因此组织公平焦点转移为程序公平、人际公平和信息公平；在组织导向型雇佣关系模式下，企业期望贡献水平和提供诱因水平都较高，处于平衡状态，分配制度合理科学，并且希望员工多了解企业政策，因此公平焦点转移为分配公平、程序公平、人际公平和信息公平。

第三，不同的企业雇佣关系模式通过公平焦点的转移，对新民工的生理获得、心理获得和物质获得水平产生了影响。具体而言，分配公平和程序公平对于新民工的生理获得水平有正向影响，新民工工作积极性提升，对待工作有热情且充满能量；人际公平和信息公平对新民工的心理获得水平有正向影响，员工对组织容易产生归属感，在工作中产生成就感，自尊需求能够得到满足；分配公平和程序公平对新民工的物质获得水平有正向影响，新民工可以得到经济收入，有广阔的发展空间和职业晋升机会，能够改变自己的身份地位，在工作中提升经验，实现个人成长。在投资不足型雇佣关系模式下，组织公平主要表现为程序公平和人际公平，进而影响新民工的心理获得、生理获得以及物质获得水平，新民工的总体获得感水平较低；在工作导向型雇佣关系模式下，组织公平焦点为分配公平、程序公平和人际公平，新民工的心理获得、生理获得以及物质获得水平受到影响，总体获得感水平一般；在投资过度型雇佣关系模式下，组织公平焦点为程序公平、人际公平和信息公平，进而影响新民工的心理获得、生理获得以及物质获得水平，总体获得感水平较高；在组织导向型雇佣关系模式下，公平焦点为分配公平、程序公平、人际公平和信息公平，进而影响新民工的心理获得、生理获得以及物质获得水平，总体获得感水平较高。

4.5　研究小结与理论贡献

4.5.1　研究小结

本书运用案例研究法，通过组织公平这一变量来探究企业雇佣关系模式对新民工获得感的影响过程，得出以下结论。投资不足型雇佣关系模式通过程序公平和人际公平来影响新民工的生理获得、心理获得与物质获得水平，虽然新民工的心理获得水平较高，但生理获得和物质获得水平都不高，因此总体获得感水平较低。工作导向型雇佣关系模式主要通过分配公平、程序公平以及人际公平来影响新民工的获得感，新民工生理获得水平较高，心理获得水平较低，物质获得水平较为一般，因此新民工的总体获得感水平一般。投资过度型雇佣关系模式通过影响程序公平、人际公平和信息公平来影响新民工的获得感，因为新民工的生理获得、心理获得以及物质获得水平都较高，总体而言新民工的获得感水平较高。组织导向型雇佣关系模式通过影响分配公平、程序公平、人际公平和信息公平来影响新民工的获得感，新民工的生理获得、心理获得以及物质获得水平都较高，总体获得感水平较高。

4.5.2　理论贡献

第一，与以往研究大多从宏观角度出发，如从经济、政治、文化等方面研究其对新民工获得感的影响不同，本部分重点关注企业雇佣关系模式对新民工获得感的影响。回顾以往的文献研究，获得感的前因变量主要是从马斯洛需求层次（辛秀芹，2016）、社会政策（梁土坤，2019）、社会支持角度（唐有财等，2017）、公共服务（成会君等，2021）进行研究。本部分基于四种雇佣关系，采取案例研究方法，探究四种不同类型的雇佣关系模式对组织公平造成的影响，并进一步分析其对新民工获得感造成的影响。研究发现企业雇佣关系模式确实会对新民工获得感水平产生影响，拓展了新民工获得感的前因变量研究。

第二，与以往研究关注企业雇佣关系模式对企业、团队以及员工层面产生的影响不同，本书重点关注企业雇佣关系对新民工获得感的影响。虽然现有的文献在研究企业、团队以及员工层面的雇佣关系结果变量方面已经有了大量的成果，如员工创新行为、员工主动性行为、职业成长、组织公民行为、企业的创新绩效、群体公民行为和集体效能感等（Schepers et al.，2007）。但对于社会福祉方面的研究甚少，对于获得感方面的研究也较少。因此在这种情况下，本书进一步丰富了企业雇佣关系模式的结果变量研究。

第三，与以往研究关注企业通过工作时间、工作收入、工作晋升等方面提升新民工获得感不同，本书主要关注组织公平这一中介变量在企业雇佣关系模式与新民工获得感之间的中介作用。本部分从不同雇佣关系模式角度出发，探究并证明了雇佣关系对组织公平焦点的影响，进而影响了新民工的获得感水平。因此，本书为企业提升新民工获得感提供一定启示，并为研究新民工获得感的影响机制的中介变量提供了可能的方向。

第5章 企业雇佣关系模式对新民工幸福感的影响机制研究

随着工业化、城镇化进程的加速，劳动大军的队伍也在进一步发展壮大，越来越多的农村年轻人加入农民工这个群体。相对于老一代农民工的盲从权威、参与意识弱等个性特征来说，新民工具有受教育程度高、原则性强的特点，强调个体权利，有一定的参与要求，追求公平、民主，价值取向更鲜明（陈辉等，2017；淦未宇等，2015；宋阳等，2011；吴红宇等，2006）。我国正在加快转变经济发展方式，经济结构朝着可持续发展的方向进行相应的优化，企业的运营发展模式也理应渐进地从依靠低价劳动力收获利润的劳动密集型产业向发展资本与知识密集型产业转变。而在这个变化过程中，工作-家庭冲突的加剧、就业重担的加重与生活节奏的加快等转变，促使雇佣模式日益多样化（王拓等，2010），多种不同形式的用工模式应运而生，以激励-贡献模型所划分而成的四种雇佣关系模式均广泛存在，而行为与动机逻辑均区别于老一代农民工的新民工，其与企业双向互动关系的形成与发展成为理解员工态度与行为的重要途径。

争取每天幸福地生活是人的本质需求，我们所进行的一切活动都是为了取得幸福，获得幸福是人类行为的最终目的（文峰，2006）。新民工同样也有获得幸福的愿望，而工作几乎作为他们生活的全部，对工作的情感体验与认知评价在很大程度上决定了其整体幸福感（赵曙明等，2016）。现阶段针对幸福感的研究对象较为单一和固定，集中针对老年人、年轻人、大学生及城市居民的幸福感研究（Phillips et al.，2009），鲜有对某特定群体的幸福感进行研究，且研究方式多为个体特质或者客体环境等对于幸福感的单一静态影响，但是员工幸福感作为个体与客观环境动态互动协调的产物，单从某一方面去研究相关程度难免有失偏颇，而雇佣关系模式所呈现出的管理理念通过管理者与员工的互动得以体现，其作为企业人力资源管理实践的具体体现作用于员工与企业的关系，对企业员工的工作绩效、公民行为、工作态度、身体健康、家庭工作关系融洽度与幸福感知度等具有重要的影响（赵曙明等，2016）。正如上文所说，新民工独特的工作价值观及工作技能等能够更好地对接组织需求，可能对其幸福感有着重要的影响。

基于上述问题分析，针对目前关于雇佣关系模式对新民工幸福感影响研究中所存在的不足，本部分使用案例研究方法，将四家在各行业具有一定代表性的企业作为研究对象，并对所获得的信息进行编码与分析，得出相应命题，据此探讨雇佣关系模式对新民工幸福感的影响机制。

在理论意义方面，本书以雇佣关系模式为切入点，通过个人-组织匹配理论的视角，在综合参考当前研究的基础上以某典型企业作为研究对象，对雇佣关系模式与新民工幸福感之间的作用机制进行研究。首先，丰富了提升新民工幸福感的研究，从管理学的视角深入探讨了不同雇佣关系模式下的新民工的幸福指数。其次，在一定程度上促进新民工幸福感研究的精细化，现有文献大多是从经济学或者社会学理论来分析提升新民工幸福感的宏观政策，少有研究从企业雇佣关系模式的微观治理措施进行探讨。最后，本书将引入个人-组织匹配作为中介变量，并将个人-组织匹配划分为价值观匹配、个人需求-组织供给匹配、组织要求-个人能力匹配三个维度，通过个人-组织匹配将雇佣关系模式与新民工幸福感联系在一起，探索雇佣关系模式与新民工幸福感之间的影响路径，因此本部分将幸福感当作结果变量，中介因素为个人-组织匹配程度，为探讨新民工幸福感的影响因素的作用机制提供参考。

在实践意义方面，本书探究了企业雇佣关系模式对新民工幸福感的影响路径。首先，通过考察员工幸福感形成因素，在引起企业管理者对员工幸福感重视的同时，也有助于企业增强对员工幸福感的预测力。其次，为企业采用何种类型的雇佣关系模式提供参考，有助于企业因地制宜地将管理理论应用于实践。最后，在分析企业雇佣关系模式与员工行为和态度的双向互动的基础上，为公司整体营造良好和谐的劳资关系的同时，更好地提升员工个体的归属感与幸福感，在真正意义上实现组织-员工的双赢局面。

5.1 企业雇佣关系模式影响新民工幸福感的分析框架

在幸福感方面，综合国内外研究文献，不难看出学者对于幸福感的实证研究取得了不少成果，但研究对象大多为青少年、大学生、城市居民等，较少关注员工在工作方面的幸福感，而随着"以人为本"的发展理念的深入渗透，现代企业的健康发展与员工的幸福感密不可分，唯有推己及人，对员工给予相应的人文关怀，才能从真正意义上提升企业的核心竞争力，为企业创造更大价值；且国内外关于工作幸福感的研究集中于幸福感的表征含义，与此相较下，心理幸福感领域的研究还存在相应的空缺，而心理幸福感认为幸福不能单指纯粹的主观体验，更应从人的发展角度进行分析，这一点与新民工成就导向更强烈的这一特点不谋而合（Yeaton et al.，2008）。

幸福感在不同情境中的定义及性质是不同的，如今由于物质条件的优越性，人们便会侧重于追寻自我价值，实现从"经济人"向"社会人"的过渡。根据马斯洛的需求层次理论，如果人们的某一需求在得到充分实现后，便会奋力追求以获取更高层次的需要。同理，观察如今奔波于职场上的人们，努力奋斗的目的已不再是单纯为了获取基本的生存资源，而是为了实现更高的价值，感受组织对自己的信任、重视及尊重。"幸福感"成为一个新的研究方向，但是对于幸福感的研究模型结构不稳定，由于在不同的行业背景下也许包含不同的维度和内容，目前学术界对于幸福感的结构要素方面仍缺乏共识，亟待开展系统的研究。

综上所述，对于雇佣关系模式的类型划分，本书将借鉴学者认同并采用的工作导向型、组织导向型、投资过度型和投资不足型这四类企业雇佣关系模式，以此为契机进行深入研究。对于幸福感的研究，目前还缺少以雇佣关系模式作为前因变量的分析，加之现今新民工成为企业的主要成员，以其为研究主体具有代表性和广泛适用性。因此，研究雇佣关系模式对新民工幸福感的影响具有必要性和重要意义。

本部分在充分整合国内外有关雇佣模式理论的基础上，选择我国不同行业的四家企业作为案例对象进行研究。对于雇佣关系模式的分类，本书采用激励-贡献模型形成的四种雇佣关系模式，通过与被调研企业的管理者和员工进行对话来研究雇佣关系模式对新民工幸福感的影响。

在构建分析框架时，依据 Muchinsky 等（1987）所定义的"个人-组织匹配理论"，探究雇佣关系模式对新民工幸福感的影响机制。鉴于目前有关雇佣关系的研究出现了一定程度上的隔离状态，即未正视员工与企业间的动态交流，而建立新式雇佣关系模式必须考虑员工与组织在期望上达成统一（价值观取向），员工是否具备组织所要求的能力、知识（组织要求-个人能力），双方能否各取所需、各尽其职（个人需求-组织供给）等，必须将员工个体特征与组织行为视为一体，当个体感受到组织给予的经济性和非经济性回馈与个体自身需求相容性较高时，个体就会产生更高的工作满意感，更愿意为组织效力（赵慧娟等，2009）。因此，个人-组织匹配理论对构建新型雇佣关系模式既具有理论意义又具有实践意义。

虽然从图 5-1 可以看出雇佣关系模式在一定程度上会影响员工的幸福感，但考虑到在不同的雇佣关系模式下员工与组织之间存在不同的结合程度，且目前有关不同种类的雇佣关系模式、个人-组织匹配度与幸福感之间作用关系还尚不清晰。因此本书旨在辨别不同雇佣关系模式对员工幸福感的影响，同时辨析不同类型雇佣关系在个人-组织匹配下如何对员工的幸福感产生作用的机制。

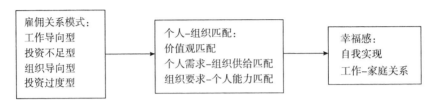

图 5-1　分析框架

资源来源：笔者根据研究思路绘制。

5.2　研究设计

5.2.1　研究方法

本书采用案例研究法，即结合市场行业发展的实际，以相对典型的企业或者事件作为案例素材，并针对案例主体进行相应的数据收集工作，再通过检视、列表、排序等其他方式重组和分析相关资料以探寻初始命题，最后得出相应的研究结果。在研究设计中，由于各企业的雇佣关系模式较为抽象，通过具体的数理化公式无法对其进行界定，需要结合企业实际管理实践进行判断；而幸福感也是一种情境性要素，需要结合组织文化、员工关系等要素综合判断。案例研究法作为一种探讨情境化背景的分析手段，本部分通过深入的案例内容分析，能够帮助研究者在模糊化的情境下便捷有效地获取相关概念或理论。

5.2.2　理论抽样与案例背景介绍

本书选取了四家案例企业作为研究对象，分属于金融科技服务行业（投资不足型）、玩具制造行业（组织导向型）、交通运输服务行业（工作导向型）和电气能源行业（投资过度型）。与大样本分析方法相比，案例研究会获取更加丰富的信息，并且分析过程更为聚焦。因此，这对于研究我国企业人力资源管理相关问题是必要的，已被许多学者所倡导。之所以选择通过明晰这四家企业的雇佣模式对于员工幸福感的作用机制，其原因在于：一是此次选取的案例企业的员工群体以新民工为主；二是此次案例企业的信息获取较为便利，通过简单的途径即可接触到相关人员进行访谈，同时接受访谈的人员也愿意给予配合，确保了数据的完整性；三是案例企业均来自不同的行业，在一定程度上具备代表性。因此，本书以这四家不同类型的企业作为调研对象，探究雇佣关系模式如何作用于员工幸福感。

5.2.3　研究过程与访谈对象

5.2.3.1　访谈提纲准备

首先依据案例企业所处行业的特质，访谈涉及的内容根据所面向的访谈对象而有所不同。本书旨在探究在不同类型雇佣关系模式的影响下，不同个体在个人-组织匹配度的中间变量的作用下所感知到的幸福感程度：对于管理者而言，访谈主要关于企业文化建设、企业的员工激励政策等管理实践；而对于企业员工而言，访谈则通过员工对于关键事件的描述，初步了解员工对于企业各项人力资源管理实践的直观评价、认可度，进而研究企业与员工的适配度，并分析这种适配度对于员工幸福感的影响机制。虽然不同的访谈对象在访谈内容上存在一定差异，但之间的联系程度不可忽视，通过不同对象的访谈内容进行相应的补充，有助于聚焦研究关注点，提高研究内容的针对性。

在进行访谈时所采取的访谈方法主要为半结构化访谈，即事先拟定访谈大纲，对访谈的内容进行基本的框架设定，在访谈过程中只针对框架内容进行提问，同时通过书面记录的方式记录相关要点，形成文本资料。

5.2.3.2　数据收集

在数据收集方面，为尽可能便捷高效地获得更多有用的数据，本书选择以下方式采集数据：

其一，半结构化访谈。作为此次研究数据采集的主要手段，考虑到案例企业不同的经营状况，且员工工作任务进度的不一致，因此通过一对一或者一对多的人物访谈形式收集与研究内核有关的信息并进行汇总分析，以多个视角研究案例企业。在进行访谈对象的选择时，因为不同企业从事相关作业生产的进度不一致且员工的工作内容也不相同，因此实地调研时间集中于 2022 年 1 月至 3 月，共进行了 16 次正式访谈，其中，与管理者单独进行 5 次访谈，与正式雇佣员工进行 11 次访谈。

其二，第二手资料。主要涉及企业的年报、供新闻媒体使用的产品测试结果，同时还包括为宣传本企业文化、方便员工与顾客沟通而编制的公司期刊等资料。

其三，现场参观。在进行现场参观的过程中，主要参观了企业的办公区，对部分企业的生产车间与训练基地进行了走访调查，并以较为轻松的态度与现场的工作人员进行了沟通。调研概况如表5-1所示。

表5-1 调研概况

编号	M企业	N企业	O企业	P企业
名称	中国建设银行股份有限公司××支行	GX××玩具制造有限公司	GX××驾校	南方电网GX××供电局
正式访谈对象、次数	管理者：1次 企业员工：3次	管理者：1次 企业员工：3次	管理者：2次 企业员工：2次	管理者：1次 企业员工：3次
访谈总次数	4次	4次	4次	4次
二手资料	企业网站、公开宣传	企业网站、公开宣传、内部纸质文件	公开宣传、招聘资料、内部纸质文件	公开宣传、招聘资料
现场观察	公司办公区	生产车间	驾驶训练基地	公司办公区

资源来源：笔者根据研究思路绘制。

5.2.4 数据编码与数据分析

本书研究雇佣关系模式在个人-组织匹配的介入下对于员工幸福感的作用机制，在确保信息真实性的基础上对收集到的语言资料进行汇总分析和编码，具体如下：

第一步，进行开放式编码。首先，大致记录下受访者的叙述内容，将所收集到的文本信息与有关资料进行比对，整理出相对完善的关键词或情境描述的用语，并根据这些词句提炼名词概念。其次，依托研究框架，将提炼出的信息归类安放至相应的影响因子上，形成一级编码，并去除与研究内容无关的数据。此外，为确保访谈者主观性因素不会对数据信息的收集产生较大的影响，在进行信息编码时最大限度地使用受访者的原始语句，并从文本资料中提炼相关的关键词，如表5-2所示。

表5-2 数据结构

一级编码	二级编码	三级编码
企业不会无故拖欠或者削减员工工资（gd11） 企业会对存在特殊情况的员工提供经济补助（gd12）	物质性报酬（GD1）	工作导向型雇佣关系模式（GD）
员工需按时参加培训活动提高自身的职业水平（gd21） 员工需严格遵守企业各项管理制度（gd22）	员工角色内要求（GD2）	

续表

一级编码	二级编码	三级编码
企业发放的报酬足够支付员工的日常费用（tb11） 企业会对员工进行业绩补贴（tb12）	物质性报酬（TB1）	投资不足型 雇佣关系模式（TB）
员工需秉持集体主义观念，与同事协作完成工作（tb21） 员工需按时按量完成企业所制定的相关工作任务（tb22） 员工为了工作能够付出更多时间与精力（tb23）	员工角色内要求（TB2）	
员工理解并认可企业对员工的期望（tb31） 员工主动为企业提出建设性方案（tb32）	员工角色外要求（TB3）	
企业为员工提供较为丰厚的薪资（tg11） 企业不定期为员工提供伙食补贴等（tg12）	物质性报酬（TG1）	投资过度型 雇佣关系模式（TG）
企业通过各种培训活动提升员工知识技能水平（tg21） 企业会实行相对弹性的工作安排（tg22）	发展性报酬（TG2）	
员工能够按时完成企业所分配的工作任务（tg31） 员工注重团队协作（tg32）	员工角色内要求（TG3）	
企业为员工提供标准的薪资与福利（zd11） 企业对在产品创意或制造流程方面有重大贡献的员工给予奖励（zd12） 企业定期向家庭困难的员工发放现金补贴（zd13）	物质性报酬（ZD1）	组织导向型 雇佣关系模式（ZD）
企业为不同岗位的员工提供针对性的培训（zd21） 企业会综合考虑对员工进行岗位的调换（zd22） 企业会定期对员工的心理状态进行评测（zd23）	发展性报酬（ZD2）	
员工需坚持责任导向，确保服务质量（zd31） 员工需主动维护企业形象（zd32） 员工需妥善处理好与同事的关系（zd33）	员工角色内要求（ZD3）	
员工能够通过自主学习的方式提升自己的工作水平（zd41） 员工能够为企业的发展建言献策（zd42）	员工角色外要求（ZD4）	
员工日常生活中重视的一些事情和本企业价值观体系所推崇的理念很相似（p11） 员工目前所从事的工作能够为员工本人提供所需要的精神资源（p12）	价值观匹配（P1）	个人-组织匹配（P）
企业会尽力为员工解决生活和家庭的后顾之忧（p21） 企业为员工的工作情况提供充分且及时的反馈（p22） 企业为员工所提供的物质等符合员工的期望（p23）	个人需求-组织供给匹配（P2）	
工作岗位对员工的能力及所接受的教育要求，能够与员工相匹配（p31） 员工的能力及所受的训练匹配工作岗位对员工的要求（p32）	组织要求-个人能力匹配（P3）	

续表

一级编码	二级编码	三级编码
员工通过自己的方式来解决工作中所出现的问题（x11） 员工通过工作挖掘出了大部分个人生活目标或培养出相关的优秀品格（x12）	自我实现（X1）	幸福感（X）
员工履行家庭责任影响到工作中效率的发挥（x21） 员工在工作中所获得的社会关系及积累的资源影响到家庭实际问题的解决（x22）	工作-家庭关系（X2）	

资源来源：笔者根据调研数据整理。

第二步，主轴编码。在开放编码的基础上进行具体操作，厘清二级编码中存在的逻辑关系，将二级编码引入到三级编码中。在对这些关联进行归纳总结的基础上，得出了6个主范畴，各个主范畴的内涵和与之相对应的开放式编码如表5-3所示。

表5-3 主轴编码

主范畴	对应范畴	范畴内涵
工作导向型雇佣关系模式（GD）	物质性报酬（GD1）	企业会保障员工收入的稳定性，同时根据员工的实际家庭情况予以一定的补助
	员工角色内要求（GD2）	企业要求员工严格遵守管理规章制度并且需接受相应的职业培训活动以提升自己的业务水平
投资不足型雇佣关系模式（TB）	物质性报酬（TB1）	企业所发放的工资能满足员工基本需要，且通过业绩补贴的方式激励员工
	员工角色内要求（TB2）	企业要求员工保质保量完成工作任务，同时注重团队合作
	员工角色外要求（TB3）	员工能够很好地适应企业的价值观与文化，并主动配合企业开展相关工作
投资过度型雇佣关系模式（TG）	物质性报酬（TG1）	企业会给员工发放丰厚的薪资且在吃住行方面给员工提供各类补贴
	发展性报酬（TG2）	企业一方面会通过提供培训活动锻炼员工的实际工作能力，另一方面也会提供弹性工作制，让员工在工作安排上能行使一定的自主权
	员工角色内要求（TG3）	企业要求员工在履行份内工作职责的同时不做出有损于公司形象的举动

续表

主范畴	对应范畴	范畴内涵
组织导向型雇佣关系模式（ZD）	物质性报酬（ZD1）	企业为员工提供标准的薪资，对工作中有突出贡献的员工予以物质奖励，同时关注员工的家庭生活，对家庭存在特殊困难的员工给予相应的生活物质补助
	发展性报酬（ZD2）	企业通过针对性培训、岗位轮换制度、心理辅导等方式鼓励员工发展
	员工角色内要求（ZD3）	企业要求员工完成自身既定的工作任务，同时注重培养员工的团队协作意识，还要求员工以身作则维护公司形象
	员工角色外要求（ZD4）	企业要求员工养成自主学习的习惯以提高自己的工作能力，并在实际应用中将所悟所感积极地向企业汇报，为企业建言献策
个人-组织匹配（P）	价值观匹配（P1）	员工对企业价值观产生情感共鸣，进而将其内化为企业员工共同遵循的行为准则
	个人需求-组织供给匹配（P2）	企业为员工提供的薪酬福利、权限、奖励等物质或精神资源与个体的实际需要相匹配
	组织要求-个人能力匹配（P3）	员工在工作中所付出的时间、精力及其所具备的工作能力与企业对员工的要求具有一致性
幸福感（X）	自我实现（X1）	员工既可以独立控制自己的工作，又能在完成工作任务的过程中开发自己的潜能，从而进入更好的生存状态
	工作-家庭关系（X2）	员工的工作与家庭之间交互作用所产生的正面与负面影响

资源来源：笔者根据调研数据整理。

第三步，选择性编码。在以上两项编码的基础上，探索主范畴之间的逻辑关系，筛选核心范畴并将其整合成一个有机联系的整体。

5.3　研究发现

5.3.1　工作导向型雇佣关系模式对新民工幸福感的影响

O 企业对应工作导向型雇佣关系模式。根据访谈数据，企业的工作导向型雇佣关系模式对员工幸福感具有一定的影响，具体分析如表5-4所示。

表5-4 工作导向型雇佣关系模式与新民工幸福感的相关范畴和典型引用语举例

主范畴	对应范畴	编码	典型引用语举例	指向性
工作导向型雇佣关系模式（GD）	物质性报酬（GD1）	企业不会无故拖欠或者削减员工工资（gd11）	"本来工资就不多，有时候还得上夜班，交完水电费和房租不剩多少，家里老人身体状况不太好，经常要买药，工作很辛苦，员工对工资很不满意。"（Ogd11）	物质性报酬（GD1）→个人需求-组织供给匹配（P2）→工作-家庭关系（X2）
	员工角色内要求（GD2）	员工需按时参加培训活动以提高自身的职业水平（gd21）员工需严格遵守企业各项管理规章制度（gd22）	"培训要点名，培训的内容对于老员工而言都是一些老生常谈的东西，还有相应的考试来进行考核，但学不到什么新东西。"（Ogd21）"驾校要求教练严格遵守规章制度，凡事都要先上报，有时太过苛刻，也太浪费时间，本来是教练可以解决的事情，硬要走一堆流程，感觉时时刻刻都被监视，员工从心理上不能接受。"（Ogd21）	员工角色内要求（GD2）→组织要求-个人能力匹配（P3）→自我实现（X1）
员工幸福感（X）	自我实现（X1）	员工通过工作挖掘出了自己大部分个人生活目标或培养了相关的优秀品格（x12）	"我做了很长时间的教练工作，也结识了不少人，无论是学员还是同行，对我的指导水平及工作态度都比较认可，我也想开办一家驾校，感觉会更自在一些。"（Ox12）	—
	工作-家庭关系（X2）	员工履行家庭责任影响到工作中效率的发挥（x21）	"有时候晚上回到家还得监督孩子写作业，现在孩子的学业负担挺重，我们大人也跟着遭了殃。"（Ox21）	

资源来源：笔者根据调研数据整理。

由表5-4和图5-2可以得知，工作导向型雇佣关系模式对应的物质性报酬通过影响个人需求-组织供给匹配进而影响员工的工作-家庭关系；工作导向型雇佣关系模式对应的员工角色内要求通过影响组织要求-个人能力匹配，进而影响员工的自我实现需求。

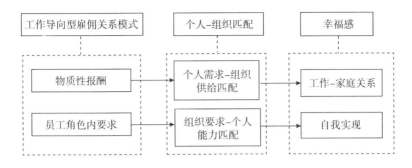

图 5-2　工作导向型雇佣关系模式的影响路径

资源来源：笔者根据研究思路绘制。

　　关于工作导向型雇佣关系模式，雇主与雇员之间是一种单纯的经济关系，即雇主向雇员提供相应的经济诱因来获取雇员具体的贡献。对于企业而言，物质性报酬主要是指通过物质激励的方式，如发放工资、奖金、津贴等方式，鼓励员工有效完成工作；对于员工而言，员工在城市发展、未来家庭组建及对社会认可的需要都离不开企业所提供的合理薪酬与福利。因此，企业所提供的物质性报酬能否较好地对接员工的需要在一定程度上影响着个人需求-组织供给匹配结构的合理性；而公司对员工角色内要求则会影响组织要求-个人能力的适配性。通过查阅相关文献资料可知，工作导向型雇佣关系模式下对员工的影响变量更多的是负面的、消极的，结合 O 企业所在交通运输服务行业的性质，有如下发现：

　　其一，企业在工作导向型雇佣关系模式下更多地强调员工完成任务，明确上下级关系，同时会通过制定相应的规章准则切实保证组织对员工的控制，并且还会为工作业绩设定相应的考核标准，以此为基础，企业为员工完成任务所提供的相应物质性报酬构成了组织供给模块；对于员工而言，报酬在很大程度上是员工希望从雇佣关系中获得的最主要的部分（孙兆阳，2011）。虽然工作对于员工来说还具有社会意义和政治意义，但各种现金等实体性报酬仍是员工在雇佣关系中期望获得的，是实现组织-员工雇佣关系双方交换的前提条件。而当前提条件得以满足，雇佣关系模式中的组织供给与个人需求初步形成相应的匹配结构后，员工个体通常会为了取得更好的生存状态而采取积极的行为以期更好地匹配组织，在这一行为过程中难免会对员工在工作之外所扮演的家庭角色产生影响，已有的实证研究表明工作与家庭冲突显著地影响工作绩效（赵富强等，2014），且在相关的访谈中也有员工表示"底薪低，经常上夜班，夜班补贴不高，得到的工资还得定期交一部分给妻子补贴家用，容易产生家庭矛盾"，即员工家中配偶的压力（家庭需求）与组织所提供的工作福利待遇等物质性报酬（组织供给）的适配程度未能很好地协调员工的家庭关系，而家庭所带来的物质层面或者精神层面资源支持的多少又会反作用于员工的工作生活，使员工在工作中对于组织效能、工作机制等多方面采取不同的评价与行为，影响着员工幸福感。

其二，企业在工作导向型雇佣关系模式下，员工角色内要求影响员工幸福感是通过影响组织要求-个人能力匹配的适配性而发挥作用的。从组织要求的角度而言，要求主要是指员工在工作中的个体技能要求与组织所设定的群体规范；从员工角度而言，能力则是指员工为适应工作需要而付出的技能、时间与精力等。通过对 O 企业的访谈可知，企业在老员工的培训/发展阶段并没有采取跟进的方式有针对性进行培训以改善员工匹配状况，而只是不断重复考核和训练员工原有技术水平，在一定程度上影响了员工工作以外的家庭生活状况，企业未能真正厘清员工-组织匹配的影响效应；且当组织对于员工的群体规范强于员工个人能力发挥的自主性时，员工会觉得组织的管理过于死板，凡事都需要请示上级，经过上级批准的想法方能付诸实践，员工在实际工作中很难获得自我控制的体验，这种境况的出现很难满足员工对于自主性工作的预期，导致员工在工作过程中产生消极和负面情绪；同时，这种自主性的缺失也会阻碍员工进行自主学习、挖掘潜能的过程。新民工自尊心较强，勇于表达且自我实现需求感强烈，不容易接受领导所下达的指令，更倾向于花费更多的时间与精力，自主寻求问题的多种解决办法；再者，自我实现是员工产生创造力的重要条件，只有拥有较高程度的工作自主权，才能提高员工的责任感，缓解工作中倦怠等不利于创造力产生的负面因素。因此，组织对于员工工作的工作掌控感若过强，则会降低员工对于工作资源、工作控制的感知（齐昕等，2017），不利于员工的工作胜任力产生与可持续发展，员工更多地表现出一种"缺乏创意，循规蹈矩"的工作状态。总而言之，自我实现需求能强化员工从事某种活动的兴趣，把工作中所面临的挑战当作是为自己提供学习新知识的机会，不轻易言败，失败时有更多的坚持。由此，通过合理规划组织要求，给予员工恰当的解决问题的权力，员工在工作态度上会更加积极，与同事、上下级之间进行更积极的关系建构，员工在信息搜寻与能力提升的过程中便能体会到来自工作的快乐，最终增强幸福感。根据上述分析，得出如下命题：

命题21：在工作导向型雇佣关系模式下，物质性报酬对员工的个人需求-组织供给有正向的影响，进而促进工作-家庭关系的双和谐，使员工有较高水平的幸福感；而企业对员工角色内要求会对员工产生负面影响，在组织要求-个人能力适配性较差的境况下既使企业绩效得不到有效的提升，又使员工对于工作意义与自身存在价值的感知较弱，进而导致员工的幸福感水平较低。

5.3.2　投资不足型雇佣关系模式对新民工幸福感的影响

在此次调研中，M 企业对应投资不足型雇佣关系模式。根据访谈数据，企业所采取的投资不足型雇佣关系模式对员工的幸福感具有一定的影响，具体分析如表 5-5 所示。

表 5-5　投资不足型雇佣关系模式与新民工幸福感的相关范畴和典型引用语举例

主范畴	对应范畴	编码	典型引用语举例	指向性
投资不足型雇佣关系模式（TB）	物质性报酬（TB1）	企业发放的报酬够支付员工的日常费用（tb11） 企业会对员工进行业绩补贴（tb12）	"虽然每月的工资能够满足员工的基本生活需要，但是员工希望能有余钱参与一些关于财务会计等方面的线上课程，拓宽自己的发展空间。"（Mtb11） "每位员工都有基本工资，每个月都有相关业务的业绩补贴，如银行在卖保险业务方面设置了相应的奖金等业绩奖励。"（Mtb12）	物质性报酬（TB1）→个人需求-组织供给匹配（P2）→自我实现（X1）
	员工角色内要求（TB2）	员工需按时按量完成企业所制定的相关工作任务（tb22） 员工为了工作能够付出更多时间与精力（tb23）	"每位员工都有相应的任务指标，如这一个季度要接洽多少位客户，卖出多少金额的金融产品，如果完不成就会影响这个季度的业绩评价。"（Mtb22） "员工个人感觉到工作压力大，有些客户不太好沟通，有时候下班回到家需要向客户耐心解释，和家里人说话的时间还没和顾客说话的时间多。"（Mtb23）	员工角色内要求（TB2）→组织要求-个人能力匹配（P3）→工作-家庭关系（X2）
	员工角色外要求（TB3）	员工理解并认可企业对员工的期望（tb31） 员工主动为企业提出建设性方案（tb32）	"员工平时工作辛苦，加班补贴不高，参加线上培训需要签到算时长，感觉属于自己的时间屈指可数，员工不愿意再去承担一些不属于自己管辖范围的事务。"（Mtb31、Mtb32）	员工角色外要求（TB3）→价值观匹配（P1）→自我实现（X1）
员工幸福感（X）	自我实现（X1）	员工通过工作挖掘出了自己大部分个人生活目标或培养了相关的优秀品格（x12）	"在员工具体的职业规划方面存在不足，企业所提供的展个人价值的平台空间有限，员工的工作晋升机会不大，因此员工的工作积极性不高。"（Mx12）	—
	工作-家庭关系（X2）	员工履行家庭责任影响到工作中效率的发挥（x21）	"有一次员工下班回家，夜里孩子发高烧，送医院打了三天点滴，那段时间员工心力交瘁，给客户介绍产品时还念错相关参数。"（Mx22）	—

资源来源：笔者根据调研数据整理。

由表5-5和图5-3可以得知，投资不足型雇佣关系模式对应的物质性报酬通过影响个人需求-组织供给匹配结构，进而影响员工的自我实现需求；投资不足型雇佣关系模式对应的员工角色内要求通过影响组织要求-个人能力匹配结构，进而影响员工自我实现需求；投资不足型雇佣关系模式对应的员工角色外要求通过影响价值观匹配，进而影响员工的自我实现需求。

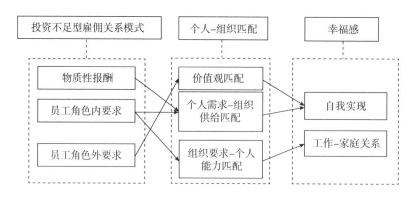

图5-3 投资不足型雇佣关系模式的影响路径

资源来源：笔者根据研究思路绘制。

关于投资不足型雇佣关系模式，员工被期望承担宽广的义务，而组织仅以短期的与有限且特定的物质性报酬作为一种互惠形式，缺乏对员工的相关培训与职业发展的关注。在这种不平衡的雇佣关系中，雇佣机构提供很少的诱因，但是期望劳动力做出很多贡献（徐燕等，2012），导致员工对工作产生更多的负面情绪，员工得不到相应程度的回报就不会主动开发自己的潜力。

在金融国际化的形势下，银行业面临着日趋激烈的市场竞争态势，特别是国有银行的发展如何在艰难的生存环境下更好地服务民生和社会、创造更大的经济价值，对人的管理成为竞争的焦点，而本书所研究的 M 分行受地区经济下行的影响，员工工资收入存在一定程度的缩水，使基层员工工作积极性不高，工作态度散漫，工作效率下滑，如何通过合理的激励方式进行优化升级，激发员工队伍活力，是当前 M 分行所面临的一大议题，结合相关的访谈数据，有如下发现：

其一，薪资与奖金福利对于员工幸福感的获得至关重要。M 分行在投资不足型雇佣关系下，对于员工的工作激励以物质激励为主，但有限的物质激励带来的只是短暂的快乐，M 分行所提供的薪酬福利待遇等物质性报酬虽能满足员工的基本生活需要，但本书通过相关的调研了解到，M 分行附近的城市商业银行不仅工作轻松且薪资丰厚，这与 M 分行繁重的工作却没有换来可观的收入形成了鲜明的对比，也使员工所提供的金融服务质量大打折扣；且 M 分行的基层员工学历水平较高，年龄结构偏向年轻化，他们的自我实现需求更强烈，更希望通过工作中的所得深入挖掘自身潜力以及拥有明朗的职业发展前景，而这些仅靠物质激励是无法满足的，更何况 M 分行在物质激励方面也未达到使员工满意的水平，基层员工由于缺乏相应的物质基础作为保障，在网点一线日常运营的高压下所获得的薪资仅够糊口而无法展望未来，长此以往所带来的工作倦怠感以及对自身工作意义及价值评价水平的下降可能会导致员工身心俱疲，丧失实现自我价值的动力；除此以外，员工不仅会关心自己所获薪酬的多少，同时还会关注相对报酬量，本部分案例企业中基层员工对待奖金和红利合理程度的评价存在较大差异，考虑到基层员工岗位性质不同，一些客户经理、大堂经理等可以较为自由地在客户等候区活动，通过直面接触的方式为客户提供一对一的详细产品讲解，相较于一些固定岗位上的员工如柜员等在营销效率方面更高效，而因此所导致的业绩补贴水平也会高出一个层级，容易引起员工对于薪酬分配的不公平感。

其二，M 分行在投资不足型雇佣关系模式下，对于员工角色内要求影响员工幸福感是通过影响组织要求-个人能力匹配的适配性而发挥作用的，管理者更多的是通过完成某一项任务指标的形式来管理和指导员工的，且 M 分行对于任务指标的分配更多采取的是"一刀切"的形式，并没有综合考虑员工的工作能力等因素，这种不合理分配方式导致一些柜员岗位上的员工还承担着理财产品、信贷余额等销售任务，这些任务由于与自身所处岗位交集过少，导致员工工作难度加大。与此同时，由于行业内盛行加班文化，为了在绩效考核上完成相应的任务，员工下班后往往还需将工作带入家庭中，员工将过多的精力与资源投入工作中，致使其忽视了自身所扮演的父母等家庭角色，缺乏与家属的沟通互动导致员工对家人产生愧疚感，使员工在面临情感挫折、家庭变故等紧急情况时所压抑的负面情绪激增，加剧员工的心理负担，从而对工作抱有一种更为消极的态度，而工作-家庭作为连接员工工作生活与家庭生活两个领域的重要纽带，当工作-家庭关系处在失衡状态时，一方面员工无法以积极的状态开展工作，另一方面也不利于员工良好家庭氛围的构建，只有企业调节好员工的工作-家庭关系，在确保员工身心健康的情况下改善工作绩效，又使员工可以幸福地享受家庭生活，才能从真正意义上实现员工与企业的互利共赢。

其三，M 分行在投资不足型雇佣关系模式下，企业对于员工角色外要求影响员工幸福感是通过影响组织与个人价值观的适配性而发挥作用的。员工与企业之间最基础且最持久性的特征是价值观的匹配度（樊耘等，2013）。在 M 分行中，管理层对员工存在重视负激励、轻视正激励的行为，强调员工在操作规范上的严格性以及服务态度上客户至上的原则，对于员工在操作规范方面存在的问题进行通报批评，且会将客户对员工的投诉纳入本季度的绩效考评系统，严重时甚至会对员工进行现金罚款，总体而言，M 分行的管理模式类似于一种"家长主义"，强调对员工工作行为的控制，而忽视员工自主性的充分发挥，但 M 分行员工在工作中更倾向于按照自身意愿行事，有着更强烈的主观认知以及严格的行为准则，员工的工作行为更偏向于"个人主义"。M 分行的这些负激励方式无疑在打压着员工的工作自主权，当员工与企业的价值观匹配过程中相互排斥时，员工会在心理上承担巨大压力，无法在实现企业目标过程的同时去实现自身的工作理想，使他们以一种更为消极的态度投入工作，并与企业之间产生矛盾，降低员工对于企业的认可程度及幸福感。M 分行在人员培训管理方面存在不足，虽然 M 分行每年都会为不同岗位上的基层员工组织多种培训，但是相关负责人未从员工职业发展的角度出发安排相应的人员去参与培训，例如，上文中所提及的柜员岗位上的员工由于担负产品销售任务，但却缺乏相应的销售技巧培训，而网络培训课程等线上教学的形式又无法形成互动，培训内容本身的枯燥性与重复性等因素加剧了员工对于企业所安排的各项培训活动的排斥感，使员工在参与相关培训时纪律约束不强，缺勤率高；且 M 分行在员工的职业生涯管理文化宣传过少，缺少对员工提出相应的职业发展意见，员工每天只知疲于完成手中工作，自身工作目标尚未明确，对自己的职业生涯管理制度感知度较低，缺乏对企业文化的认同感，这既打击了员工对于规划自身职业发展空间的积极性，又使企业内部缺乏凝聚力，人才流失严重。根据上述分析，得出如下命题：

命题 22：在投资不足型雇佣关系模式下，物质性报酬对于满足员工个人需求-组织供给有正向影响，进而使员工的自我实现需求得以满足，使员工有较高水平的幸福感；员工角色内要求对于组织要求-个人能力匹配存在负面影响，不利于员工构建和谐的工作-家庭关系；而员工角色外要求对于组织与个人的价值观匹配同样存在负面影响，价值观的不匹配在一定程度上阻碍了员工自我实现需求的满足。

5.3.3 投资过度型雇佣关系模式对新民工幸福感的影响

P 企业对应投资过度型雇佣关系模式。根据访谈数据，企业的投资过度型雇佣关系模式对员工幸福感具有一定的影响，具体分析如表 5-6 所示。

表 5-6 投资过度型雇佣关系模式与新民工幸福感的相关范畴和典型引用语举例

主范畴	对应范畴	编码	典型引用语举例	指向性
投资过度型雇佣关系模式（TG）	物质性报酬（TG1）	企业不定期对员工进行伙食补贴(tg12)	"员工对企业食堂感到满意，认为食堂菜品丰富、味道可口、价格也低，企业还会不定期为员工的饭卡充钱，员工有时候自己吃不完就会带家里人一起来食堂的家属区体验"（Ptg12）"前不久给家属庆生就是在食堂的包厢里进行的，无论是装饰还是菜品，家属都很满意。"（Ptg12）	物质性报酬（TG1）→个人需求-组织供给匹配(P2)→工作-家庭关系（X2）
	发展性报酬（TG2）	企业通过各种培训活动提升员工知识技能水平（tg21）企业会实行相对弹性的工作安排(tg22)	"企业会与一些职业技术学校联合组织培训，员工从职业技术学校进入本企业，认为这种能将学校所学到的理论知识应用到实际工作的感觉真好。"（Ptg22）"企业虽然规定了固定的上下班时间，但考虑到员工负责发电机维修，基本只要每天上午到岗对机器进行例行检修，如果没有出现重大问题，员工下午就可以回家。"（Ptg23）	发展性报酬（TG2）→价值观匹配（P1）→自我实现（X1）
	员工角色内要求（TG3）	员工能够按时完成企业所分配的工作任务（tg31）员工注重团队协作（tg32）	"员工检修一些高压电缆时是会进行工作分组的，通常是由两位老师傅带三位新人，在工作过程中讲究默契度。"（Ptg32）	员工角色内要求(TG3)→组织要求-个人能力匹配(P3)→自我实现（X1）
员工幸福感（X）	自我实现（X1）	员工通过工作挖掘出了自己大部分个人生活目标或培养了相关的优秀品格（x12）	"不同分公司之间会开展相应的技术检修竞赛，员工多次代表本公司参加比赛，收获良多，感觉自己确实在电气设备检修领域富有天赋，并且也很享受比赛中的获胜感，感觉既是为企业增光添彩，又是个人价值的充分展现。"（Px12）	—
	工作-家庭关系（X2）	员工在工作中所获得的社会关系及积累的资源影响到家庭实际问题的解决（x22）	"每天与机器设备打交道让员工能够游刃有余地应对家中各类电器设备所出现的问题，省下一笔维修费用。"（Px21）	—

资源来源：笔者根据调研数据整理。

由表5-7和图5-4可以得知，投资过度型雇佣关系模式对应的物质诱因通过影响员工个人需求-组织供给匹配度进而影响工作-家庭关系，而对应的发展性报酬通过影响组织与员工的价值观匹配度进而影响员工的自我实现需求；另外，投资过度型雇佣关系模式对应的员工角色内要求通过影响组织要求-个人能力匹配度进而影响员工的自我实现需求。

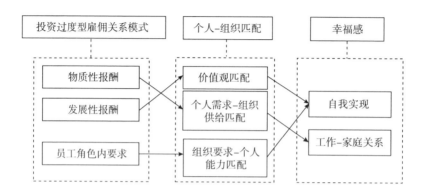

图5-4　投资过度型雇佣关系模式的影响路径

资源来源：笔者根据研究思路绘制。

在投资过度型雇佣关系中，雇员的工作范围明确，并且职责界定清晰，雇主提供一系列宽泛的报酬，包括雇员培训、给雇员的职业生涯发展提供机会及相对较高的就业保障。这种关系向雇员倾斜，雇主提供的是具有社会交换性质的诱因，而雇员提供的报偿仅停留在经济交换的层面，诸如政府和其他垄断企业大多采用这种雇佣关系模式（邹琼，2012）。在对案例企业相关人员进行访谈的过程中，结合该企业所在电气能源行业的性质，有如下发现：

第一，员工个体在工作上无论是感知到满足或平衡，还是感知到矛盾或冲突，相当程度上取决于个体在不同领域可获得的资源与支持。而投资过度型雇佣关系模式下，企业除为员工提供丰厚的薪酬福利与相对优越的工作条件外，同时还关注员工的家庭需求，企业安排家属参观日活动，邀请员工家属参观P企业的工作环境，从而使家人理解员工的工作性质与加班情况，减少家庭矛盾，并为员工的家庭活动如家庭成员庆生或者家庭聚餐活动提供条件，在一定程度上协助员工更好地扮演好家庭角色，也会增加家庭成员对于企业的好感度，对于提升企业形象是大有裨益的。如果员工在工作中投入大量的时间与精力而减少在家庭活动中的投入，这必然会造成家庭关系的不和谐，这些问题若得不到解决就会使新民工产生非常大的压力，造成身心俱疲，工作状态不佳。因此通过给予员工有形的物质支持，员工从企业处所获得的工资、福利等资源能够影响到家庭领域，通过将组织所给予的有形资源（如获得经济报酬）投入家庭生活中，有助于员工提高生活品质，而在情感资源的投入方面，如对员工工作态度的肯定与夸奖等，也在提升着员工对家庭生活的满意度，对于抑制员工的消极情感和提高员工的幸福感水平有着重要作用。

第二，在投资过度型雇佣关系模式下，虽然企业未对员工寄予过高的期望，但随着电网的迅猛发展，对企业员工技能水平提出了更高的要求，新设备、新技术的广泛应用与企业数字化趋势迫在眉睫，而企业的转型，文化和人才先行，员工急需信息技术、无人机巡线、电网自动化等新技术设备的专业培训，员工的培训教育方案内容不断更新换代，为保持培训内容的先进性，因此 P 企业采取多种举措完善员工培训激励机制，通过对员工进行相应的职业生涯规划，为员工的职业发展创造更多机会。P 企业提供更多的学习机会，在企业内部开展争创学习型组织活动，通过培训交流提高企业员工自信心与工作效率，提升员工对目前岗位的胜任能力，使企业的人才得以高效运用；同时，将员工培训设置为企业内部绩效考核的内容，定期实行考核通报，自上而下努力营造良好的人才培养氛围，创新人才保护激励机制，让员工自愿立足岗位，自觉学习，努力增长才干。另外，管理者向员工解读企业战略定位，明晰企业业务发展方向，确保员工个体价值观与企业价值观存在良好的匹配关系，员工会逐步融入组织文化中，通过积极有效的培训管理方式，能够培养员工充分交流、互相帮助、虚心听取他人意见、积极探索学习的好习惯，使员工在做好本职工作的同时产生更多有益于企业的实践活动，提升企业在市场的关键竞争优势，让企业获得更可观的经济收益，达到电力企业长效、稳健发展的目标。

第三，从员工个体层面而言，工作中学习意愿的强烈与否以及技术水平的高低影响着工作任务的完成效果，而在实际的生活中，是不存在严格意义上的独立个体，每个人都需要与他人进行或多或少的接触。当个体融入集体，各种合作关系就自然存在了（黄中山，2017），由于集体里的团体异质性，当团体拥有一个共同的目标且需要互助协作时，团体在真正意义上也就产生了，而协作能力的高低会对工作绩效产生较大影响。在团队中，如果成员之间人际关系融洽，心往一处想，劲往一处使，那么团队成员对于工作的积极性会显著提高，对于工作任务的忠诚度也会与日俱增，团队工作成果往往能超过成员个人业绩的总和。因此 P 企业始终强调员工要学会与他人协作，优秀的团队文化可以让成员以团队理念为标准，高效率完成团队合作任务以及团队建设目标。在团队文化的影响下，成员会自觉保持高度的工作热情以及积极的工作态度，为团队的共同目标而努力奋斗。企业利用合作模式让员工组成高效的团队，安排资历较深的员工与刚入职场的新人形成搭档关系进行知识的分享与信息的互补，通过不断反思以长补短，减少团队内部消耗，提高团队成员互相学习与合作的意识。当团队中每个人都能坦诚相待，都愿意为团队奉献自身力量时，员工合作意识不断增强，员工也就越能明白自身在企业中的定位，越清楚自己肩负的责任，自觉地约束与规范自身的不良举动，最大限度地减少了消极怠工的现象，并且相互之间也能形成良好的监督。根据上述分析，得出如下命题：

命题 23：在投资过度型雇佣关系模式下，物质性报酬对于员工个人需求-组织供给匹配度有正向影响，进而促进员工工作-家庭关系和谐，使员工有较高水平的幸福感，而发展性报酬对于组织-员工价值观匹配度有正向影响，进而影响员工的自我实现需求；员工角色内要求对于组织要求-个人能力匹配存在正面影响，主要体现在员工合作意识的培养上，进而影响员工自我实现的需求。

5.3.4 组织导向型雇佣关系模式对新民工幸福感的影响

N 企业对应组织导向型雇佣关系模式。根据访谈数据，企业的组织导向型雇佣关系模式对员工幸福感具有一定的影响，具体分析如表 5-7 所示。

表 5-7　组织导向型雇佣关系模式与新民工幸福感的相关范畴和典型引用语举例

主范畴	对应范畴	编码	典型引用语举例	指向性
组织导向型雇佣关系模式（ZD）	物质性报酬（ZD1）	企业对在产品创意或者制造流程方面有重大贡献的员工给予奖金奖励（zd12）企业定期向家庭存在困难的员工发放现金补贴及相应的生活物资（zd13）	"企业会对那些在市场嗅觉灵敏且玩具创意上有新想法的员工给予奖金奖励并在企业中公开表扬。"（Nzd12）"企业会给那些单亲家庭的员工定期发放现金补贴或者伙食补贴，并且会派专员携带一些米粮油之类的生活物品进行家访。"（Nzd13）	物质性报酬（ZD1）→价值观匹配（P1）→自我实现（X1）物质性报酬（ZD1）→个人需求-组织供给匹配（P2）→工作-家庭关系（X2）
	发展性报酬（ZD2）	企业为不同岗位的员工提供有针对性的培训（zd21）企业会根据员工的工作反馈，综合考虑对员工进行岗位的调换（zd22）企业定期对员工的心理状态进行评测（zd23）	"生产岗位、市场调研岗位、行政管理等岗位的人员进行分批次的培训，各种岗位的培训内容不尽相同。"（Nzd21）"一些生产岗位上的员工虽然不像销售岗位需要经常外出进行市场调研，如果自身愿意从事销售服务的话，企业会综合判断是否调换岗位。"（Nzd22）"企业开设心理咨询室，通过了解员工对于目前职业发展的困惑为员工提供针对性意见。"（Nzd23）	发展性报酬（ZD2）→自我实现（X1）

续表

主范畴	对应范畴	编码	典型引用语举例	指向性
组织导向型雇佣关系模式（ZD）	员工角色内要求（ZD3）	员工需坚持责任导向，确保服务质量（zd31）员工需妥善处理好与同事的关系(zd33)	"企业要求生产岗位的员工严格遵守相关的安全生产规章制度，保质保量地完成企业所分配的各项工作任务。"（Nzd31）"员工之间应该保持和谐共处的关系，多沟通。"（Nzd33）	员工角色内要求（ZD3）→价值观匹配（P1）→自我实现（X1）
	员工角色外要求（ZD4）	员工能够通过自主学习的方式提升自己的工作水平（zd41）员工能够为企业的发展建言献策(zd42)	"企业在员工休息区开设图书浏览室，鼓励员工通过阅读书籍的方式提升自己的软实力，在制造业类型的企业中，员工能通过阅读书籍的方式激发创新思维。"（Nzd41）"员工会互相交流，思考关于提升产品质量、美化产品包装等方面的问题，并且管理者也鼓励员工提出自己的意见。"（Nzd42）	员工角色外要求（ZD4）→组织要求-个人能力匹配（P3）→自我实现（X1）
员工幸福感（X）	自我实现（X1）	员工通过工作挖掘出了自己大部分个人生活目标或培养了相关的优秀品格（x12）	"员工在企业工作中可以学习到责任意识与合作精神，企业重视员工的发展，员工自然也会尊重企业的各项管理举措，尽职尽责完成每一项工作任务。"（Nx12）	—
	工作-家庭关系（X2）	员工在工作中所获得的社会关系及积累的资源影响到家庭实际问题的解决（x22）	"员工有时候下班晚了没来得及去学校接孩子放学，企业内比较熟络的同事都会主动照应，帮忙把孩子接到自己所居住的小区保安处。"（Nx22）	—

资源来源：笔者根据调研数据整理。

　　由表 5-7 和图 5-5 可以得知，组织导向型雇佣关系模式对应的物质性报酬通过影响组织与员工的价值观匹配度进而影响员工的自我实现需求，同时还会通过影响个人需求-组织供给匹配度进而影响员工的工作-家庭关系和谐状况；而发展性报酬则直接影响员工的自我实现需求；员工角色内要求会通过影响组织与员工的价值观匹配度进而影响员工的自我实现需求；而员工角色外要求则通过影响组织要求-个人能力匹配度进而影响员工的自我实现需求。

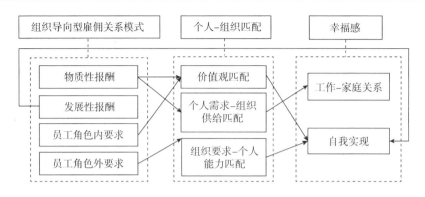

图5-5　组织导向型雇佣关系模式的影响路径

资源来源：笔者根据研究思路绘制。

关于组织导向型雇佣关系模式，既包含组织对于员工个体的期望，即组织对员工的授权、所提供的报酬及相应的培训，同时也包括组织对员工的绩效期望、工作方法的改进等。基于社会交换的视角，学者普遍认为组织导向型关系会导致更积极的工作绩效和组织绩效，且通过访谈得知，目前N企业面临着严峻的外部市场考验，玩具和动漫的结合为玩具注入全新的文化内涵，而以此为基础来提升玩具产品的附加值不仅是企业管理层的重要议题，更是广大一线工作人员关注的焦点；同时，人工智能技术的发展也为玩具催生了众多的新玩法，为了适应高新技术的发展，员工的知识水平及操作技能也需要相应地进行更新换代；企业若仅通过简单代工生产或贴牌生产的方式谋取利润，缺乏自主特色产品的开发，则很难在市场占有率方面取得相应的优势地位。因此为了企业及员工的存续发展，综合上述分析，结合N企业所在玩具制造业的性质，有如下发现：

第一，在玩具制造市场里，企业只有确保所生产产品的创新性才能在严酷的竞争中胜出，进而获得相当数量的市场份额，为了实现产品的创新，相应的经济管理意识创新是必须的，而企业价值的实现无法离开员工个体价值的实现，因此创新经济管理则要设法调动员工的工作积极性，培养员工的创新意识，意识的培养离不开日常的奖惩考核制度的影响，由于员工个体行为会受到奖励性报酬交换活动的影响，因此N企业贯彻"以人为本"的理念，通过奖金激励的方式鼓励员工积极创新，努力营造创造性的工作氛围，并且通过采访管理者得知"企业还会开设'创意工坊'这类工作室以供员工尝试"，由于较少受到技术规则的限制，在这种氛围下，将会影响员工对于组织环境的感知度，当员工感受到企业所赋予其更多的权益时，管理者与员工之间产生更多的沟通机会，进而激励员工参与更多创造性活动，以获得组织所给予的更多回报。当员工逐渐接受并认同企业价值观时，员工个体的价值观与企业整体所强调的发展理念越发契合，员工可以感觉到企业对他们的重视，以一种更为饱满的情绪投入创新实践中，而在这一实践过程中，员工准确认知和把握自己创造性思维能力的程度将增强员工对于自身发展的定位及目标设计的预测力，企业也能在员工所投入的创造性活动中获得更多创造性绩效，提高对市场反应的灵敏度。

第二，工作和家庭作为每个人生存所必须面对的两个领域，它们之间的关系平衡与否直接影响个体的工作状态和生活质量（梁青青，2014）。根据资源保存理论，员工通过参与非工作活动放松身心，不同于工作中所获得的成长与满足，员工会以积极的心态重新投入工作中，有效协调工作领域与家庭领域的关系，而当员工的家庭角色越发突出时，即当员工执念于家庭没有给工作活动留足时间而无法有效恢复工作状态时，其会产生相应的负面影响，而在组织导向型雇佣关系下，考虑到 N 企业的员工大多已婚，需要兼顾为人父母的职责，员工的工作与家庭冲突越发明显，由于员工不是理性人，为了减少员工可能因家庭事务而在工作中产生负面情绪，企业会帮助员工协调工作和家庭之间的关系，一方面通过给予相应的物质支持，如奖励工资、特殊津贴、租房补贴等形式，通过这些形式的物质补贴帮助有困难的员工渡过难关；另一方面，企业定期对员工进行心理疏导，及时了解员工在家庭生活中存在的问题，安排相应的调解员进行调解，并开展相应的家庭联谊活动来为与员工的沟通对话创造条件。如 N 企业某员工所述"家离工作地较远，由于晚上加班，小孩有时候下课晚了来不及给他做饭，我就会把孩子接到公司食堂吃饭，有时候领导还会把自己的办公室让出来让孩子在里面写作业，总的来说，比让孩子自己走回家安全多了"，从领导、同事等方面获得的实际支持有助于平衡员工的工作-家庭关系，帮助员工及时从家庭困境中走出，在改善家庭关系的同时更好地履行自己的工作职责，使员工对待工作更有责任心，同时也能提高工作效率。

第三，对于新民工而言，他们最看重的是发展，其中就包括公司所提供的发展机会与培训计划，而发展即员工在企业的生存质量与职位的可塑性；对于企业而言，尤其是以市场变化为主导方向的玩具制造业，企业的可持续性发展依赖的是成熟且理性的员工，帮助员工成长其实也是在帮助企业成长，这是一次意义重大的价值整合。因此在组织导向型雇佣关系模式下，N 企业重视员工职业生涯管理，使员工了解自身与企业的特点，并进一步判断企业所提供各类资源是否达到自己的期望，引导员工发挥个人的潜能，加强员工关于自己职业的再认知；同时企业为员工提供相应的教育培训，帮助员工丰富相关专业知识技能，提高岗位胜任力；企业定期实行岗位轮换，丰富员工的工作活动内容，拓宽员工的知识技能范围，降低员工工作中可能出现的枯燥感与倦怠感，让员工保持在企业中工作的新鲜感，尝试新的且具有挑战性的工作内容，为员工的内部提升创造条件；另外，企业促进不同岗位上员工的流动，通过接触彼此的工作，在了解不同岗位工作内容的同时，体悟不同岗位上的员工的辛苦，在今后的工作交流中，员工能以一种更为宽容心态对待彼此，促进不同岗位上员工之间关系的和谐融洽。

第四，产品质量是企业的生命之所在。企业要想实现较好的效益，就必须对所生产的产品规定相关质量标准与要求。从企业外部条件而言，由于国内外玩具安全和环保标准的提高，市场对于玩具制造类企业的生产原材料与生产工艺的技术把关程度越来越高，不符合相关生产要求的玩具制造企业会遭到停业整顿的处罚甚至于被市场淘汰；从企业内部监管而言，产品检测费用的提高也在限制着一些利润空间较小企业的发展。而在组织导向型雇佣关系模式下，N 企业一直遵循着"质量是产品的灵魂"的工作理念，为了落实产品质量责任，引起员工的共鸣，一方面通过过程管理等硬性管理制度健全监管体制机制，完善相关监管手段，对产品实施质量测评，促进产品质量提升；另一方面 N 企业通过相关主题讲座与真实案例展示等培训教育的形式强化员工的生产责任意识，使员工自觉、自愿地反复做正确的事，通过演练与实战的结合，达到对业务标准形成条件反射的程度，进而形成统一的行为准则和企业氛围，不能为了数量而丢了质量，构建起企业-员工共治体系，努力形成人人关心、重视、追求质量的氛围，在这种氛围的影响下，员工同企业在生产质量上达成共识，更容易增强员工的责任意识，使员工自发地遵守企业的规章制度和认可企业文化，在工作生活中更加严于律己，无论是在有人监督还是无人监督的场合下都能主动承担责任而不推卸责任，对于工作有更多的思考，进而转化为员工追求自身发展的内在动力，驱使员工不断反思自己在工作中的不足。

第五，新民工在工作中的沟通交流和传递信息会影响其行为和情绪，而组织未来的发展愿景及动力源泉使这些员工能积极主动参与到组织的生存发展中（魏明月，2009）。管理者需要将组织发展状况的信息传递给员工，让员工感知到组织重视自身提出的建议，从而激发员工表现出有利于组织改善现状和创新发展的建言行为。为了在企业内部形成有利于组织发展的价值观，营造员工积极建言的企业氛围，N 企业在人力资源管理实践中，根据企业实际发展状况，在招聘员工的过程中，更加关注新民工的工作价值观，通过不同的选拔人才方式，招聘与本企业价值观相匹配的员工；在培训新员工方面，管理者则侧重于对员工加强企业文化和价值观的培训，在加强员工对组织未来发展认识的基础上，提高员工对组织的认同感和归属感；在任命和晋升新员工职位方面，尤其是对于企业发展至关重要的部门，要求被晋升者与企业的核心价值观高度一致；通过在企业中宣传建言行为有益于员工职业发展和企业发展，让员工感知到组织重视其提出的建议，帮助新员工理解建言行为对该企业发展的价值。根据上述分析，得出如下命题：

命题 24：在组织导向型雇佣关系模式下，物质性报酬对员工个人需求-组织供给匹配度有正向影响，还对组织与员工的价值观匹配度有正向影响，进而使员工能够维持和谐的工作-家庭关系与保持较高程度的自我实现需求；发展性报酬则直接影响员工的自我实现需求；员工角色内要求对于员工的责任意识具有正向影响，进而影响员工的自我实现需求；员工角色外要求对于员工的建言行为具有正向影响，进而影响员工的自我实现需求。

5.4　研究小结与理论贡献

5.4.1　研究小结

研究发现，雇佣关系模式会影响新民工的幸福感。工作导向型雇佣关系模式下物质性报酬对员工的个人需求-组织供给匹配度有正向的影响，进而促进工作-家庭关系的双和谐，使员工有较高的幸福感；而企业对员工的角色内要求对员工的幸福感有负面影响，在组织要求-个人能力适配性较差的境况下既使企业绩效得不到有效的提升，又使员工对于工作意义与自身存在价值的感知较弱，进而导致员工的幸福感水平较低。在投资不足型雇佣关系模式下物质性报酬对个人需求-组织供给匹配度有正向影响，进而使员工的自我实现需求得以满足，使员工有较高的幸福感；员工角色内要求对于组织要求-个人能力匹配存在负面影响，不利于员工构建和谐的工作-家庭关系；而员工角色外要求对于组织与个人的价值观匹配度同样存在负面影响，价值观的不匹配在一定程度上阻碍了员工自我实现需求的满足。在投资过度型雇佣关系模式下物质性报酬对个人需求-组织供给匹配度有正向影响，进而促进员工工作-家庭关系和谐，使员工有较高水平的幸福感，而发展性报酬对于组织与员工的价值观匹配度有正向影响，进而更好地满足员工的自我实现需求；员工角色内要求对于组织要求-个人能力匹配存在正面影响，主要体现在员工合作意识的培养上，进而影响员工的自我实现需求。在组织导向型雇佣关系模式下，物质性报酬对员工个人需求-组织供给匹配度有正向影响，还对组织与员工的价值观匹配度有正向影响，进而使员工能够维持和谐的工作-家庭关系与保持较高程度的自我实现需求；发展性报酬则直接影响员工的自我实现需求；员工角色内要求对于员工的责任意识具有正向影响，进而影响员工的自我实现需求；员工角色外要求对于员工的建言行为具有正向影响，进而影响员工的自我实现需求。

5.4.2 理论贡献

第一，本书以新民工为研究对象，主要研究其在企业工作的幸福状况，重点关注不同雇佣模式下的企业引起新民工幸福感大小的差异。本书将企业的雇佣关系作为影响新民工幸福感的重要因素，引入个人-组织匹配度作为中介变量，最终证明了雇佣关系模式会通过个人-组织匹配度影响新民工的幸福感，本部分研究拓展了幸福感的研究对象，使幸福感在企业领域的研究更加丰富。

第二，在现有个人-组织匹配研究中，大多数是从价值观匹配等单一维度来研究个人-组织匹配对于新民工幸福感的影响机制，而本书将企业的雇佣关系作为影响新民工幸福感的重要因素，引入个人-组织匹配作为中介变量，且将个人-组织匹配划分为价值观匹配、个人需求-组织供给匹配、组织要求-个人能力匹配三个维度，通过个人-组织匹配将雇佣关系模式与新民工幸福感联系在一起，考察雇佣关系模式通过影响个人-组织匹配度进而影响员工幸福感的过程，不仅丰富了雇佣关系模式的结果变量研究，还丰富了幸福感的前因变量研究。

第三，本书发现只有在组织导向型雇佣模式下，企业所提供的发展性报酬能够直接影响员工的自我实现需求。而在投资过度型雇佣模式下，发展性报酬需要经过影响组织与个人的价值观匹配度才能对员工的自我实现需求产生影响，这可能是因为在投资过度型雇佣关系模式下企业未对员工寄予过高的绩效要求，对员工能否自主学习、追求上进相较于组织导向型模式下的态度比较随意。同时，本书还发现除投资不足型雇佣关系模式外，在其他三种雇佣关系模式下，企业所提供的物质性报酬通过影响组织供给-个人需求匹配度进而影响员工的工作-家庭关系平衡，足以看出如何扮演好工作与家庭双角色对于员工的重要性。

第6章　企业雇佣关系模式对新民工安全感的影响机制研究

新民工有着更为现代的工作理念和更高的生活期许。因此，对于新民工的管理模式必定要呈现出新的特征，而对于新民工安全感的研究也将呈现出与传统农民工不同的侧重点。然而，当前对新民工在企业工作中安全感的状况并没有引起企业的足够重视。企业选择雇佣关系模式时不仅要关注绩效和利润，还要考虑其福祉效果（Tsui，2013）。当前，新民工已经成为中国产业工人的重要组成部分，而对很多企业来说，利益和绩效仍然是其追求的第一甚至唯一目标，新民工在城市中生活和工作仍然存在薪酬不公平、就业歧视、能力得不到提升等方面的问题，新民工的安全感也会影响城市社会的和谐和城市化的进程。如果企业管理者不能对新民工的安全感给予足够的关注，未能重视企业中影响其安全感的各种因素，必然会引起新民工的不安情绪在企业中蔓延，影响新民工的工作效率和工作态度，出现员工离职等情况。

卡恩（1990）最先将安全感定义为员工不用因为顾忌自我形象、职业生涯规划、地位和发展等产生的不利影响的一种主观感知。一方面，学者主要探讨了安全感的影响因素。从个体层面来说，研究成果主要集中于员工和领导者因素。在员工因素方面，主要包括人际关系、员工的职业地位等（Carmeli and Gittell，2009）。在领导因素方面，学者普遍认为领导风格能比较准确地预测员工的安全感情况，领导风格会对员工的安全感产生显著影响（Li et al.，2013）。从组织层面来说，对员工安全感产生的影响研究较少。有学者从劳资关系角度探讨如何有效增强员工安全感（李召敏等，2017）。也有学者认为领导和同事的信任对于员工人际安全感有显著影响，而系统的信任感也能够对员工的心理安全产生影响（李宁等，2007；韩平等，2017）。另一方面，目前关于员工安全感带来的影响的理论研究并不丰富，主要集中于安全感给员工行为带来的影响。从国内外研究现状来看，从企业角度关注影响安全感因素的研究较少，特别是关于新民工在企业中安全感的研究更是少之又少，较少涉及企业雇佣关系模式对新民工安全感的影响。对于在城市务工的新民工来说，其在城市生活的安全感应当受到社会的广泛关注。因此在这种情况下，选择新民工作为研究对象，探究企业雇佣关系模式对新民工安全感产生影响的作用机制是十分有必要的。研究我国新民工群体的安全感状况，并据此探讨其特征，能够为提高他们的安全感和生活满意度提供理论和实践支持。而从企业的角度来看，关注新民工安全感能为管理者选择合适的雇佣关系模式提供借鉴和启示。

在理论意义方面，本章以雇佣关系模式为切入点，以组织支持为中介变量，在参照现有的理论研究成果的基础上选取四家处于不同行业的以新民工为主体的企业为研究对象，研究不同的雇佣关系模式对新民工安全感的影响。第一，本书丰富了安全感的研究对象，在以往的研究中对于安全感的研究多集中于老年人、青少年、大学生等，少有专门关注农民工这一特定职业群体的安全感的研究。第二，本书丰富了雇佣关系模式结果变量的研究，在以往对于企业雇佣关系模式的研究中，部分研究注重雇佣关系模式在组织层面产生的正面影响，如组织绩效等；也有部分研究更注重员工的职业能力与发展，如员工创造力、职业成长等（席猛等，2018）。第三，本书引入组织承诺作为中介变量，将其划分为三个维度，分别为情感承诺、规范承诺、持续承诺，通过组织承诺将雇佣关系模式与新民工安全感联系在一起，考察雇佣关系模式通过影响组织承诺进而影响员工安全感的过程。本章中结果变量为安全感，中介变量为组织承诺，从员工福祉角度考察合适的雇佣关系模式。

在实践意义方面，首先，探究雇佣关系模式影响新民工安全感的机制有助于提升新民工的安全感。站在企业角度关注新民工的心理问题，通过改善企业雇佣关系模式使新民工群体在工作中能拥有更健康的心理状态。其次，新民工具有不同于以往传统农民工的新特征，雇佣方有时并不能针对新民工群体的特殊性提供有效的解决方案，而面对这样的管理问题需要成熟的案例分析为其提供借鉴。最后，能够提高新民工融入度，促进社会的稳定发展。在新民工融入城市生活的过程中，提高新民工的安全感和归属感，有助于其更好地融入城市生活（淦未宇等，2020）。

6.1 企业雇佣关系模式影响新民工安全感的分析框架

本章在搭建分析框架时，以徐淑英等（1997）提出的激励-贡献模型将企业雇佣关系模式划分为四类（工作导向型、投资不足型、投资过度型、组织导向型），探究雇佣关系模式对新民工安全感的影响机制。

　　组织承诺是指员工维持现状的原因在于其对组织投入过多而使自己背离组织的成本太高，可见组织承诺与员工心理契约的履行有着一定的关系。对于组织承诺的维度分类，学者提出了多种分类方式，存在二维、三维、四维等不同分类，如三维度模型包括持续承诺、情感承诺和规范承诺。这种三维分类具有较为广泛的应用，被学者广泛采纳。学者结合实际国情进行深入研究，证实了将组织承诺分为三个维度在我国管理实践应用中具有较强的实用性和适用性（刘小平等，2001），因此本章选择采用组织承诺的三维分类方式，将员工对于组织的承诺划分为情感承诺、规范承诺、持续承诺三个维度。其定义如下：情感承诺是指员工在情感上认同组织、追随并依赖组织；规范承诺是指员工受到传统、规范、教育的影响而履行义务并承担责任；持续承诺是指员工为了不辜负自己的投入，选择留在企业中继续长期工作。

　　徐淑英等（1997）根据激励-贡献模型，依据企业对于员工的激励和要求员工的贡献水平高低划分为四种雇佣关系模式。企业与员工协定契约，要求员工对组织做出贡献，使员工受规范、制度的影响承担责任并履行义务；企业以各种形式给予员工的报酬是员工持续在组织中工作的动力，两者都会影响员工对于未来生活和工作的信心；而企业给予员工的激励与要求员工做出的贡献之间存在的差距，或将影响员工对组织的情感，进而影响员工对于人际关系安全的感知。现有研究同样证明了员工情感承诺受到企业雇佣关系模式的影响，在不同的雇佣关系模式下，员工对于组织的情感承诺也不相同。另外，领导风格和心理安全与组织承诺显著相关，情感承诺和规范承诺对安全感起中介作用（Cho，2018）。因此，可以得出由于企业对员工激励程度和员工的贡献水平不同，可能会影响员工的情感承诺、规范承诺和持续承诺，再因此影响员工的人际安全感和确定控制感，即雇佣关系模式会通过影响组织承诺进而影响员工的安全感。根据以上分析，本部分搭建了企业雇佣关系模式对新民工安全感的影响机制分析框架，如图 6-1 所示。

　　从图 6-1 可以推断出不同类型的雇佣关系模式会对员工安全感产生影响，但实际上不同类型的雇佣关系模式对于安全感的影响并不是相同的，四种不同类型的雇佣关系模式、组织承诺和安全感之间的作用关系目前还尚不明晰。本章研究的目的是探究每种雇佣关系模式对员工安全感的影响，同时阐明不同类型的雇佣关系模式对其产生的作用机制。

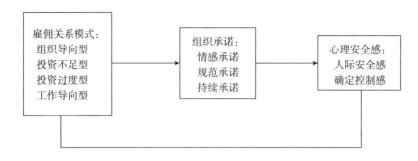

图 6-1　分析框架

资源来源：笔者根据研究思路绘制。

6.2　研究设计

6.2.1　研究方法

本章采用案例研究法，在研究的目的和方向已经提前确知的前提下，选择一个或数个研究对象，系统地收集一手素材、二手资料、数据等材料，并对主体进行数据收集，在整理访谈材料和数据之后，运用科学的分析方法进行深入分析，最后得出对应的研究结论。本章探究雇佣关系模式对新民工安全感的影响机制，通过深入研究和分析典型案例，能够帮助研究者从各类事件和访谈结果中有效且准确地提炼出相关概念或理论，以提升研究的科学性和准确性。

6.2.2　理论抽样与案例背景介绍

在对不同行业的数家企业进行访谈和调查的基础上，本章选取了四家经营状况良好、企业规模及员工数量适中、涉及不同经营类型的企业进行深入调查。选取四家案例企业作为研究对象对其雇佣关系模式进行分析的主要原因包括：①四家企业均有一定数量的新民工，新民工占据较大比重；②这四家企业分属不同的行业，经营类型差异较大，代表性较强；③本次选择的案例企业都可以确保采访到员工及管理者，并且绝大多数受访者愿意配合采访，能够收集到翔实、可靠、完整的内部资料，同时能够较为自由地观察工作场地，以确保调查的真实性、有效性，不受研究者主观判断的影响。

6.2.3　访谈准备与研究对象

6.2.3.1　访谈提纲准备

在每次访谈开始前，根据四家企业经营类型不同的特点，针对不同的访谈对象包括管理者和普通员工各有侧重。本章将雇佣关系模式对新民工安全感产生影响的机制作为研究目的，主要选取关键事件描述法，让受访者尽可能客观、详细地描述关键事件。针对企业管理者，主要着眼于公司的管理制度，包括薪酬制度、培训制度、招聘制度等方面；针对普通员工，主要从企业对员工的约束、员工的职责、员工在生活和工作中对于心理安全的感知入手，对于关键事件进行客观描述，从而分析企业雇佣关系模式对于员工安全感的作用机制。

采用半结构化访谈法，提前设定访谈框架，根据框架确定访谈的主要内容和方向，把控访谈节奏，且在访谈过程中对访谈问题及顺序进行及时调整，以获取关键信息数据。这样既可以有效避免结构化访谈带来的缺陷，使访谈过程不必拘泥于形式，又能有效把控访谈方向，避免访谈过程和数据与预想的结果存在偏差。

6.2.3.2　数据收集

为使案例研究的数据来源更加真实、可靠、丰富，也为提升结论的信度和效度，本章选择从多方面收集数据，主要有以下方面：

第一，半结构化访谈。由于研究中选取了不同经营行业的企业作为研究对象，其下属员工职位及员工的年龄层次、受教育程度等特征必定存在巨大差别，只有通过访谈的形式，才能更好地对案例进行深入和个性化的分析，以丰富案例分析角度。访谈时间为 2021 年 1 月至 4 月，共组织访谈 15 次，其中包括 10 次正式访谈、5 次补充非正式访谈、6 次对人力资源或直线管理者的访谈以及 9 次对下属员工的访谈。

第二，二手资料。收集企业公开或非公开的纸质文件资料，如企业的招聘、升职、培训、薪酬等制度，企业的公开宣传、规章制度、考勤表、工资表等。

第三，现场观察。对不同的企业生产、办公、后勤等场地进行现场实地观察，主要观察的区域包括公司办公区域、工厂施工区域、前台接待区域等，并与现场工作人员进行交流。调研概况如表 6-1 所示。

表 6-1　调研概况

编号	Q 企业	R 企业	S 企业	T 企业
名称	××餐饮管理有限公司	QD××工贸有限公司	QD××房地产开发有限公司	QD××集团有限公司

续表

编号	Q 企业	R 企业	S 企业	T 企业
企业类型	餐饮服务业	加工制造业	房地产业	建筑业
正式访谈对象、次数	管理者：2 次 员工：2 次	管理者：1 次 员工：3 次	管理者：2 次 员工：3 次	管理者：1 次 员工：1 次
访谈总次数	4 次	4 次	5 次	2 次
二手资料	公开宣传、内部纸质文件	招聘资料、内部纸质文件	公开宣传、招聘资料	公开宣传
现场观察	公司办公区域	工厂厂房	公司办公区域	工厂施工区域

资源来源：笔者根据调研数据整理。

6.2.4 数据编码与数据分析

为研究雇佣关系模式对新民工安全感的影响机制，对采访数据进行整理、删减、合并，在确保其真实性、准确性的前提下开始编码，编码过程如下：

第一步，开放式编码。首先，根据访谈资料结合参考文献对收集到的访谈内容进行整理，提炼出关键词，并对概念进行总结。其次，根据前文所述的分析框架，将编码结果归属到不同的关键影响因素中，并在此基础上形成一级编码。这一部分结果主要根据目前已有的文本资料获得，在编码前剔除与研究无关的内容，只编码相关的信息。最终共得到 305 条原始语句，经过提炼得出 35 条概念，并总结得到 17 个范畴，形成了数据结构表，如表 6-2 所示。

表 6-2　数据结构

一级编码	二级编码	三级编码
企业能按时给员工发放基本工资并按照规定缴纳五险一金（gd11） 企业会根据工程完成进度给员工发放奖励（gd12）	物质性报酬（GD1）	工作导向型雇佣关系模式（GD）
员工在遵守规章制度的前提下保质保量完成工作（gd21） 员工能够严格遵循公司的职责要求（gd22）	员工角色内要求(GD2)	
企业按照契约规定按时发放工资（tb11） 企业对一线员工有详细的计件绩效激励办法（tb12）	物质性报酬（TB1）	投资不足型雇佣关系模式（TB）
各岗位员工配合密切、各司其职（tb21） 员工遵守企业及部门制度进行生产工作（tb22）	员工角色内要求(TB2)	
员工要具备一定的职业道德素养（tb31） 员工能够创新工作方法，提高工作效率（tb32）	员工角色外要求(TB3)	

续表

一级编码	二级编码	三级编码
企业按照规定按时发放员工的基本工资（tg11） 企业存在绩效工资并且占薪酬比例较高（tg12）	物质性报酬（TG1）	投资过度型雇佣关系模式（TG）
有能力的员工能够得到合理晋升（tg21） 企业实行相对弹性的工作安排（tg22） 管理者给予一线员工充分授权（tg23）	发展性报酬（TG2）	
员工要在规定时间内完成事先规定的绩效（tg31） 员工要主动维护企业形象（tg32）	员工角色内要求（TG3）	
员工薪酬包括基本薪酬、绩效薪酬与福利（zd11） 领导者定期走访看望困难职工（zd12）	物质性报酬（ZD1）	组织导向型雇佣关系模式（ZD）
企业定期组织培训以提升员工工作技能（zd21） 企业中员工晋升通道顺畅，支持基层员工自荐担任管理者（zd22）	发展性报酬（ZD2）	
员工严格遵守岗位规定，履行份内工作职责（zd31） 员工积极维护企业形象（zd32）	员工角色内要求(ZD3)	
员工积极为企业建言献策，部门内部建言通道顺畅（zd41） 员工积极践行微笑服务，自觉贯彻企业文化（zd42）	员工角色外要求(ZD4)	
员工愿意在岗位上为企业付出（c11） 员工认为自己是公司的一分子（c12）	情感承诺（C1）	组织承诺（C）
员工愿意向别人介绍自己的职业或谈论自己的公司（c21） 员工认为自己对企业中的工作负有责任（c22）	规范承诺（C2）	
员工愿意一直在该企业工作（c31） 员工不愿离开该岗位或部门（c32）	持续承诺（C3）	
员工愿意与公司中的同事建立并保持密切关系（s11） 员工乐于向他人分享自己的观点和看法（s12）	人际安全感（S1）	安全感（S）
员工相信自己有能力应对和处理生活中突如其来的事情（s21） 员工对生活和工作保持信心，充满确定性（s22）	确定控制感（S2）	

资源来源：笔者根据调研数据整理。

第二步，主轴编码。对开放编码进行具体分析，确定各二级编码之间的逻辑关系，将二级编码引入三级编码中。在归纳分析之后，得出了6个主范畴，各个主范畴的内涵和与之相对应的开放式编码如表6-3所示。

表6-3　轴心编码

主范畴	对应范畴	范畴内涵
工作导向型雇佣关系模式（GD）	物质性报酬（GD1）	企业能根据契约和制度规定按时发放员工的基本工资，按照规定缴纳五险一金，并且根据工程完成进度给员工发放奖励
	员工角色内要求（GD2）	企业要求员工严格遵循公司规章制度并按照要求完成工作
投资不足型雇佣关系模式（TB）	物质性报酬（TB1）	企业按规定发放基本工资，并制定绩效奖励制度
	员工角色内要求（TB2）	企业要求各部门员工遵守公司和部门的制度规定，各部门密切配合、各司其职
	员工角色外要求（TB3）	企业要求员工具备一定的职业道德素养，并且能够创新工作方法，提高工作效率
投资过度型雇佣关系模式（TG）	物质性报酬（TG1）	企业按照规定按时发放基本工资，存在绩效工资并且其占薪酬比例较高
	发展性报酬（TG2）	高绩效、有能力的员工很快能够得到晋升且员工工作时间相对弹性
	员工角色内要求（TG3）	员工不但要在规定时间内完成绩效，还要主动维护企业形象
组织导向型雇佣关系模式（ZD）	物质性报酬（ZD1）	企业为员工发放相应薪酬和履行其对员工的物质性报酬的承诺，对员工适当进行转正或升职的激励
	发展性报酬（ZD2）	企业对员工进行大量培训投入，提升了员工个人素质，同时对员工充分授权
	员工角色内要求（ZD3）	企业要求员工在履行份内职责的同时，要以身作则，提升公司整体形象
	员工角色外要求（ZD4）	员工能够从企业的综合利益考虑，为企业提供创新性的、建设性的意见
组织承诺（C）	情感承诺（C1）	员工在情感上认同组织、追随组织，并对组织产生依赖
	规范承诺（C2）	员工受到传统思维、社会规范、教育的影响而承担责任，履行义务
	持续承诺（C3）	员工为了不辜负自己的投入，选择留在企业中继续长期工作

续表

主范畴	对应范畴	范畴内涵
安全感（S）	人际安全感（S1）	员工愿意与公司中的同事建立并保持密切关系，乐于向他人分享自己的观点和看法
	确定控制感（S2）	员工对生活和工作保持信心，充满确定性，相信自己有能力应对和处理生活中突如其来的事情

资源来源：笔者根据调研数据整理。

第三步，选择性编码。在前两个步骤的基础上，研究各主范畴之间的逻辑关系，筛选并整合出核心范畴。

6.3　研究发现

6.3.1　工作导向型雇佣关系模式对新民工安全感的影响

T 企业对应的是工作导向型雇佣关系模式。根据访谈，工作导向型雇佣关系模式会通过影响员工对组织的承诺，进而对新民工的安全感产生相应的影响，具体分析如表 6-4 所示。

表 6-4　工作导向型雇佣关系模式与新民工安全感的相关范畴和典型引用语举例

主范畴	对应范畴	编码	典型引用语举例	指向性
工作导向型雇佣关系模式（GD）	物质性报酬（GD1）	企业能按时给员工发放基本工资，并按照规定缴纳五险一金（gd11）企业根据工程完成进度给员工发放奖励（gd12）	"拖欠工资这种事肯定不会发生在 T 企业，因为农民工都是一大家子等着过日子。"（Tgd11）"员工拿了钱就得干活，还得按企业要求干，虽然辛苦，但有收入。"（Tgd12）	物质性报酬（GD1）→规范承诺（C2）→确定控制感（S2）
	员工角色内要求（GD2）	员工履行规定的职责，按照要求完成工作（gd21）员工能够严格遵循公司的规章制度（gd22）	"早就跟人说好了，都是有规定的，不能随便走，走了找不到工作怎么办？家里两个孩子还等着上学呢。"（Tgd21）"员工按照规定干活，承担相应责任。"（Tgd22）	员工角色内要求（GD2）→规范承诺（C2）→确定控制感（S2）员工角色内要求（GD2）→持续承诺（C3）→确定控制感（S2）

续表

主范畴	对应范畴	编码	典型引用语举例	指向性
安全感 （S）	确定控制感 （S2）	员工对生活、工作保持信心，充满确定性（s22）	"在 T 企业工作虽然累，但孩子上学不用愁，员工还想在工作地买房子。"（Ts22）	—

资源来源：笔者根据调研数据整理。

由表6-4和图6-2可知，在工作导向型雇佣关系模式下，员工物质性报酬能够通过影响组织承诺中的规范承诺，进而影响员工的确定控制感；员工角色内要求会通过影响组织承诺中的规范承诺和持续承诺，进而影响员工的确定控制感。

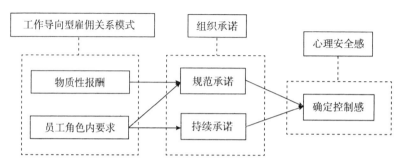

图6-2 工作导向型雇佣关系模式的影响路径

资源来源：笔者根据研究思路绘制。

对于工作导向型雇佣关系模式来说，在低提供诱因和低期望贡献下，员工和组织之间的关系是短暂的、狭义的、不确定性的，企业与员工的关系以经济交换为主，很难产生情感上的归属和依赖（席猛等，2018）。而对于 T 企业的访谈研究也证实了这一理论，结合工程建设类企业的性质，本章有如下发现：

其一，在工作导向型雇佣关系模式下，企业按照规定制度为员工发放物质性报酬，这能够使新民工对组织产生规范承诺，进而影响其确定控制感。固定工资、奖金和罚款是约束新民工按照生产制度和规范进行生产工作的重要因素，员工只有遵循规章制度进行生产，不偷工减料，才能获得稳定的收入以维持自己和家人的生活，进而使员工对未来有了确定控制感，这是工作导向型雇佣关系模式对新民工安全感产生影响的最主要路径。然而，由于员工的薪酬水平不能达到预期会显著影响其对组织的持续承诺和情感承诺水平。在此种雇佣关系模式下，新民工从固定的工资水平中获得的确定控制感仅限于维持当下的稳定生活，而由于企业对于新民工没有长期的广义上的投入，没有给予员工培训、授权和升职计划等发展性报酬，员工对于自己的职业生涯也并无规划，所以新民工对于未来生活的希望在很大程度上将寄托在国家的养老制度和自己的后代身上。在访谈过程中可以发现，在工作导向型雇佣关系下，新民工对于未来的生活谈及最多的是对子女的抚养和培育，从中可以看到，对于这种雇佣关系下的新民工来说，工作的最大目的是为了抚育子女。除受到传统文化的影响之外，在一定程度上也可以看出在这种雇佣关系模式下，新民工对于未来的不确定性实际上较高，企业对于员工的投入不能完全给员工带来安全感，在这种关系模式下，员工虽然能够从物质性报酬中获得安全感，但其水平是较低的。

其二，企业的制度规定对新民工产生的角色内要求使其对组织产生规范承诺和持续承诺，从而提升员工的确定控制感。员工角色内要求是组织对员工份内职责和应当遵守的职业规范的约束，作为一家工程建设类企业，T 企业必须制定严格细致的工作细则，失之毫厘就可能出现重大安全责任事故。在采访过程中也可以发现，T 企业对于员工施工、操作过程有详细而复杂的制度要求，且多以文字形式呈现，时刻提醒员工需遵循规章制度，在这种工作环境的影响下，新民工能够牢记工作规范并在工作中落实，员工角色内要求影响了员工对组织的规范承诺。在工作导向型雇佣关系模式下，企业严格执行奖惩机制，对项目成果进行衡量，考察员工份内的工作表现，任务定义十分具体（徐云飞等，2017），员工的安全感在很大程度上来自制度规则，员工遵守制度规则、生产模式是为了能维持当前工作，维持稳定收入，同时员工也期望公司能够遵守制度，按照契约按时发放物质性报酬，员工相信未来是清晰确定的，才会产生确定控制感。可以说，在工作导向型雇佣关系模式下，物质性报酬和员工角色内要求是组织管理员工的两种手段，以员工角色内要求进行约束，以明确企业对员工的要求和期望，再以物质性报酬进行奖惩，通过这样的路径模式，组织对员工的规范要求得以实施和落实。组织与员工之间仅存在角色内要求与物质性报酬的交换，并由此产生规范承诺，但却少了情感承诺，员工由此获得的安全感并不包括人际安全感，这种安全感是不充分、不完全的。

其三，在工作导向型雇佣关系下，员工角色内要求同样会对新民工的持续承诺产生影响，进而影响其确定控制感。组织对员工的角色内要求不仅包括员工要按照生产的规范和规定工作，而且包括员工要持续地为组织工作，不能随意更换企业或者岗位，这些要求也使员工对组织产生了持续承诺（李斯等，2021）。在工作导向型雇佣关系模式下，员工会因为组织给予的物质性报酬在企业中持续工作，员工更换工作给自己带来的损失大于更换工作带来的收益，这种情况下员工愿意追求稳定的物质收入，期望长期在该企业工作，对组织产生持续的承诺。然而，在工作导向型雇佣关系模式下，新民工虽然有固定的物质报酬，对自己的未来有一定的确定控制感，但是由于企业和员工的互动仅停留在物质交换和员工角色内要求层面，"拿钱办事"的想法非常严重（席猛等，2018），在访谈过程中就有员工表示："员工拿了钱就得干活，还得按企业要求干，虽然辛苦，但有收入。"由此可见，在工作导向型雇佣关系模式下，新民工对于组织的持续承诺完全来自企业对于员工的角色内要求，而组织内缺乏人际关系的互动，新民工对于组织没有情感承诺，所以其能够感受到的人际安全感十分有限甚至缺失。根据以上分析，得到以下命题。

命题 25：在工作导向型雇佣关系模式下，员工物质性报酬能够通过影响组织承诺的规范承诺，进而影响员工的确定控制感；员工角色内要求会通过影响组织承诺的规范承诺和持续承诺，进而影响员工的确定控制感。

6.3.2 投资不足型雇佣关系模式对新民工安全感的影响

在此次调研中，R 企业对应投资不足型雇佣关系模式。根据访谈数据，企业的投资不足型雇佣关系模式会通过影响员工对组织的承诺，进而对新民工的安全感产生相应的影响，具体分析如表 6-5 所示。

表 6-5　投资不足型雇佣关系模式与新民工安全感的相关范畴和典型引用语举例

主范畴	对应范畴	编码	典型引用语举例	指向性
投资不足型雇佣关系模式（TB）	物质性报酬（TB1）	企业对一线生产员工有详细的计件绩效激励办法(tb12)	"员工干一件就有一件的钱，干得越多钱越多，因此员工都愿意把活干得又快又好。"（Rtb12）	物质性报酬（TB1）→确定控制感（S2）
	员工角色内要求（TB2）	各岗位员工配合密切、各司其职(tb21)	"公司各个部门所有成员要团结一致，相互配合。在这方面 R 企业已经有一整套完整可行的运行机制。员工反映这样确实是有效可行的。"（Rtb21）	员工角色内要求(TB2)→规范承诺(C2)→确定控制感(S2)
	员工角色外要求（TB2）	员工要具备一定的职业道德素养(tb31)员工能够创新工作方法，提高工作效率（tb32）	"领导不仅把员工职业道德要求挂在墙上，员工违反规定被抓住还要扣钱，这让员工不知道该怎么办。"（Rtb21）"企业要求员工按照规定生产，又要求员工创新。有了成绩是领导的，出了问题要工人来担，这是个问题。"（Rtb32）	员工角色外要求(TB3)→情感承诺(C1)→人际安全感(S1)

续表

主范畴	对应范畴	编码	典型引用语举例	指向性
安全感 (S)	人际安全感 (S1)	员工愿意与公司中的同事建立并保持密切关系（s11）	"员工之间关系很好，但是员工和领导的关系并不好。每个部门都存在这样的问题。"（Rs11）	—
	确定控制感 (S2)	员工对生活和工作保持信心，充满确定性（s22）	"员工在企业周边买的房子，每个月的固定工资能还得起房贷。"（Rs22）	—

资源来源：笔者根据调研数据整理。

由表6-5和图6-3可以得知，在投资不足型雇佣关系模式中，物质性报酬能够直接影响新民工的确定控制感；而员工角色内要求通过影响组织承诺中的规范承诺，进而影响员工的确定控制感；员工角色外要求能够影响组织承诺中的情感承诺，进而影响员工的人际安全感。在投资不足型雇佣关系模式中，员工角色外要求与情感承诺呈反向关系，因而与员工人际安全感反相关。

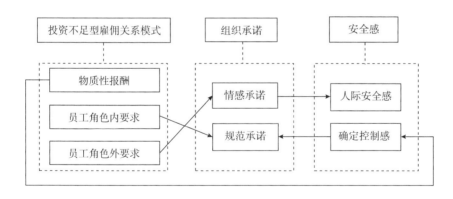

图6-3 投资不足型雇佣关系模式的影响路径

资源来源：笔者根据研究思路绘制。

在投资不足型雇佣关系模式下，企业采用短期狭义的纯粹经济性质的激励，却期望获得员工广泛的、有利于组织长期利益的贡献。在投资不足型雇佣关系模式下，员工的满意度较低，对于R企业的访谈研究也证实了这一观点，本章有如下发现：

其一，对于投资不足型雇佣关系模式来说，企业给予员工的物质性报酬可以直接影响员工的确定控制感。物质性报酬是员工未来生活的保障，员工对于未来的确定性在很大程度上来自从企业中获得的物质性报酬。根据访谈内容可以发现，有的新民工表示："员工在企业周边买了房子，每个月的固定工资能还得起房贷。"可以从采访的结果中发现，以住房成本为主的生活成本是新民工对于未来较大的不确定性因素，因此也是影响新民工安全感的最重要因素之一。R 企业位于典型的高房价、低收入的新一线城市，住房问题成为新民工进城务工首先要解决的问题，在这种情况下住房成本给予新民工极大的压力，解决房贷或房租问题是许多新民工首先要克服的困难（卫利珍，2021）。所以，新民工将住房问题视为影响自己未来幸福感和安全感的最重要的因素之一，只要每月的收入能够满足其对住房问题的需求，对于生活在这座城市的新民工而言，他们的未来就是确定的、安全的、可期的。可以合理推测出在投资不足型雇佣关系模式下，公司的规章制度也规定了员工为了获得物质性报酬必须根据契约遵守规范承诺，在公司平稳运行的前提下，员工就有稳定的收入，其未来就是确定的、可控的（段靖，2020）。综上所述，在投资不足型雇佣关系模式下，新民工在城市中的高生活成本是影响其对于城市生活和未来规划安全感的重要影响因素，在城市中立足是新民工面临的首要问题，只有解决新民工在城市中的衣食住行问题，使其有稳定的收入，才能提升新民工的安全感。

其二，企业对于员工的角色内要求，通过影响员工的规范承诺，进而对其确定控制感产生影响。与工作导向型雇佣关系模式相同的是，在投资不足型雇佣关系模式下，员工的安全感很大程度上来自对于既定规则的遵从和绩效目标的完成情况，员工遵守制度规则、生产模式是为了能维持当前工作，维持稳定收入，同时员工也期望公司能够遵守制度，按照契约发放物质性报酬，员工因此相信未来是清晰确定的，才有了确定控制感。物质性报酬和员工角色内要求是组织管理员工的两种手段，以员工角色内要求进行约束，明确企业对于员工的要求和期望，再以物质性报酬进行奖惩，通过这样的路径模式，组织对于员工的规范要求得以实施和落实。然而，与工作导向型雇佣关系模式不同的是，在投资不足型雇佣关系模式下，雇主主要采用的是短期狭义的纯粹经济性质的激励，期望获得员工广泛的、有利于组织长期利益的贡献（徐云飞等，2017），在该雇佣关系模式下，新民工对组织并不存在持续承诺。在工作导向型雇佣关系模式下，企业的物质性报酬能够引起员工的持续承诺，进而影响员工的确定控制感（马跃如等，2018）。而对于投资不足型雇佣关系模式来说，物质性报酬与员工对组织的持续承诺并无明确关系，员工角色内要求不会影响员工对组织的持续承诺。研究发现，在投资不足型雇佣关系模式下的员工满意度较低（李召敏等，2015）。

其三，在投资不足型雇佣关系模式下，管理者仅给予员工物质性报酬，没有发展性报酬。员工受到的激励与其需要做出的贡献不相称，这会引起新民工对企业的不满情绪（岳颖等，2021）。因此对于在投资不足型雇佣关系模式下工作的新民工来说，其受到来自企业的员工角色外要求越多，其对组织的情感评价越趋向于负面，对于企业的情感承诺也趋向于负向，人际安全感也就越低。在采访过程中可以看到，R 企业将对于员工的道德素质要求张贴在办公场所，并且要求员工遵守，这对员工是角色外要求，而当发现有员工违背道德素质要求的情况时，就要对员工实施惩戒，且多表现在薪酬上，员工没有做到的角色外要求会影响员工获得物质性报酬，这使员工对领导者和管理者产生不满情绪。由此可知，当员工角色外要求与物质性报酬相关联时，它不仅可能会影响员工对于组织的情感承诺，还可能会影响新民工的持续承诺，进而影响其确定控制感。总而言之，对于投资不足型雇佣关系模式来说，由于企业对于员工的投入与企业期望员工对于组织的回报也即企业对于员工的要求不相称，所以企业对于员工的角色外要求与员工的情感承诺反向相关，进而会影响新民工的人际安全感。在投资不足型雇佣关系模式下，企业对员工的角色外要求越高，员工的安全感越低。根据上述分析，得出下面命题。

命题 26：在投资不足型雇佣关系模式中，物质性报酬能够直接影响新民工的确定控制感；而员工角色内要求通过影响组织承诺中的规范承诺，进而影响员工的确定控制感；员工角色外要求能够影响组织承诺中的情感承诺，进而影响员工的人际安全感。在投资不足型雇佣关系模式中，员工角色外要求与情感承诺呈反向关系，与员工人际安全感反相关。

6.3.3 投资过度型雇佣关系模式对新民工安全感的影响

S 企业对应的是投资过度型雇佣关系模式。根据访谈，投资过度型雇佣关系模式会通过影响员工对组织的承诺，进而对新民工的安全感产生相应的影响，具体分析如表 6-6 所示。

表 6-6 投资过度型雇佣关系模式与新民工心理契约的相关范畴和典型引用语举例

主范畴	对应范畴	编码	典型引用语举例	指向性
投资过度型雇佣关系模式（TG）	物质性报酬（TG1）	企业按照规定按时发放员工的基本工资（tg11）企业存在绩效工资并且占薪酬比例较高（tg12）	"底薪是基础，对员工来说更重要的是绩效提成。"（Stg11）"卖得越多，提成越多。"（Stg12）	物质性报酬（TG1）→确定控制感（S2）

主范畴	对应范畴	编码	典型引用语举例	指向性
投资过度型雇佣关系模式（TG）	发展性报酬（TG2）	高绩效且有能力的员工很快能够得到晋升（tg21）企业实行相对弹性的工作安排（tg22）企业给予管理者充分授权（tg23）	"员工来到R企业才三年就成了组长，就是因为销售业绩好，员工有成为销售主管的决心。"（Stg21）"虽然一周只休息一天，但是只要员工业绩完成了，他们的上班时间都是自由的，企业不会强制要求员工工作时间一定要在工作地点，维护同事间的关系也是员工工作中的一部分。"（Stg22）"项目总经理会让组长全权负责组员的业绩，考核他们的绩效，组长会公平公正地考核。"（Stg23）	发展性报酬（TG2）→情感承诺（C1）→人际安全感（S1）发展性报酬（TG2）→持续承诺（C3）→确定控制感(S2)
	员工角色内要求（TG3）	员工要在规定时间内完成绩效（tg31）	"企业每个月都规定了访客数量和销售数量，如果数量不达标会扣工资，员工每个月都能达到目标。"（Stg31）	员工角色内要求(TG3)→规范承诺（C2）→确定控制感(S2)
安全感（S）	人际安全感（S1）	员工愿意与公司中的同事建立并保持密切关系（s11）员工乐于向他人分享自己的观点和看法（s12）	"销售组之间存在竞争关系，互相比业绩，组里的人关系好，组与组之间的关系不一定融洽。"（Ss11）"基本上同一个销售小组里的同事关系不错。"（Ss11）	—
	确定控制感（S2）	员工对生活和工作保持信心，充满确定性（s22）	"员工购买企业项目名下的房子可以按照最低优惠价，每月房贷不高，而且房子还在升值，员工也会升职。"（Ss22）	—

资源来源：笔者根据调研数据整理。

由表6-6和图6-4可以得知，在投资过度型雇佣关系模式中，物质性报酬可以直接影响员工的确定控制感；发展性报酬可以通过影响组织承诺中的情感承诺和持续承诺，分别影响人际安全感和确定控制感；员工角色内要求能够通过影响组织承诺中的规范承诺，进而影响员工的确定控制感。

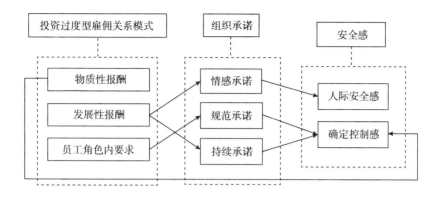

图6-4　投资过度型雇佣关系模式的影响路径

资源来源：笔者根据研究思路绘制。

在投资过度型雇佣关系模式下，雇主采用广义上长期的、确定的激励来交换员工的短期贡献。对于选择投资过度型雇佣关系模式的管理者来说，之所以愿意对员工进行超越员工自身回报的投入，是因为管理者认为未来员工的发展给企业带来的效益会超过当前对于员工的投入，所以管理者会注重对员工长远发展的培养和投资，并不期望短期内的投资回报。根据对 S 企业进行访谈的结果，可以得出以下结论：

其一，在投资过度型雇佣关系模式下，物质性报酬可以直接影响新民工的确定控制感。S 企业作为以销售为主的企业，设置了完善的薪酬体系模式，将基本薪酬、绩效薪酬和福利相结合，特别提高了绩效薪酬在总薪酬中的比重。对于在 S 企业工作的新民工群体来说，绩效薪酬是主要的激励方式，且绩效薪酬在总薪酬中占比较高的模式适合销售行业，特别是房地产销售行业。企业对于员工价值的认可和重视程度，在一定程度上与员工薪酬存在密不可分的关系，员工的薪酬水平在很大程度上与其给企业带来的价值以及对企业的贡献正相关（张美姣，2020）。企业要让薪酬真正地发挥激励作用，并且能够引导员工的行为与企业目标保持一致，使薪酬真正反映员工的工作努力程度和为企业带来的价值，让新民工感受到自己在企业中的劳动成果被重视和被认可。而针对员工特征实施个性化、激励性和多元化的薪酬福利体系，将绩效薪酬作为物质性报酬的一部分，使新民工有了通过自身努力获得比他人更多报酬的机会，使他们对于未来的城市生活更有希望，从而提升新民工的确定控制感。公平的薪酬制度是发挥薪酬激励作用的基础，公平的薪酬制度直接影响新民工的积极性以及工作热情。企业管理者要结合企业实际情况，全方位设计公平合理的绩效管理体系，对员工的贡献做出公正的评价，防止因薪酬体系的不合理引起员工的离职。

其二，发展性报酬能够通过提升新民工的持续承诺，进而影响其确定控制感。在采访过程中发现，在诸多发展性报酬中，授权是一种行之有效的发展性报酬。S企业的领导者和管理者会对一线销售领导和一线销售人员进行授权，这能够提升他们对组织的持续承诺，进而能够提升其确定控制感。有研究指出，与顾客接触的销售人员的服务质量是领导授权行为与销售人员销售绩效之间的中介变量。对于投资过度型雇佣关系模式的管理者来说，之所以愿意对员工进行超越员工自身回报的投入，是因为管理者认为员工的发展在未来给企业带来的效益会超过当前对员工的投入，所以管理者会注重对员工长远发展的培养和投资，相比之下短期内的投资回报并没有特别重要。管理者之所以愿意对员工进行授权，是由销售行业的独特背景决定的。但其他行业的领导者给予各级管理者甚至一线员工充分授权，也能够让员工感受到尊重和自由，增强其对于组织的持续归属感，进而提升其安全感。因此，对员工授权等发展性报酬能够让员工对企业产生持续承诺，进而提升员工的确定控制感。

　　其三，除实现企业对于基层员工的授权之外，另一种能明显影响新民工安全感的发展性报酬是给予员工弹性的工作时间。弹性工作时间能够使员工在工作之余，有更多的时间和精力来激发创意、维护人际关系、促进身心健康，这些都能够影响新民工对于组织的情感承诺，进而影响其人际安全感。弹性工作时间能够把人从模式化的时间里解放出来，提高工作效率，增加休息时间，激发更多创意灵感，使人心情愉悦，促进人际关系和谐。企业的管理者应当认识到，一方面，对于设计、研发和其他知识附加值较高的岗位来说，员工之间相互合作来激发灵感是必不可少的工作环节，人际关系是一个十分重要的工作要素，人际安全感也是安全感非常重要的一部分；另一方面，对于销售等需要与客户维持长期合作关系的岗位来说，维系员工与客户之间的情感也是工作中非常重要的一部分，因此管理者应当把维护与同事、领导、客户、竞争对手的人际关系视为员工工作内容的一部分，弹性工作时间中的闲暇部分也可以视为维护人际关系、激发灵感创意的工作时间。基于此，企业管理者应当从企业自身的实际情况出发来考虑工作时间安排。对于这一类行业来说，可以考虑实行弹性工作制度，以此作为对员工进行发展性报酬的投资，在既定目标已经完成的情况下，给予员工合理安排自己工作时间的权利。这在提升绩效水平之外，能够让新民工与同事、领导、客户、竞争对手之间的人际关系更加和谐，增强员工的人际安全感。需要注意的是，企业在给予新民工发展性报酬的同时，也要给予其相应的职业生涯规划与指导，综合考虑升职、授权、培训、弹性工作时间等各个方面，为其明确职业发展路径，提供清晰的晋升通道，给予其适当的承诺，提高员工对企业的归属感。

其四，在投资过度型雇佣关系模式下，企业对员工的角色内要求能够影响员工对企业的规范承诺，进而影响员工的确定控制感。同样，在投资过度型雇佣关系模式下，员工的安全感在很大程度上来自对既定规则的遵从和绩效目标的完成情况，而对就职于销售企业的员工来说，只有完成每月销售绩效，才能维持稳定收入。除此之外，销售型企业会将尽可能多地完成销售数量与提升销售业绩视为员工的角色内要求，员工也会受到绩效工资的激励，在完成既定计划的基础上提升销售业绩，员工不仅能够按照契约获得企业发放的基础性工资，还能获得绩效工资作为物质性报酬，这让员工相信未来是确定的，从而产生确定控制感。而不同于前两种雇佣关系模式的是，S 企业之所以会选择投资过度型雇佣关系模式，是因为企业的管理者认为员工的发展在未来给企业带来的效益会超过当前对员工的投入，所以管理者注重对员工长远发展的培养和投资。在投资过度型雇佣关系模式下，企业对员工的投入超过了企业期望从员工身上得到的回报，新民工因为获得了企业的过度投资，认为未来有了更确定的物质性和发展性保障，较前述两种雇佣关系模式有更高水平的安全感。根据上述分析，得出如下命题：

命题 27：在投资过度型雇佣关系模式中，物质性报酬可以直接影响员工的确定控制感；发展性报酬可以通过影响组织承诺中的情感承诺和持续承诺，分别影响人际安全感和确定控制感；而员工角色内要求能够通过影响组织承诺的规范承诺，进而影响员工的确定控制感。

6.3.4　组织导向型雇佣关系模式对新民工安全感的影响

Q 企业对应组织导向型雇佣关系模式。根据访谈，组织导向型雇佣关系模式会通过影响员工对组织的承诺，进而对新民工的安全感产生相应的影响，具体分析如表 6-7 所示。

表 6-7　组织导向型雇佣关系模式与新民工安全感的相关范畴和典型引用语举例

主范畴	对应范畴	编码	典型引用语举例	指向性
组织导向型雇佣关系模式（ZD）	物质性报酬（ZD1）	员工薪酬由基本薪酬、绩效薪酬与福利构成（zd11）领导者定期走访看望困难职工（zd12）	"公司有非常完整的薪酬制度，员工有非常明确的努力目标。"（Qzd11）"前些日子员工生病住院，请了三周假，领导和同事送了很多东西去看望。"（Qzd12）	物质性报酬（ZD1）→人际安全感（S1）/确定控制感（S2）

续表

主范畴	对应范畴	编码	典型引用语举例	指向性
组织导向型雇佣关系模式（ZD）	发展性报酬（ZD2）	企业定期组织培训以提升员工工作技能（zd21） 企业中员工晋升通道顺畅，支持基层员工自荐担任管理者（zd22）	"大多数组长是让员工自荐的，有些人虽然厨艺好，但是不愿意领导别人，给那些想要提升的人一个机会，他会更加感激领导，更加努力工作。"（Qzd21） "企业组织的'厨艺比武'不只是为了看谁真正有能力、有技术，还要看哪些人存在技术问题，好尽快组织培训，不能让任何一个人掉队。"（Qzd22）	发展性报酬（ZD2）→情感承诺（C1）→人际安全感（S1） 发展性报酬（ZD2）→持续承诺（C3）→确定控制感（S2）
	员工角色内要求（ZD3）	员工严格遵守岗位规定，履行份内工作职责（zd31） 员工将积极维护企业形象作为自己的职责（zd32）	"企业最害怕的就是顾客投诉，最高兴的也是顾客投诉。有顾客投诉才能发现问题，找到问题所在才能不断改进，不断进步。"（Qzd31、Qzd32）	员工角色内要求（ZD3）→规范承诺（C2）→确定控制感（S2）
	员工角色外要求（ZD4）	员工积极为企业建言献策，部门内部建言通道顺畅（zd41） 员工积极践行微笑服务，自觉贯彻企业文化（zd42）	"企业领导喜欢员工提意见，认为提意见要光明正大，不能在背后说。"（Qzd41） "我觉得自己是公司的一分子，想让顾客和竞争对手看到 Q 公司的形象。"（Qzd42）	员工角色外要求（ZD4）→确定控制感（S2）
安全感（S）	人际安全感（S1）	员工愿意与公司中的同事建立并保持密切关系（s11）	"平时不管是工作还是生活上谁有困难就帮一把，过年过节领导经常会去看望一些家庭困难的员工。"（Qs11）	—
	确定控制感（S2）	员工相信自己有能力应对和处理生活中突如其来的事情（s21） 员工对生活和工作保持信心，充满确定性（s22）	"员工生病住院的时候最担心的是自己的工作没人做，对于生活问题员工并不担心。"（Qs21） "国家政策好，公司为员工缴纳五险一金，员工并不担心自己的老年生活。"（Qs22）	—

资源来源：笔者根据调研数据整理。

由表6-7和图6-5可以发现，在组织导向型雇佣关系模式下，物质性报酬可以直接影响新民工的人际安全感和确定控制感；发展性报酬会影响组织承诺中的情感承诺和持续承诺，进而分别影响员工的人际安全感和确定控制感；员工角色内要求会通过影响组织承诺中的规范承诺，进而影响员工的确定控制感；而员工角色外要求能够直接影响员工的确定控制感。

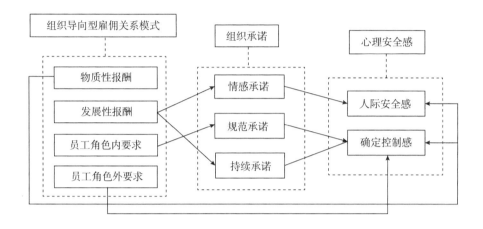

图6-5　组织导向型雇佣关系模式的影响路径

资源来源：笔者根据研究思路绘制。

组织导向型雇佣关系是指雇主采用广义的和长期的激励来交换员工有利于组织长期利益的贡献。在这种雇佣关系模式中，企业与员工双向互动，一方面企业给予员工的激励包括物质性报酬和发展性报酬，不仅给予员工完善的薪酬和丰富的福利，还对员工进行培训、授权等多种长远投资；另一方面员工自身也愿意为企业付出，不但按照制度规定及时自觉地完成角色内要求，而且将自己完全视为组织的一部分，主动维护企业形象，贯彻企业文化。根据对 Q 企业的访谈和实地考察得出如下结论：

其一，对于组织导向型雇佣关系模式来说，物质性报酬也会对人际安全感直接产生影响。在物质性报酬中，员工福利作为薪酬体系的一个重要部分，对于员工安全感的提升发挥着重要的作用。有研究发现，员工福利对组织承诺产生正向影响。企业给予员工的福利水平越高，员工对组织的承诺水平越高；反之，员工对组织的承诺水平越低。福利不仅能激发员工的工作热情、提升工作绩效，更重要的是保障和满足员工的生活。在访谈过程中有员工表示："前些日子员工生病住院，请了三周假，领导和同事送了很多东西去看望。""员工生病住院的时候最担心的是自己的工作没人做，对于生活问题员工并不担心。""平时不管是工作还是生活上谁有困难就帮一把，过年过节领导经常会去看望一些家庭困难的员工。"可以看出，由于Q企业福利制度比较完善，针对普通员工、生活困难员工以及有突发状况的员工都有相应的福利制度，这不仅能够使新民工对未来有确定的控制感，而且能够使他们对企业中的领导者和管理者产生充分的信任。针对不同员工特征给予新民工个性化、多元性薪酬福利，会对员工的规范承诺产生显著的积极影响（袁奇炜，2020）。因此，在组织导向型雇佣关系模式下，福利作为一种重要的物质性报酬，能直接影响新民工的人际安全感和确定控制感，员工用承担更大责任的工作换得了更优厚的回报，员工在此过程中实现了自我价值。对于新民工占比较高的企业来说，管理者应当重视公司的制度政策、工作环境和条件、人际关系等方面，不断完善公司的福利制度，将定时定期的常规福利与计划外的非常规福利相结合，以保障新民工的生理安全和心理安全。在员工对企业的贡献得到了企业相同回馈的情况下，员工会感觉到自己在企业中的人际关系是安全的，与领导者和管理者的人际交往是安全可靠的，在此情况下新民工的安全感会因为人际安全感的提高而提高（王国猛等，2019）。

其二，无论是在投资过度型雇佣关系模式下还是在组织导向型雇佣关系模式下，企业管理者之所以愿意对员工进行投资，给予其发展性报酬，是因为他们目光长远，认为员工未来的成长会给企业带来超出当前投入的效益。员工要想不断成长，就需要企业对员工进行培训，找出人岗匹配中存在的差距和不足。作为一家餐饮服务型企业，Q企业对员工有完善的培训制度和计划，其人力资源主管表示："企业组织的'厨艺比武'不只是为了看谁真正有能力、有技术，还要看哪些人有技术问题，好尽快组织培训，不能让任何一个人掉队。"可以看到，Q企业不仅有培训的计划和制度，而且有定期检查员工技术水平的制度。在组织导向型雇佣关系模式下，组织定期培训能够让员工对企业产生情感承诺，他们会对领导者和管理者心存感激，同时，以老带新的培训模式也能够使企业新老员工更加密切地合作和交流，使企业氛围和谐，新民工的安全感得到提升（段靖，2020）。然而，企业的培训并非都能换来员工对企业的情感承诺，也有可能存在员工通过培训得到技能和能力的提升之后，虽然对组织产生了情感承诺，但是职位、薪酬等物质性报酬和发展性报酬并没有随之提升，可能会引起员工离职，企业在员工身上的投入可能因此完全浪费（何建华等，2021）。因此，企业在给予新民工发展性报酬的同时，也要给予其相应的职业生涯规划与指导，综合考虑升职、授权、培训、弹性工作时间等各个方面，为其明确职业发展路径，提供清晰的晋升通道，给予其适当的承诺，提高员工对企业的归属感（袁奇炜，2020），这样企业给予员工的发展性报酬才会真正转化为企业的绩效和效益。

其三，在组织导向型雇佣关系模式下，发展性报酬还会引起员工对组织的持续承诺，进而提升员工的确定控制感。培训作为一种最常见的发展性报酬，新民工在培训中掌握了更多的技能，使其有了持续工作的能力，能够不断适应企业的发展变化，员工对企业产生持续承诺，从而提升员工的确定控制感。企业管理者愿意对员工进行投资，给予其超过角色要求的发展性报酬，是因为他们有更长远的投资眼光，他们相信当前对员工的投资会在未来通过员工的成长和进步换来更多的企业效益（马跃如等，2018）。在访谈过程中，Q 企业的管理者表示："企业最害怕的就是顾客投诉，最高兴的也是顾客投诉。有顾客投诉才能发现问题，找到问题所在才能不断改进，不断进步。"可见，Q 企业十分注重发现问题，发现员工存在的差距，愿意组织培训，帮助员工不断进步。员工要想不断成长和进步，需要企业对员工不断进行培训，找出员工与岗位匹配中存在的差距和不足，在培训中弥补差距。然而，作为一种发展性报酬，培训同其他发展性报酬一样都存在一定的风险，并非所有的培训工作都能够换取员工的成长和进步。可能存在的情况是员工掌握了更高的技能，而没有得到应有的薪酬和职位，便考虑离开企业，企业给予员工的培训、授权等发展性报酬与员工对组织的持续承诺呈反向关系。

其四，一种适当的雇佣关系模式不仅能够满足组织对员工贡献的需要和期望，也能够满足员工对企业投资的期望和需要。在组织导向型雇佣关系模式下，员工角色外要求能够直接对员工的确定控制感产生影响。在对 Q 企业的新民工访谈过程中发现，员工建言行为是影响员工确定控制感的一个十分重要的方面。员工建言行为属于角色外要求，有秩序、有组织的建言行为不仅可以让组织内的问题充分暴露，而且能够让员工享有安全、温馨的工作环境，提升员工的人际安全感。在访谈过程中发现，在建言行为不受抑制、建言通道顺畅的工作场所，员工有更强的归属感和安全感，有员工表示："我觉得自己是公司的一分子，我想让顾客和竞争对手看到 Q 公司的形象。"可以看到 Q 企业实施鼓励员工建言的制度和政策，使 Q 企业建言通道顺畅，员工建言行为不受抑制，组织氛围安全、温馨、友好。管理者制定和实施鼓励员工建言的激励机制，如管理者可以给予合理的精神奖励或者与绩效考核相关联的物质奖励，以此增加员工建言行为的内在动机，能使员工在组织中获得更多的确定控制感（王冬冬等，2021）。管理者在员工建言行为过程中要给予员工认可、重视和尊重，在与员工的日常互动中，注重与员工的沟通交流，关注员工的意见，给予员工必要的激励和帮助。综上所述，与投资不足型雇佣关系模式相反，在组织导向型雇佣关系模式下，以员工建言行为等为代表的员工角色外要求会直接影响员工的确定控制感。

其五，员工角色内要求能够通过影响员工对组织的规范承诺，进而影响员工的确定控制感。对于组织导向型雇佣关系模式来说，新民工对当下的安全感和对未来的确定性，同其他雇佣关系模式一样在很大程度上来自对既定契约的遵从和绩效目标的完成情况，而作为餐饮服务行业的 Q 企业的员工，只有提升服务质量，提高餐饮水平，减少投诉事件，才能获得奖励。员工在完成既定计划的基础上，不断提升服务质量，不仅能够按照契约获得企业发放的基础性工资，还能获得绩效工资作为物质性报酬，这让员工相信未来是确定的，才有了确定控制感。对于大多数服务型行业的员工来说，只有遵循企业规定的服务规范，恪守企业制度规定，才能减少投诉，赢得顾客好评，而客户的评价往往与员工的物质性报酬直接相关。虽然不同行业的企业对员工角色内要求的具体内容不同，如建筑行业要求的是追求质量，生产制造业要求增加产量，销售行业要求提升绩效，服务行业要求减少投诉，但与前述几种雇佣关系模式相同的是，在组织导向型雇佣关系模式下，员工之所以会对组织产生规范承诺，依然是因为企业对员工的角色内要求，其路径是企业对员工的角色内要求通过薪酬奖惩制度等影响员工对组织的规范承诺，因为有了规范承诺，员工有了稳定的收入，其未来是可控的，从而产生了较强的确定控制感。对于处于组织导向型雇佣关系模式下的员工来说，他们在承担更大责任的同时，也得到了更优厚的回报，提升了员工的自我价值，产生了更强的安全感（Harold，2008）。总之，在组织导向型雇佣关系模式下，新民工的安全感较高。这一研究结果与前人的研究结果类似，即认为组织导向型雇佣关系在组织绩效和员工福祉等方面优于其他雇佣关系模式。根据上述分析，得出如下命题：

命题 28：在组织导向型雇佣关系模式下，物质性报酬直接影响新民工的人际安全感和确定控制感；发展性报酬会影响组织承诺中的情感承诺和持续承诺，进而分别影响员工的人际安全感和确定控制感；员工角色内要求会通过影响组织承诺中的规范承诺，进而影响员工的确定控制感；员工角色外要求能够直接影响员工的确定控制感。

6.4 研究小结与理论贡献

6.4.1 研究小结

研究得出，雇佣关系模式会影响新民工的安全感。在工作导向型雇佣关系模式下，员工的物质性报酬能够通过影响组织承诺中的规范承诺，进而影响员工的确定控制感；员工角色内要求会通过影响组织承诺中的规范承诺和持续承诺，进而影响员工的确定控制感。在投资不足型雇佣关系模式中，物质性报酬能够直接影响新民工的确定控制感；员工角色内要求通过影响组织承诺中的规范承诺，进而影响员工的确定控制感；员工角色外要求能够影响组织承诺中的情感承诺，进而影响员工的人际安全感。在投资不足型雇佣关系模式中，员工角色外要求与情感承诺呈反向关系，进而与员工的人际安全感反相关。在投资过度型雇佣关系模式中，物质性报酬可以直接影响员工的确定控制感；发展性报酬可以通过影响组织承诺中的情感承诺和持续承诺，分别影响员工的人际安全感和确定控制感；而员工角色内要求能够影响组织承诺中的规范承诺，进而影响员工的确定控制感。在组织导向型雇佣关系模式下，物质性报酬可以直接影响新民工的人际安全感和确定控制感；发展性报酬会影响组织承诺中的情感承诺和持续承诺，进而分别影响员工的人际安全感和确定控制感；员工角色内要求会通过影响组织承诺中的规范承诺，进而影响员工的确定控制感；员工角色外要求能够直接影响员工的确定控制感。

6.4.2　理论贡献

第一，与以往对安全感的研究将研究对象设定为老年人、青少年、大学生等特定群体不同，本章将新民工作为研究对象，研究由于雇佣关系模式不同而引起的新民工安全感差异。本章将企业的雇佣关系作为影响新民工安全感的重要因素，将三维度的组织承诺作为中介变量，最终得出结论：雇佣关系模式能够对新民工的安全感产生直接影响，也会通过正向或负向影响组织承诺进而影响新民工的安全感，拓展了安全感的研究对象，使安全感在企业领域的研究更加丰富。

第二，与现有的研究多采用组织支持、组织认同等作为安全感或雇佣关系模式的中介变量不同，本章选择组织承诺作为安全感和雇佣关系模式的中介变量。而且在以往研究中，选取组织承诺的三个维度进行研究的文献较少，多数研究仅选择情感承诺作为中介变量。本章将企业的雇佣关系作为影响新民工安全感的重要因素，引入组织承诺作为中介变量，且将组织承诺划分为情感承诺、规范承诺、持续承诺三个维度，全面研究三种不同组织承诺产生的中介影响，通过组织承诺将雇佣关系模式与新民工安全感联系在一起，考察雇佣关系模式通过影响组织承诺进而影响员工安全感的过程，既丰富了雇佣关系模式的结果变量研究，又丰富了安全感的前因变量研究。

第三，本章发现雇佣关系模式通过影响组织承诺进而影响新民工安全感的新路径。在工作导向型雇佣关系模式下，物质性报酬会影响员工的规范承诺，员工角色内要求会影响员工的规范承诺和持续承诺；而在其他三种雇佣关系模式下，企业对员工的物质性报酬能够直接影响员工的确定控制感，员工角色内要求会影响员工的规范承诺；在投资过度型或组织导向型雇佣关系模式下，发展性报酬会影响员工的情感承诺和持续承诺。员工对组织的情感承诺能够影响新民工的人际安全感，而其规范承诺和持续承诺则会影响新民工的确定控制感。本章发现雇佣关系模式可以通过影响组织承诺进而影响新民工的安全感，也可以直接作用于其安全感的影响路径，丰富了雇佣关系模式对安全感影响路径的研究。

第7章　企业新民工雇佣关系模式
优化策略研究

在理论方面，现有文献中有许多学者研究了雇佣关系模式，也有学者研究农民工群体的现状和特点，但是鲜有关于企业新民工雇佣关系模式的研究，关于如何优化企业新民工雇佣关系模式的研究也较为有限。在新时代背景下，新民工群体日益庞大，群体在企业雇佣过程中的心理诉求也更加高涨，在这种情况下，如何改善新民工雇佣关系以及提升他们的获得感、幸福感、安全感变得尤为重要。因此，从原有研究的缺口切入，结合新时代的背景和政策，提出相关的意见和策略，丰富了现有的企业新民工雇佣关系模式优化理论。

在实践方面，本书主要探讨了如何优化企业新民工雇佣关系模式，从企业人力资源管理实践、工会实践、企业家实践、外部制度和新民工心理契约五个角度入手，结合我国社会现状，提供一些可操作的建议。通过改善人力资源管理实践、更好地发挥工会作用、建设企业家队伍、健全相关法律法规、维护新民工心理契约等措施，可以优化企业的新民工雇佣关系模式，切实提高新民工的获得感、幸福感以及安全感，为解决新民工雇佣困境、满足他们在情感和心理方面的诉求、帮助他们更好地融入城市环境提供一些实践指导。

7.1　分析框架

综合国内外对雇佣关系模式与对新民工的获得感、幸福感和安全感以及对企业雇佣关系模式优化策略的研究，可以看出，大多数学者聚焦于雇佣关系模式的结果变量研究，对前因变量的关注相对来说较少。但总体来说，国内外学术界关于雇佣关系模式前因变量、结果变量的研究依然不够全面。而且，现有大部分相关研究成果仅停留在员工总体层面，或是着重关注中层管理者样本，在研究对象上缺乏一定的特殊性和针对性，很少注意到新民工这一特殊劳动力群体。此外，在实证研究和案例研究层面也有一定欠缺，相关数据和成果不够丰富。

现有对新民工获得感、幸福感和安全感的研究大多数侧重于从宏观理论层面上进行阐述，没有结合企业的具体运行情境，缺乏一定的针对性和可操作性。现有学术研究成果更关注改善雇佣关系模式后产生的经济成果和效益，缺乏对福祉效果的关注，且尚未形成全面的、清晰的理论架构。尤其是在企业提升"三感"以优化新民工雇佣关系模式方面，缺乏明确可行的对策和建议。

因此，在新时代的背景下，本部分将从人力资源管理实践、组织因素、企业家因素、外部制度因素及新民工心理契约因素这五个方面入手，如图7-1所示。基于国内外现有的关于雇佣关系模式和新民工获得感、幸福感、安全感等方面的理论研究成果，以FSK集团作为典型案例，进行数据分析和研究，得出相关的命题和结论。目的是立足于企业新民工雇佣关系模式的优化策略，探讨如何提升"三感"效果。

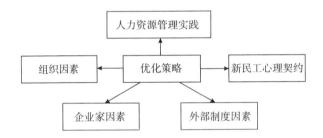

图7-1　提升"三感"的企业新民工雇佣关系模式的优化策略分析框架

资源来源：笔者根据研究思路绘制。

7.2　研究设计

7.2.1　研究方法

本书主要采用案例研究法。作为实地研究方法的一种，研究对象通常会选定单个或是多个场景，对数据和证据进行集中收集，并在此基础上进行整理和研究，从而剖析某一现象在实际环境中的状况，得出结论或解决方法。选择案例研究法，一方面是由于企业新民工雇佣关系模式优化是具有抽象意义的，很难获取准确的数据来加以衡量；另一方面，本书立足于新民工雇佣关系模式的优化，主要聚焦于"策略"，关注"如何做"，因此需要从企业内部环境入手，探究该从哪些维度来进行新民工雇佣关系模式的优化。目前关于该如何优化和改善企业新民工雇佣关系模式的研究不多，聚焦于新民工在获得感、幸福感、安全感方面诉求的研究也比较少，针对这种现有领域中研究不充分的问题，案例研究法比较契合。

7.2.2　理论抽样与案例背景介绍

基于理论抽样的原则，选择 FSK 集团作为目标企业进行单案例研究，既能体现案例的典型性，又能兼顾研究数据的可获得性，使用案例研究方法可以把问题集中在一定范围内进行研究，使研究视野更加集中，这样产生的结果也会更加精确和典型。

在目标企业选取的典型性方面，FSK 集团很适合于研究新民工问题。在 FSK 集团工作的新民工年龄范围普遍集中在 20~35 岁，新民工的群体规模十分庞大，为 FSK 集团的发展壮大提供了巨大的推动力，具有比较强的代表性和典型性。FSK 集团作为规模巨大的世界电子产品制造商，近些年一直被作为研究新民工问题和对策的典型案例企业，也为雇佣关系模式改良提供了丰富的现实素材，引起了我国众多学者的广泛关注（李子妍，2016；张占武等，2020；郝佳欣等，2021）。

在雇佣关系模式优化之前，FSK 集团的劳资双方之间存在诸多矛盾，为了解决此类问题，缓和集团和新民工之间的矛盾，FSK 集团多年来一直在尝试采取措施，给予基层新民工多方面的注意和关怀，为新民工创造更优良的工作环境。为了改善和优化企业新民工雇佣关系模式，FSK 集团陆续在薪资制度、绩效管理、培训开发、文化建设、工会建设、农民工心理契约维护方面实施了一系列的举措。相关策略和实施效果主要包括：实行"标准薪资+岗位津贴+加班费+其他奖金"的薪酬体系，发放生产旺季全勤奖和良率奖，增加新民工赚取劳务费的渠道，提高新民工的收入水平；开启新民工转型升级培训，让每一位基层员工能学到扎实的职业技能，为新民工的升职和转岗奠定良好基础；加强娱乐设施建设，丰富基层员工的文化和体育活动，帮助新民工融入集体，减轻他们的日常工作压力；工会开展爱心帮扶活动，设置困难员工救助金，解决新民工的生存困境；积极响应和落实《劳动合同法》，保障新民工按时拿到工作报酬；设立专门的心理咨询室，为员工提供倾诉通道，帮助员工排解心理负担和压力。FSK 集团采取的措施取得了良好的效果，缓和了劳资矛盾，维护了集团的声誉，加强了形象建设。在更多福利待遇的保障和激励下，在集团的指导和关心下，基层员工的工作效率有了显著提升，更贴心、更便捷、更全面的服务大大缓解了员工尤其是基层员工的焦虑和不安心理，让员工更加愿意为企业奉献，从而使企业整体运行更加高效。所以，以 FSK 集团作为典型案例来研究企业的新民工雇佣关系模式优化策略，具有较强的代表性和现实意义。

在研究数据的获取方面，FSK 集团的大多数一线职工为 20 世纪 80 年代后出生的新民工，符合条件的访谈对象群体数量十分广泛，FSK 集团作为大型电子产品制造商，现存研究资料十分丰富，可以为研究搭建坚实的数据基础。

7.2.3 调研过程与访谈对象

7.2.3.1 访谈提纲准备

结合目标调研企业的运行状况和现实情况，本书以 FSK 集团的一线基层员工和主管作为主要的访谈对象，在此基础上拟定访谈内容。本部分目的是研究企业新民工雇佣关系模式的优化策略，所以访谈问题侧重于新民工在目前的雇佣关系中面临的困境、FSK 集团采取了哪些措施来改善和优化雇佣关系模式，包括措施的实施过程和实施效果，以及新民工在整个过程中获得感、幸福感和安全感的变化。

调研以半结构化的访谈为主，在访谈之前设置访谈的范围和方向，而不设置具体的问题。在访谈过程中和主要访谈对象进行深入的交流，并以录音形式记录访谈内容，以书面形式记录访谈要点，方便后续进行总结和分析。采用半结构化访谈可以为访谈对象营造更轻松的环境，得到的数据也会更加真实有效，从而弥补结构化访谈的不足之处。

7.2.3.2 数据收集

为保证数据的可获得性和真实性，本次研究数据的来源以访谈和二手资料为主。

其一，半结构化访谈。针对案例企业的访谈内容是本书的主要数据和信息来源，研究团队在 2022 年 2 月至 4 月对 FSK 集团的员工进行了访谈。结合研究问题，访谈了 FSK 集团的两类职工，即基层员工和管理者，包括企业的 2 位中层管理者，2 位基层管理者，25 位贴片生产员、印刷检测员和功能测试员，与每位访谈对象的沟通时长大约为 15 分钟。为了保存和整理有效数据信息，在得到访谈对象许可的情况下进行录音和简单文本记录，在访谈结束后，对录音和书面资料进行梳理与归纳。

其二，二手资料。在二手资料的收集方面，主要借助企业的官方网站、企业政策、相关招聘信息、普通员工工作任务表、企业领导的官方场合发言等。具体的访谈对象和二手资料来源如表 7-1 所示。

表 7-1　数据来源

数据类型	主要来源
访谈资料	第一次访谈时间：2022 年 2 月 13 日 访谈对象：贴片生产员 6 名，线长 1 名 访谈时长：平均时间约为 15 分钟
	第二次访谈时间：2022 年 3 月 19 日 访谈对象：印刷检测员 9 名，组长 2 名 访谈时长：平均时间约为 15 分钟
	第三次访谈时间：2022 年 4 月 9 日 访谈对象：功能测试员 10 名，线长 1 名 访谈时长：平均时间约为 15 分钟
二手资料	FSK 集团官方网站、相关招聘信息、内部资料、其他网站、公开出版刊物、FSK 主要领导人在公开场合的演讲

资源来源：笔者根据调研数据整理。

7.2.4　信度和效度检验

在进行案例研究时，需要进行信度、效度相关的检验，依据信度和效度评价的相关标准，从建构效度、内在效度、外在效度以及信度 4 个方面入手进行检验，具体内容如表 7-2 所示。

表 7-2　保证信度和效度的研究策略

检验标准	策略	应用阶段	具体实施
建构效度	证据来源多渠道	数据收集	半结构化访谈；二手资料
	完整证据链	数据收集	原始材料—构念提取—理论建构—资料再收集—理论验证和修正—理论形成
内在效度	建立解释	数据分析	论述可能的命题，验证命题与数据的相符程度
	分析对立关系的竞争性解释	数据分析	搜寻相对立的解释，重新审验和矫正原始解释
外在效度	以理论指导案例	研究设计	对相关理论进行回顾，找到已有理论和目标案例的关联
	提出命题	数据分析	结合理论和相关数据，提出待验证的命题

检验标准	策略	应用阶段	具体实施
信度	完整的计划	研究设计	对研究计划进行多次调整，形成完整计划
	数据分析库	数据收集	建立数据资料库，对资料和数据进行分类
	多次实施	数据分析	重复分析和综合比对
	多渠道证据呈现	数据分析	事例型证据：在案例企业内部上演的有关事件及其过程 文本型证据：从二手资料、企业内部资料中提取的证据 言语型证据：在访谈过程中得到的证据

资源来源：笔者根据研究思路绘制。

7.3　研究发现

7.3.1　企业新民工雇佣关系模式优化策略分析

本书以归纳法为主，探索如何优化企业新民工雇佣关系模式，以提升获得感、幸福感和安全感。在对案例进行研究时，借助多层分析的研究法，主要从企业层面、政府层面和新民工层面入手归纳出企业新民工雇佣关系模式的优化策略，并在此基础上凝练出相应的理论命题。在研究过程中，主要以三种形式的材料作为证据：事例型证据，即新民工雇佣关系模式优化过程中具体发生的事件；言语型证据，即在与 FSK 集团新民工交流过程中提取的证据；文本型证据，即从企业内部和二手资料中得到的证据。

7.3.1.1　实施薪酬激励制度，提高新民工收入水平

为了维系正常的物质生活，收入来源稳定是新民工在城市立足的重要前提。目前来说，在 FSK 集团工作的农民工的平均薪资水平基本与我国城镇民营企业的普通员工的平均薪资持平。据调查，FSK 集团约 80% 的新民工基本不再从事务农工作，90% 以上的新民工每年的大部分时间都在城市务工，FSK 集团的新民工正朝向产业工人转型。

FSK 集团的薪酬制度是和岗位重要程度相关联的，主要根据员工所处的岗位和职级来确定具体的薪资范围，一线员工的薪资报酬主要由三个部分构成，即标准薪资、加班薪资和年终奖金，新民工的主要收入来源就是前两个部分。FSK 集团

的标准薪资是员工每月收入的主要构成，也是其他类型薪酬的基础。一般会按照岗位的重要程度进行排序，然后将岗位归纳为关键、重要以及一般，在此基础上划分出员级和师级，根据不同职级确定薪资。一般在同一级别范畴内，关键岗位薪资最高，重要岗位次之。加班费是 FSK 集团新民工增加收入的关键渠道，依据《劳动合同法》的相关规定，FSK 集团会按照工作日 1.5 倍、休息日 2 倍、法定节假日 3 倍的加班工资支付给员工，这对想要提高收入的新民工来说是很大的激励，为了得到高收入，他们往往会积极主动地工作。年终奖金作为正向激励的主要手段，是为了奖励集团员工突出的劳动业绩表现。按照公司的年运营情况，FSK 集团制定年终奖金分配额度，分配结果与员工日常的绩效考核结果环环相扣，员工的业绩越好，奖金数额也就越多，这对集团一线的新民工也形成了激励，如表 7-3 所示。

表 7-3　FSK 集团薪酬激励相关证据示例与措施归纳

主要过程	证据示例	措施归纳
实施薪酬激励制度，提高新民工收入水平	事例型证据（A）： A1：2021 年，FSK 集团实行的综合薪资制度主要构成：标准薪资+岗位津贴+加班费+其他奖金 A2：FSK 集团推出生产旺季全勤奖及良率奖 文本型证据（B）： B1：2019 年，FSK 集团的一线农民工平均薪资与城市民营企业的普通员工的薪资相持平，薪资能够满足他们的基本消费需要 B2：在薪资激励下，FSK 集团多数一线新民工会积极主动地参与工作 B3：提高薪资待遇是新民工最普遍、最主要的需求 B4：完善的薪资构成可以让新民工从多渠道获得收入 言语型证据（C）： C1：FSK 集团的贴片员表示："每天想多干活，活干得越多，钱就拿得越多" C2：FSK 集团的印刷检测员表示："与我之前工作的工厂相比，在这工作能赚到更多钱" C3：FSK 集团的一名线长表示："收入稳定，工资越高，心里越踏实，生活压力也会小些"	组织层次： （1）完善综合薪资制度（A1、A2、B4、C1） （2）实施薪酬激励制度，提高薪资水平（B1、B2、B3、C2、C3） 政府层次： 完善相关政策，保障新民工工资正常发放（B1、C3）

资源来源：笔者根据调研数据整理。

通过研究可知，薪资收入是影响新民工幸福感的主导性因素（刘春宇，2020）。通过表中的 C1、C3 可知，在 FSK 集团工作的新民工最基础的需要就是获得更高的收入，以此来满足日常的消费需求，绝对稳定的收入对新民工的幸福感会产生显著的正向影响。根据 C3 可知，新民工会对收入进行比较，工作中薪酬比较心理也会对新民工的幸福感产生影响，薪资收入还是影响新民工获得感的重要因素（王恬等，2018）。稳定的收入可以帮助新民工在社会中立足，让他们在面临危机时有足够的安全感，减少他们的自卑心理和惧怕心理。因此，实施薪酬激励措施、增加新民工的收入可以有效地激发他们的工作积极性，提升他们的获得感、幸福感和安全感。经分析，可得出如下命题：

命题29：实施薪酬激励制度，保障新民工收入，可以优化企业的新民工雇佣关系模式，激发新民工的工作积极性，提升他们的获得感、幸福感和安全感。

7.3.1.2 进行系统化培训，提供职业发展机会

FSK集团非常重视对企业员工进行系统化培训，尤其是针对一线员工的技能培训。据统计，在FSK集团内部，有超过一半的新民工参与了集团开展的相关职业技能培训。新民工对职业技能培训的积极性非常高，接近95%的新民工愿意接受企业培训，这也体现了他们对职业发展机会的追求。

FSK集团的培训开展主要分为岗前培训和在职培训两种形式。岗前培训的主要对象是新入职员工，FSK集团会为新员工定制为期一周的培训活动，主要涉及企业制度和文化、企业的构成、相关产品介绍、安全生产流程等内容，通过短期培训可以让新员工更快地适应工作环境，进入工作角色。针对没有相关工作经验的新人，会根据他们的职业路线提供相关的帮扶。在职培训主要包含晋升培训、再教育培训和专项技术培训，新民工主要参与技术培训。这些培训内容都是因材施教，根据员工的工作领域和层次的不同，安排有差异性的培训内容，如生产员、检测员和测试员负责的工作内容不同，培训内容自然也就不同。再教育培训项目是在学历上给予员工支持，如与高校合作开设学历班，让员工在工作之余的时间上课进行学历提升；专项技术培训主要培训员工需要掌握的生产制造技能，由集团统一开展，主要目的是教授员工所需技能以提高生产效率，如表7-4所示。

表7-4　FSK集团系统培训相关证据示例与措施归纳

主要过程	证据示例	措施归纳
进行系统化培训，提供职业发展机会	事例型证据（A）： A1：为配合集团的智能化转型，自2016年起，FSK集团开发了新民工技能提升和转型培训工程 A2：FSK集团的IE学院与其他机构进行合作，开设包含职业技能培训、任职资格培训、专业知识培训、实习流程培训等课程	组织层次： （1）重视新民工技能提升，开展全方位系统化培训（A2、B2、C1、C2） （2）提供职业发展机会，促进新民工转型升级（A1、B1、B3、B4、C3、C4） 新民工个体层次： 积极参与技能培训，进行自我提升（C1、C2、C3、C4）

续表

主要过程	证据示例	措施归纳
进行系统化培训，提供职业发展机会	文本型证据（B）： B1：经过培训后，生产线上的新民工大部分正在转型为工程师 B2：在传统制造向科技制造转型背景下，"工→技→e贸"，集团职工培训更加全面，迈向新台阶 B3：新民工通过专业培训掌握一定技能后，可以根据自身情况转岗或升职 B4：公司提供多元化的职业发展空间，贴近员工追求自我发展的定位，为员工提供以专业能力或管理能力为主线的两套职业发展体系 言语型证据（C）： C1：FSK 集团的贴片员表示："以前只想做好手头工作，现在还想学知识和技能，总归有用" C2：FSK 集团的功能测验员表示："之前大家都不愿意参加技能竞赛，现在身边的同事都很积极主动地参加，都怕被落下" C3：FSK 集团的线长表示："我是高中毕业的，之前参加了公司的农民工转型升级培训，现在成功转岗，工资更高了" C4：FSK 集团的组长表示："要提高生产效率，不是简单地替换员工，而是要升级员工"	组织层次： （1）重视新民工技能提升，开展全方位系统化培训（A2、B2、C1、C2） （2）提供职业发展机会，促进新民工转型升级（A1、B1、B3、B4、C3、C4） 新民工个体层次： 积极参与技能培训，进行自我提升（C1、C2、C3、C4）

资源来源：笔者根据调研数据整理。

　　据统计，成功地参与职业技能培训的员工中能够取得合格证的人数比例接近30%，得到职业资格证的员工约占 5%，取得其他证书的员工约占 10%，整体培训效果良好。而有机会取得资格证书的新民工在未来的工作过程中拥有更大的晋升空间和发展机会。经过证明，FSK 集团的培训体系是行之有效的，培训内容能涵盖知识和技能等多个领域，既可以满足新民工的学习和社交需要，又能够满足新民工的自我价值实现需要，极大地激发了员工的潜能。

　　由表 7-4 的 C1、C2 可知，新民工越来越渴望通过培训来提升自我，由 B3、C3 可知，行之有效的培训可以帮助新民工实现升级转岗。新民工的受教育程度有所提高，对城市生活和工作抱有很大的期望，他们渴望通过培训学习知识和技能，以增加自身的价值和不可替代性，同时进行职业培训也是提升新民工幸福感的重要途径（张波等，2017）。因此，开展职业化培训，尤其是针对新民工的职业技能培训，能够帮助他们在技能培训过程中增进对职位的了解，减轻工作压力，同时提升他们的工作满意度和幸福感，经济获得感和精神获得感也有显著提升。经分析，可得出如下命题：

命题30：对新民工进行系统化培训，为他们提供职业发展机会，可以改善和优化新民工雇佣关系模式，从而提升他们的幸福感和获得感。

7.3.1.3　加强企业文化建设，增强新民工对企业的认同感

经过多年的创新和完善，FSK 集团搭建出了完整的企业文化体系。FSK 集团将"三心"（爱心、信心、决心）视作核心经营理念，将"融合、责任、进步"奉为企业核心精神，打造出"辛勤工作、团结合作、资源共建共享、有贡献才有所得"的企业文化。FSK 集团十分注重纪律意识，这种军事化管理对于大多数来自农村且文化水平不高的传统农民工来说是行之有效的。在军事化管理模式下，传统农民工可以迅速懂得组织纪律，能够在较短的时间以较高的效率和质量进行流水线生产。随着时代的进步，FSK 集团的主要管理对象变成了拥有更强自我意识的新民工，集团的企业文化也在与时俱进，注入更多的人文关怀因素，更加尊重员工个人价值的实现，如表 7-5 所示。

表 7-5　FSK 集团企业文化建设相关证据示例与措施归纳

主要过程	证据示例	措施归纳
加强企业文化建设，增强新民工对企业的认同感	事例型证据（A）： A1：在 FSK 集团用工问题曝光后，企业采取了一系列的措施改善现状，着重加强了人文关怀 A2：FSK 集团近年来不断增加员工的文化和体育活动，丰富员工的业余生活 A3：为了增强员工的归属感，FSK 集团倾力打造了体系完善的基础设施，为员工创造舒心的日常工作和生活环境，提供工作装、住宿、医疗等方面的便利 文本型证据（B）： B1：FSK 集团最强的核心竞争力是企业文化，所有成绩都源于企业文化 B2：企业文化是 FSK 集团的黏合剂，展现出特有的包容性 B3：FSK 集团追求"集合、整合、融合"的文化，帮助新民工快速融入 言语型证据（C）： C1：FSK 集团的贴片员表示："我很喜欢公司餐厅多种多样的菜品" C2：FSK 集团的印刷检测员表示："公司有商场、餐厅、运动场馆等，日常生活便利" C3：FSK 集团的功能测试员表示："公司举办的羽毛球比赛比较有意思，帮助员工排解枯燥生活"	组织层次： （1）加强企业文化建设，营造良好的职场氛围（A2、A3、B3、C1、C2、C3） （2）加强人文关怀，增强员工归属感（A1、B1、B2） 新民工个体层次：积极参与企业组织的文体活动（A2、C2、C3）

资源来源：笔者根据调研数据整理。

从表 7-5 的 A1、A2、A3 可以看出，FSK 集团为加强企业文化建设，不断丰富文化活动、进行文化创新，并且越来越关注"以人为本"的文化理念，为员工创造更为广阔的成长空间。从 C1、C2、C3 的表述中可以看出，企业在完善员工生活设施的同时，也为员工创造更为和谐轻松的职场环境。企业文化建设可以引导员工对企业精神产生认同，增强员工的向心力，从而增加员工对企业的安全感和归属感（陈卫东，2018）。通过开展文化体育活动，丰富了新民工的业余生活，帮助他们放松心态，增加他们对企业的归属感。企业文化和制度建设也是引导新民工日常工作的重要原则，符合企业目标的文化可以在很大程度上增强新民工对企业的向心力和凝聚力，更容易满足新民工自我发展和自我实现的需要，增强他们的安全感和归属感。经分析，可得出如下命题：

命题 31：加强企业文化建设，为新民工营造更为轻松的职场氛围，促进他们对企业的认同，可以优化企业新民工雇佣关系模式，增强他们对企业的安全感和归属感。

7.3.1.4　加强工会建设，维护新民工的权益

FSK 集团的工会组织围绕员工的日常需要和企业转型需求，从理念多元化、机制更新、工作模式及方法创新入手，搭建现代化工会，尽可能地将工会的资源向基层农民工倾斜。在工会搭建的过程中，进行会员实名制录入，对集团的工会干部和职代表进行系统化培训，提高工会人员的办事能力，建立健全工会的各项工作制度，在工会的发展过程中，真正能做到为员工服务，尤其是为基层员工服务，维护新民工的权益。

FSK 集团员工规模庞大，当前新民工群体中"80 后"和"90 后"员工比例占 80%以上，且学历多集中在高中或中专教育水平。为了更好地聚焦于新民工群体，FSK 集团创建了"FSK 工会"微信公众平台，该线上平台就是为进一步解决问题和服务新民工而设立的。工会的微信公众平台从 2014 年年初运行到如今，一直不忘初衷并积累了一些经验。自 2016 年起，FSK 集团工会开发了会资讯、会服务、会福利三个主板块和 14 个子板块，提出了"聚焦新生代，服务农民工"的口号。除日常的服务内容外，工会还巧妙利用了微信的后台留言功能，以便能及时接收员工的在线诉求，这一举措也能极大地鼓励员工尤其是基层新民工加强自我权益的保护，如表 7-6 所示。

表 7-6　FSK 集团工会建设相关证据示例与措施归纳

主要过程	证据示例	措施归纳
加强工会建设，维护新民工的权益	**事例型证据（A）：** A1：进行智慧工会建设，集团创造更加智能和便捷的"小爱机器人" A2：工会定期开展爱心帮扶，代表集团对困难职工进行慰问 **文本型证据（B）：** B1：FSK 集团工会的目标是"尽最大努力满足员工美好生活需要" B2：结合相关政策，设置工会的 5 条基本保障线：员工互助金、员工直系亲属慰问金、困难员工救助金、医疗补助金、法定社会保险 B3：设置专门的工会帮扶热线，解决基层员工的困难 **言语型证据（C）：** C1：FSK 集团的功能测试员表示："我有一次生病住院，工会代表对我进行了慰问" C2：FSK 集团的贴片生产员表示："平常遇到比较大的困难，会想到向工会寻求帮助" C3：FSK 集团的线长表示："工会确实为基层员工的权利保障做出了很多努力，很感谢有这样的组织存在" C4：FSK 集团的组长表示："智慧工会的建设让员工能够更便捷地寻求帮助，反馈更加及时"	组织层次： （1）对工会形式进行创新，建设智慧工会（A1、C4） （2）加强工会建设，积极落实员工权利保障（A2、B1、B2、B3、C1、C2、C3） 政府层次： 指导工会工作，监督工会运行（B2、B3） 新民工个体层次： 积极向工会寻求帮助（C1、C2、C3）

资源来源：笔者根据调研数据整理。

通过表 7-6 中的 A1、C4 证据可知，FSK 集团的智慧工会以更加便捷和智能的工作形式大大提高了工会办事质量和办事效率，"小爱机器人"的出现进一步推动了工会线上服务的流程优化，更加全方位、具体化地满足职工需求。工会以员工为中心，以员工需求为导向，使员工的获得感、幸福感和安全感更加充实。工会组织在协调企业与农民工的劳资关系上发挥着重要作用（赵冬玲，2020），加强工会建设，让农民工在进行劳动权益维护时能更加便捷有效，也能够更加高效地解决新民工在工作中遇到的问题。因此加强工会建设对新民工的权益维护十分重要，对企业雇佣关系的协调和改善也能产生良好效果，要更充分地发挥工会价值，提升新民工的获得感、幸福感和安全感。经分析，可得出如下命题：

命题 32：加强企业的工会建设，推动工会的智能化转型，可以优化企业新民工雇佣关系模式，全方位保障新民工的权益，提升他们的幸福感和安全感。

7.3.1.5　企业家积极投入，营造良好工作环境

企业家作为企业雇佣关系模式形成过程中的主要评估者和决策者，在整个决策过程会体现出其个人特质和精神品质（李召敏等，2017）。FSK 集团从成立到后续的不断发展壮大，离不开优秀的企业领导者在不同阶段做出的正确决策，离不开企业领导者对企业经营情况和行业前景的把握。根据 FSK 集团的特点，集团领导人创造出了独特的管理方式，着重于培养员工的主人翁意识。FSK 集团会支

持各大事业群自行外拓业务，将每年事业群收益按一定比例分配给部门负责人，从机制上鼓励每位员工关心企业的长期运营和盈利，使其以主人翁的精神状态向前拼搏。FSK 集团的领导人采取了一系列举措来保障新民工的权益。一方面，努力提高基层员工的物质报酬和精神报酬，提高他们的生活水平，激励他们为企业发展做出贡献。另一方面，为基层员工打造更优良的作业环境，缓解他们的工作疲劳，提高他们对企业的归属感，如表 7-7 所示。

表 7-7　FSK 集团企业家投入相关证据示例与措施归纳

主要过程	证据示例	措施归纳
企业家积极投入，营造良好工作环境	事例型证据（A）： A1：FSK 集团领导人强调责任担当与赏罚分明的管理风格养成了员工高效的执行力 A2：FSK 集团领导人将企业发展过程中的经营经验总结为简单易学的内部培训资料，传授给了员工 文本型证据（B）： B1：FSK 集团领导人曾公开表示：FSK 集团的员工不再是农民工的"工"，而是工程师的"工"，他认为农民工都有成为工程师的潜质 B2：FSK 集团领导人认为农民技工将来会是集团最宝贵的资产 B3：FSK 集团领导人曾公开表示：自己的第一座工厂是靠农民工撑起来的 言语型证据（C）： C1：FSK 集团的功能测试员表示："领导有很强的决断力，他的决策容易让人信服" C2：FSK 集团的线长表示："领导为员工提供了标准化的工作环境" C3：FSK 集团的组长表示："很佩服集团的最高领导，他的战略远见帮助企业快速成长"	组织层次： (1) 加强企业家建设，重视对员工的培养（A1、A2、B1、B2、B3） (2) 企业家积极投入，为员工打造良好工作环境（A2、C1、C2、C3）

资源来源：笔者根据调研数据整理。

在 FSK 集团发展的过程中，曾经遇到过很多的困难，但集团领导人凭借个人领导力，能够在纷繁的市场环境中把握先机。独到的战略远见，强势的管理风格、高效的执行力、学习能力和反思能力，这些都是 FSK 集团领导人的独特品质。新民工群体作为 FSK 集团基层员工最主要的构成部分，也深得领导人重视，从表 7-7 中 B1、B2、B3 证据可以看出，FSK 集团领导人十分关注新民工的技能学习和职业成长状态，他的目标是想要将农民工培养成为技术卓越的工程师。从表 7-7 中的 C1、C2、C3 证据可以看出，领导的管理策略和风格会影响新民工的思维和日常工作表现。企业家的领导风格和特点会对员工的工作投入程度产生重要影响（Lim et al.，2015；马苓等，2020）。企业家的良好品质和行为会起到模范作用，激励新民工积极投身工作，进行自我价值提升，成为更优秀的员工，从而提升他们自身的获得感和幸福感。经分析，可得出如下命题：

命题33：企业家积极投入，营造更好的工作环境，可以优化企业新民工雇佣关系模式，激励新民工为企业发展做出贡献，提升他们的获得感和幸福感。

7.3.1.6 政府政策和制度支持，为新民工提供就业保障

在一些劳动密集型行业，新民工俨然成为主力军。新民工群体日渐壮大，为维护新民工权益不受损害，政府不断出台各种政策帮助新民工稳定就业，强调必须要根据新民工群体的特点采取针对性举措，着力解决新民工问题，提高和改善新民工待遇。政府的政策和制度支持在很大程度上也会影响到新民工工会维权实效作用的发挥，进而影响到新民工在企业中的实际权益。国家加大拖欠农民工工资的清理力度，保障农民工收入稳定，同时要求用工单位加大对农民工的技能培训，以此让农民工掌握技术并提升他们的工作效率，要求企业为农民工提供员工宿舍，保障农民工的正常居住环境，确保他们在务工过程中不受到居住环境困扰。在国家政策的贯彻和落实上，FSK 集团为新民工按时按量发放工资，为他们提供舒适的住宿环境、职业化的技能培训等，如表7-8 所示。

表7-8　FSK 集团响应政府政策相关证据示例与措施归纳

主要过程	证据示例	措施归纳
政府政策和制度支持，为新民工提供就业保障	事例型证据（A）： A1：2020 年，FSK 集团开展法制宣传活动，讲解《劳动合同法》相关知识 A2：2022 年，政府出台以新民工为主体的"一去""两减""三保障"政策，FSK 集团积极响应政策，为新民工提供温馨的住宿环境，并定期开展知识和技能培训	组织层次： （1）积极落实政府的政策，为新民工提供保障（A1、A2、B1、B2、B3、C1、C2、C4） （2）响应政策要求，帮助新民工实现快速成长（A2、B1、C1、C3） 政府层次： 建立健全相关政策，为新民工提供就业保障（A2、B1、C1、C2、C3、C4）
	文本型证据（B）： B1：FSK 集团领导人表示《劳动合同法》能够保障劳工基本权益免受侵害，同时可以提高企业尤其是制造型企业的竞争力 B2：FSK 集团严格遵守和执行《劳动合同法》规定的加班与加班费相关标准	
	言语型证据（C）： C1：FSK 集团的功能测试员表示："员工住宿环境和食堂环境不错，员工不用为吃住问题发愁" C2：FSK 集团的印刷检测员表示："工资会按时发放，不会拖欠" C3：FSK 集团的功能测试员表示："员工经常参加一些技能培训，能学到很多有用技术" C4：FSK 集团的组长表示："FSK 集团根据加班性质和时长，按时按量发放员工的加班费"	

资源来源：笔者根据调研数据整理。

为切实维护新民工群体的利益，政府不断出台相关法律法规和政策，完善制度环境。FSK 集团积极响应国家政策的号召，从表 7-8 中的 A2、C1 证据中可以看出，FSK 集团为新民工提供员工宿舍和员工食堂，尽可能地解决新民工的食宿问题，让他们没有后顾之忧，为他们创造更安心的工作环境。从 C2、C4 两位员工的表述中可以发现，FSK 集团切实保障新民工群体的薪资报酬，严格按照《劳动合同法》的要求，保障农民工的正常工作收入。从表 7-8 的 A2、C3 证据可以看出，FSK 集团会定期开展相关技能培训，提高新民工的价值和给予其职业发展空间。完善的《劳动合同法》能促使劳动者不断提高自身素质，对提升企业的竞争优势、优化雇佣关系发挥着正向的影响（林箭，2021），制定完善的法律规范可以更好地保障劳动者权益和调节雇佣关系，为新民工的职业提升和城市融入提供环境支撑，从而降低他们的无力感和不安感，提升他们的幸福感和安全感。经分析，可得出如下命题：

命题 34：政府完善农民工就业相关政策，为农民工提供制度支持，可以优化企业新民工雇佣关系模式，保障新民工的权益，提升他们的安全感和幸福感。

7.3.1.7 加强心理契约维护，提升新民工获得感、幸福感和安全感

心理契约是一种调节器，是在企业和职员关系中发挥着调节作用的内隐性协议。伴随着经济发展和社会进步，新民工除关心基础的薪资待遇外，对于知识学习和技能提升的愿望也更加强烈。不过仍然有许多企业将新民工群体视作"经济人"，却忽视了他们在社会层面和心理层面的需求，未能及时地给予他们足够的尊重和关怀。这种只在意经济关联而忽视心理契约维护的做法不利于构建和谐劳资关系，也会阻碍企业的长期发展和竞争力的提升，因此心理契约的维护是十分必要的。

FSK 集团维护新民工心理契约的相关措施主要包括以下三个方面：一是给予员工一定限度的工作自主权，提升员工的职业发展和晋升空间，例如，为员工做好科学的职业生涯规划，以此激发企业员工对工作的热情和潜力；二是提高员工尤其是基层员工的薪资和福利待遇，建构合规、合理的薪酬体系，保障员工的基本薪资收入，同时调动员工的生产积极性；三是重视人文关怀，构建现代化的员工沟通和交流平台，在员工层和管理层之间搭建起互动桥梁，增加管理者和基层员工的交流频率，让企业能及时高效地获知新民工的最新动态和需求，如表 7-9 所示。

企业新生代农民工雇佣关系模式优化机制研究

表 7-9　FSK 集团新民工心理契约维护相关证据示例与措施归纳

主要过程	证据示例	措施归纳
加强心理契约维护，提升新民工获得感、幸福感和安全感	事例型证据（A）： A1：FSK 集团薪酬体制改革后，建立了以"基本工资+岗位工资+绩效工资+其他奖金"为主的薪资结构，增加了基层员工的基本工资收入 A2：为解决组织和员工的沟通问题，FSK 集团设立了专门的员工关爱中心和心理咨询室，为员工提供倾诉通道 文本型证据（B）： B1：对于一线的新民工，主要晋升路径是全技员—线长—组长—课长 B2：FSK 集团拥有一体化的工作设备和标准化的工作流程，为工厂的一线员工提供了专业的工作硬件设施和环境 言语型证据（C）： C1：FSK 集团的功能测试员表示："集团有关爱热线，当员工遇到心理问题时可以求助" C2：FSK 集团的印刷检测员表示："多劳才能多得，员工愿意多干活，因为公司的薪资待遇比较公平" C3：FSK 集团的功能测试员表示："工友之间的人际关系融洽，大家都很有干劲" C4：FSK 集团的线长表示："从普通员工到线长，集团的技能培训对员工很有用"	组织层次： 从薪资管理、技能培训、绩效考评、员工交流等维度维护新民工心理契约（A1、A2、B1、B2、C1、C4） 新民工个体层次： 承担工作责任，努力为企业发展做出贡献（C2、C3、C4）

资源来源：笔者根据调研数据整理。

　　针对 FSK 集团，新民工心理契约的构建和维护需要从人力资源的各个角度入手。从企业角度来说，包括通过完善薪酬体系、开展技能培训、设置绩效考评、促进员工交流等，培养员工的忠诚度，提升他们的获得感、幸福感和安全感，这些措施从表 7-9 中的 A1、A2、B1、B2、C1、C4 等证据中能够体现出来。另一方面，如表 7-9 中 C2、C3、C4 等言语型证据所示，新民工也要主动进行自我提升，积极地承担工作责任，努力为企业成长和发展做出贡献。在企业和员工之间建立心理契约是以二者间相互期望的实现为前提的，因而心理契约的存在是企业人力资源建设的重要因素，它在很大程度上影响着员工的工作表现。通过改善薪酬制度、完善资源分配、打造和谐氛围、健全沟通渠道等方式，进一步维护和强化新民工的心理契约，以此提升他们的获得感、幸福感和安全感。经分析，可得出如下命题：

　　命题 35：加强心理契约的维护，增加员工对企业的归属感和忠诚度，可以优化企业新民工雇佣关系模式，提升新民工的心理获得感、幸福感和安全感。

· 230 ·

7.3.2　企业新民工雇佣关系模式优化过程分析及策略汇总

根据 FSK 集团的运行状态和新民工管理情况，本书提出了新民工的雇佣模式优化策略，主要涉及五个方面，即人力资源管理实践创新、企业文化与工会建设、企业家队伍建设、政府制度支持和新民工心理契约的维护。在此基础上，本部分按照组织层次、政府层次和新民工个体层次对其进行进一步总结和归纳。对各个层次的优化策略进行研究分析，进一步整合出了实现企业新民工雇佣关系模式优化的七种一般性策略，涉及薪酬制度、培训制度、企业文化、企业工会、企业家、政策制度、心理契约等多角度，各层次的主要优化策略如表 7-10 所示。

表 7-10　提升"三感"的企业新民工雇佣关系模式优化策略归纳

	人力资源管理实践创新		企业文化与工会建设		企业家队伍建设	政府制度支持	新民工心理契约维护	策略汇总
	薪酬制度	培训制度	企业文化	企业工会	企业家	政策制度	心理契约	
组织层次（O）	①完善总薪酬制度（OS-1）②实施薪酬激励（OS-1）	①开展技能培训（OS-2）②提供发展机会（OS-2）	①加强文化建设（OS-3）②加强人文关怀（OS-3）	①工会形式创新（OS-4）②加强工会建设（OS-4）	①企业家建设（OS-5）②企业家投入（OS-5）	响应落实政府政策（OS-6）	心理契约维护（OS-7）	①实施薪酬激励②开展系统化培训③加强组织文化建设④加强组织工会建设⑤企业家积极投入⑥建立健全相关政策⑦维护新民工心理契约
政府层次（G）	提供政策保障（GS-1）			指导和监督工会运行（GS-4）		建立健全相关政策（GS-6）		
个体层次（I）		积极参加职业技能培训（IS-2）	积极参与企业文体活动（IS-3）	积极向工会寻求帮助（IS-4）		承担工作责任，为企业做出贡献（IS-7）		

资源来源：笔者根据调研数据整理。

7.3.3　企业新民工雇佣关系模式运作模型

基于上文的总结和归纳，可以发现上述的五种方向、七类策略并非是相互独立和割裂的，而是相互联系的一个有机整体，七类优化策略相互联结，协同建设，共同发挥作用，最终促进了企业新民工雇佣关系模式的优化。结合上文提出的相关理论命题和研究结果，可以发现相关运作过程主要包含以下五个方面：

7.3.3.1　进行人力资源管理实践创新，优化企业新民工雇佣关系模式

（1）实施薪酬激励，经济性和非经济性激励并重。新民工的首要目标是提高收入，以此来改善生活环境和条件，从而更好地融入城市生活。企业的薪酬体系应保持对员工的激励性，有吸引力的薪酬体系对提升员工的工作效率和忠诚度都发挥着关键作用。因此，企业想要优化新民工雇佣关系模式，降低新民工的流失率，需要实行薪酬激励政策，坚持经济性激励和非经济性激励并行，满足新民工在物质和心理上的需要，调动新民工的生产积极性，增强他们的获得感、幸福感和安全感。

（2）开展系统化培训，提供职业发展机会。企业对新民工进行系统化培训，主要关注三个关键部分。一是培训目标的选择和制定，培训要着力于提升新民工群体的整体素质和技能，要能够带动新民工的职业化发展；二是培训内容的筛选，要设置符合新民工特点的培训内容，将职业知识、职业技能和职业水平等归纳为主要培训课程；三是依据统一的职业培训目标，将零散的培训内容集中起来，将培训内容规范化，从而有效地提升培训的质量和效果，为新民工提供更多职业发展机会。

综上所述，薪酬绩效管理和培训制度都是企业人力资源管理实践的重要组成部分，实施薪酬激励制度和开展系统化培训属于人力资源管理实践创新。这两项策略的实施可以对企业新民工雇佣关系模式起到优化作用，为新民工提供稳定的收入来源，降低他们的不安感。因此提升新民工的获得感、幸福感和安全感，需要企业人力资源管理实践部门通过多渠道提供平台。

7.3.3.2　组织文化和工会建设，优化企业新民工雇佣关系模式

（1）加强组织文化建设，提高员工的认同感。对于企业来说，优良的企业文化是企业成长和发展壮大的关键因素之一，符合企业发展前景和员工目标的企业文化在很大程度上能够增强员工的凝聚力。针对以新民工为主的劳动群体，企业可以积极进行文化宣传，定期开展知识和技能培训，为新民工提供便利的了解渠道，增强他们的向心力和凝聚力，让他们从心理和行动上对企业产生信任，降低他们的离职率。

（2）加强工会建设，保障新民工权益。在目前情境下，新民工的待遇有所提升，但仍普遍面临着劳动合同难签、工资拖欠频繁、生活保障水平低等一系列亟待解决的基本问题（何华英等，2016）。在政府支持下，企业要加强工会建设，充分保障新民工的正当权益。工会组织要健全劳动争议处理和调解机制，及时有效地解决劳动纠纷，并为新民工提供法律咨询渠道，维护新民工的合法权利。落实包括新民工在内的员工的知情权，在工会的发展过程中，真正能做到为员工尤

其是为基层员工服务，加强保障措施，维护新民工的权益。

综上所述，文化建设和工会建设都是组织建设的重要组成部分，加强企业文化宣传、完善企业工会制度都是从组织内部对雇佣关系模式进行改良。这两个方面的策略在很大程度上可以增加新民工对企业的认可度，为新民工提供问题解决渠道，以此来提升新民工的获得感、幸福感和安全感。

7.3.3.3　企业家积极投入为新民工营造良好的工作环境，优化企业新民工雇佣关系模式

领导管理策略和风格会影响新民工的工作想法和表现。企业家应该积极投入，为新民工营造良好的工作环境。对于企业家来说，战略远见、管理风格、决策能力、学习能力、反思能力都是不可或缺的重要特质。企业家可以采取薪酬激励、绩效激励、职业培训等相关措施，在保障基本生活的前提下，进一步激发新民工的工作热情。总的来说，企业家的积极投入在为新民工创造良好工作环境的同时，也可以引导新民工为企业的发展与壮大做出贡献，提升他们的获得感、幸福感和安全感。

综上所述，企业家特质和管理风格对新民工的行为能起到激励作用，加强企业家队伍建设，可以为新民工营造更轻松的工作氛围，从而引导新民工为企业发展做出贡献。

7.3.3.4　政府建立健全相关政策，优化企业新民工雇佣关系模式

在政策支持方面，政府要努力完善与新民工主体相关的制度环境。相关立法机构要根据时代发展要求更新配套的法规和政策。政府要联合企业工会，切实跟踪企业的政策和制度执行情况，提高工会人员的办事能力。政府需要加大相关政策和法律规范的宣传力度，政府相关部门可以通过网络培训和座谈会等形式指导企业工会工作的运行，通过工会将相关法律知识传授给新民工，着力解决新民工的问题，提高和改善新民工的待遇。政策完善和制度支持为企业新民工雇佣关系模式优化提供了强有力的保障，在此基础上企业可以进一步提升新民工的获得感、幸福感和安全感。

综上所述，相关立法机构应以新民工的利益为出发点，完善相关法律体系，同时密切关注相关新民工政策在企业的落实和执行情况，对企业的不良行为进行监管和修正，这些属于政府为新民工提供的制度支持，一方面为企业改善雇佣关系模式提供了途径，另一方面能够营造一个有保障性的工作环境，帮助新民工提升获得感、幸福感和安全感。

7.3.3.5　维护新民工心理契约，优化企业新民工雇佣关系模式

企业建立基于心理契约的新民工管理模式，可以主要从三个方面入手。一是完善企业的内部沟通机制，根据企业的基本情况，结合新民工这一群体的心理特

点，创新有特色的沟通渠道，如主题交流会、访谈会、申诉制度等，为新民工提供自由的意见发表渠道。二是构建科学合理的薪酬体系，针对新民工这一主体，结合岗位特点确定基本工资，结合工作表现确定绩效工资，薪资体系要公开透明。同时要为新民工提供基本的生活保障，如员工宿舍、员工餐厅和其他生活福利等。三是构建职业化的培训体系，结合岗位特点和新民工的学习、认知水平，安排相应的技能培训，及时帮助新民工解决工作问题，激励新民工努力提高工作绩效。

综上所述，做好新民工的心理契约维护工作是企业解决新民工工作问题和心理障碍的重要举措，当心理契约遭到违背时，人们必然会产生一些失望甚至愤怒的情绪，进而影响企业领导与员工之间的信任关系。因此心理契约维护是企业新民工雇佣关系模式优化的重要策略，有助于提升新民工的获得感、幸福感和安全感。

总的来说，提升新民工的"三感"是多方相辅相成、共同发挥作用的结果，需要五个方面进行协同建设。实施薪酬激励策略和开展系统化培训策略都是在进行人力资源管理实践创新，这为企业新民工雇佣关系模式优化搭建了平台，从而为新民工获得感、幸福感和安全感的提升创造条件；加强企业文化和企业工会建设是组织建设的重要内容，此类策略为优化雇佣关系模式创造了更丰富的渠道，进而提升新民工的获得感、幸福感和安全感；以企业家积极投入为重点的企业家队伍建设，在企业新民工雇佣关系模式优化过程中发挥着引导作用，从而进一步提升新民工的获得感、幸福感、安全感；政府完善相关政策和提供制度支持可以作为企业新民工雇佣关系模式优化中的保障措施，为新民工获得感、幸福感、安全感的提升保驾护航；新民工的心理契约维护是企业和新民工个体之间加强联系的重要策略，可以为后续企业工作的开展奠定良好基础。五个方面协同发挥作用，最终优化企业新民工雇佣关系模式和提升新民工的获得感、幸福感与安全感。

基于上述分析，从人力资源管理实践、企业、企业家、政府和新民工"五方"协同构建模型，即人力资源管理实践创新搭建平台、组织文化和工会建设丰富渠道、企业家队伍建设发挥引导作用、政府政策和制度支持提供保障、新民工心理契约维护奠定良好基础。据此，提出了如图7-2所示的以提升"三感"为最终目的的新民工雇佣关系模式优化策略协同运作模型。该模型直观地揭示了新民工雇佣关系模式的优化策略和"五方"协同发挥作用的实现过程，以及策略实施后新民工心理状态的变化，为理解如何优化企业新民工雇佣关系模式和提升获得感、幸福感、安全感提供了一个初步的理论模型。

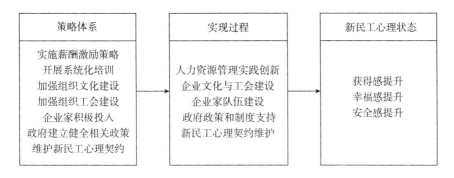

图 7-2　提升"三感"的企业新民工雇佣关系模式优化策略协同运作模型

资源来源：笔者根据研究思路绘制。

7.4　研究小结与理论贡献

7.4.1　研究小结

通过案例研究和分析可以得知，想要提升新民工的获得感、幸福感和安全感，企业能采取的新民工雇佣关系模式优化策略主要分为三个层面：组织层面、政府层面和新民工个人层面。基于此，可以从人力资源管理实践创新、组织文化和工会建设、企业家队伍建设、政府政策和制度支持、新民工心理契约维护五个维度和七类具体的策略来展开。

一是实施薪酬激励策略，增加收入是极其具有吸引力的，激励性薪酬可以激发新民工的生产积极性，同时增强他们对企业的忠诚度；二是开展系统化培训策略，开展知识和技能培训，提升新民工的技能水平，可以增加他们的升职转岗机会；三是组织文化建设策略，积极开展文化和体育活动，尤其是契合新民工喜好的活动，提升员工对组织的归属感和认同感，从而进一步提高企业的核心竞争优势；四是加强组织工会建设策略，企业工会组织在劳动争议处理和调解过程中发挥着重要作用，要完善企业工会制度，提供相关法律咨询渠道，从而更好地为新民工服务；五是企业家积极投入策略，企业家的特质会对员工产生吸引力，加强企业家投入可以引导员工更多地为企业做贡献；六是政府建立健全相关政策，为新民工的正常权益提供法律保障，改善他们的工作环境；七是加强新民工心理契约的维护，企业要重视新民工心理契约，并从薪酬、绩效、培训等多方面采取措施，以提升他们的获得感、幸福感和安全感。

7.4.2 理论贡献

第一，与以往只侧重单一层面的优化策略研究相比，本部分全方位、系统化提出了企业新民工雇佣关系模式的优化策略体系，丰富和拓展了雇佣关系模式的优化理论。虽然目前已有关于雇佣关系模式的优化措施的文献，但数量不多且较为零散，现有文献主要聚焦于人力资源管理实践和政府政策方面，对其他角度的措施和优化策略关注较少，对企业雇佣关系模式优化策略缺乏系统性的研究。通过对 FSK 集团这一典型案例进行剖析，本书提出了企业新民工雇佣关系模式的优化策略体系。借助这一策略体系，从组织、政府和新民工个体层面入手，提出了七种具体的优化措施并建立模型，由此为研究企业新民工雇佣关系模式的优化提供了依据，最终的结果就是切实地实现新民工获得感、幸福感、安全感的提升。

第二，与以往以企业全体员工或中层管理者作为主要研究对象的文献不同，本书专注于新民工这一群体，将企业雇佣关系的优化和新民工劳动群体紧密结合在一起，更具有特色和针对性。已有文献大多倾向于研究雇佣关系的前因和结果变量（张一弛，2004；赵曙明等，2016；何邓娇，2018；邵芳等，2021），将雇佣关系模式和新民工这一劳动力群体相结合的文献比较少。如今新民工这一群体在不断地发展和壮大，且受重视程度变高，本部分通过案例研究，以新民工这一劳动力群体作为主要研究对象，提出新形势下企业雇佣新民工时可采取的改进措施，丰富了对新民工雇佣关系的理论研究，可以为企业的新民工雇佣过程提供借鉴和理论参考。

第三，与已有文献和理论集中关注雇佣关系优化的物质或经济成效不同，本部分更加注重雇佣关系优化对新民工"三感"效果的改善，将获得感、幸福感和安全感集中在一起研究，对于在实践中增进新民工福祉具有重要的启示意义。现有文献对新民工需求的关注大多侧重于物质层面，对他们在心理和精神层面上的关注尚有所缺乏，对企业雇佣关系模式与心理因素的关联认识不足，尚未形成一个清晰的理论视角。当今形势下，新民工对精神文化生活的生理需求和心理诉求更加强烈。由于不同类型的员工对获得感、幸福感和安全感的评判和感知会存在差异，因此本部分聚焦了新民工这一特定类型员工，侧重于新民工在获得感、幸福感和安全感上的需要。

第8章 对策建议与未来展望

8.1 企业新民工雇佣关系模式的优化策略

8.1.1 人力资源管理实践角度

第一，企业管理者需要在经营管理过程中充分关注个人与组织的匹配和员工获得的组织支持感。员工与组织在价值观上深层次的匹配和高水平的组织支持感，有助于促进个人目标与组织目标的一致，员工主动努力工作，有利于维护其与组织双方的长期交换关系，使员工在获得各方面满足感的同时，组织绩效也得到提升。

第二，企业在选择新民工雇佣关系模式时，要考虑企业在不同发展阶段中人力资源管理实践的影响，相应地对企业雇佣关系模式进行调整。企业要依据整体发展战略和人力资源战略规划，判断适合组织发展的管理方式和人力资源管理实践类型，在雇佣关系方面既要给予员工全面的、高吸引力的薪酬，也要给予其适当的期望贡献，以争取形成组织导向型雇佣关系模式。企业应该给予员工高于市场水平的物质性报酬和发展性报酬，关注员工的职业成长，给予其多样化的职业发展方向，提供多种形式的能力培训和学习机会，对员工进行合理授权，激发员工的工作积极性，发掘员工潜力，最终实现企业和员工的"双赢"。

8.1.2 组织特征角度

第一，企业需要给予员工多种物质性和发展性的奖励，让员工感受到企业的关心和重视，借此和员工保持良好的关系，促使员工支持和认同企业的创新型文化和高效性的组织氛围，同时也可以持续有效地激发员工的工作积极性，帮助员工和组织建立起稳定的情感关系，有利于员工为企业贡献自己的价值，助力企业实现利益最大化。

第二，企业在进行管理时，要注重组织文化的培养，构建创新型文化，鼓励员工进行创新，形成高效性的组织氛围，让员工感受到企业对自己的期望，为员工提供多种创新方面的培训，增强员工的创新意识，提升员工的创新能力，让员工既有意愿又有能力为企业做出贡献。同时在企业的实际管理中，应该建立各种形式的沟通渠道，企业要接受员工的各种合理化建议，并且切实有效落实，对员工给予奖励。

第三，企业在选择雇佣关系模式时，要考虑组织文化和组织结构的影响，选择合适的雇佣关系。企业要通过转变发展观念，调整经营战略，选择合适的组织结构，在雇佣关系方面既要对员工给予适当的期望贡献，也要对员工提供高诱因，争取在企业中形成组织导向型的雇佣关系模式。企业管理者应该给予员工较高的发展性报酬和物质性报酬，给员工提供多种形式的培训机会，给予员工一定的决策权力，在企业内部给予员工更大的发展空间，实施多种措施激发他们的潜力。

8.1.3 企业家特质角度

企业家特质的不同表现影响着不同企业雇佣关系模式的形成，当企业家在进行人力资源管理时，应当注意以下几点：

第一，企业应该致力于与员工建立长期稳定的关系，为员工提供各种激励措施，包括进行资金成本、时间成本甚至空间成本在内的物质性和发展性的投入，当员工接收到企业家有意愿承担相应的成本风险对其进行培养这一信息时，员工的工作积极性能够得到有效激发并具有可持续性。

第二，企业家在成就需要方面最好体现出适当的高成就需要，对于员工有较高的期待，让员工感受到企业的重视，增强员工的使命感和提高员工的责任意识，企业家要让员工充分理解组织期望其履行的职责、需要做出的贡献。同时在实际工作中，管理者应该鼓励员工参与涉及员工利益的决策，增强员工的参与感。

8.1.4 制度特征角度

第一，组织导向型的雇佣关系模式是应用最为广泛也是持续性最好的雇佣模式之一。企业应重视员工与组织的关系，在雇佣关系上不仅需要员工做出合理的预期贡献，而且要给予员工更高层次的激励，争取在企业中形成组织导向型的雇佣关系模式，提高员工的获得感和归属感，实现企业利益最大化。

第二，企业在选择雇佣关系模式时，要考虑制度特征中规制、规范和认知三个方面的因素对雇佣关系模式的影响，进而选择合适的雇佣关系。企业要在政府规制、社会规范压力以及社会认知变化的背景下，结合企业的发展生命周期理论，转变企业发展观念，调整企业发展策略，合理地确定员工与组织间的关系。

第三，企业高管团队的配置焦点要考虑企业的外部环境和未来的发展，使企业行为更加具有发展性和竞争性。无论企业处于发展生命周期的哪一个阶段，高管团队都要尽可能多地考虑企业的长期发展，让企业的雇佣关系向组织导向型这一理想模式不断靠近，获得持续的竞争优势。

8.2 提升"三感"的对策建议

8.2.1 企业雇佣关系模式提升新民工获得感的对策建议

第一，新民工在流入地居住趋于长期化、家庭化（韩俊等，2009），希望能够在城市安身立命，因此新民工获得感的重要来源是基本需求的满足。企业提供的激励要让新民工感受到自己的付出能够得到应有的回报，能够在城市生活得更好，自己的基本需求能够得到满足，这样才能够提升新民工的获得感。

第二，新民工与以往的传统农民工不同，他们的文化程度更高，除基本需求外，他们还有更高层次的需求。新民工在工作中除关注基本薪酬之外，他们更关注福利津贴、个人成长、职业发展机会。企业在进行管理时，要能够将权力下放给员工，给员工提供一些培训机会以及制定合理的晋升机制，让新民工能够感受到明朗的职业发展和个人成长前景，从而提升新民工的获得感水平。

第三，在工作中新民工希望能够参与到企业的决策之中，能够获得企业的帮助，自身的价值能够在企业中得到实现。因此企业在管理中要重视新民工的心理需求，可以经常和员工进行交流，解决员工的子女教育问题、住房问题、医疗问题等，让新民工感受到企业对其的支持与重视。可以给予员工自主权，让员工能够发挥自己的价值，同时制定合理的奖励措施，肯定员工的价值，从而提高新民工的获得感。

第四，企业在选择雇佣关系模式时，既要对员工给予适当的期望贡献，也要为员工提供高诱因。企业在管理方面应加强对新民工的培训，为其提供多种形式的培训机会以及职业发展路径，给予员工一定的自主权，帮助新民工实现自我价值，同时给予他们合适的物质性激励以及发展性激励，多关注新民工的高层次需求，解决新民工的生活需要。

8.2.2　企业雇佣关系模式提升新民工幸福感的对策建议

第一，企业在制定激励政策时，要针对新民工的需求特征，有的放矢地提供相应物质激励及精神激励，如从新民工最关心的工作条件、工资待遇以及亟须改善的子女教育、住房、社会保障、文化娱乐等方面入手，着力满足其"立足城市"的心理需求和生理需要。

第二，企业需进行全方位的幸福感管理，在通过给予员工具有一定市场竞争力的经济性报酬以外，也要注重员工工作氛围的营造与工作内容的合理化和多样化，使员工保持相应的工作积极性，不至于以一副萎靡不振的精神状态从事有关作业活动；企业还要给予员工相应的人文关怀，关注员工工作生活以外的家庭生活，正视家庭对于员工的实际意义，当员工工作与家庭关系处于失衡状态时，企业应在充分了解实际情况的前提下给予员工一定的支持，适时予以心理疏导，尊重员工处理家庭关系的需要（赵斌等，2014）。

第三，考虑到新民工的教育程度和职业技能水平远远滞后于城市劳动力的需求，企业在招聘员工的过程中，应对员工技能和能力的适应性给予更多关注，及时给员工提供相应的培训及学习机会，并使员工能力的提升同员工的个人利益和职业发展相结合（郭靓等，2013）。

8.2.3　企业雇佣关系模式提升新民工安全感的对策建议

第一，企业应当致力于与员工建立长期稳定的雇佣关系。对于雇佣新民工的企业在选择雇佣关系模式时，必须非常谨慎。组织管理者应该根据本企业的经营目标，对员工雇佣关系进行有效选择和管理，使之与组织目标相适应，有利于组织目标的实现（刘毕娜，2009）。另外，长期而稳定的雇佣关系模式不仅有利于企业绩效的提升，而且更能提升新民工的心理安全感。企业应尽可能同员工建立长期稳定的雇佣关系，即组织导向型雇佣关系（Tsui et al.，2006）。

第二，企业要密切关注年龄较长的新民工的安全感。结合采访数据可以发现，新民工在企业中感受到的安全感会随着年龄的增加而降低。这可能是由于年龄越长的新民工可能会感受到诸如房贷、抚养子女、赡养父母等生存压力，他们与越来越多的年轻人竞争，企业对于其投资也逐渐减少。对于部分新民工来说，工作能力减退、养老保险制度不完善等都会使他们日后的生活失去保障，在企业中的安全感会随着年龄的增长降低。组织要积极地对一些上了年纪的员工进行技能培训（Osman，2016）。对于一些因年龄和身体原因在重体力劳动过程中效率有所下降的大龄员工，应当给予他们新的岗位和职务，降低因工作数量和难度给员工带来的压力，增强员工完成工作的信心，对遇到问题的员工提供多方面的帮助（吴迪，2020）。

第三，企业应给予员工多样性发展性报酬。发展性报酬能够作为企业对于员工投入的重要方面，属于管理者对于员工长远的投资，能够影响员工对组织的情感承诺和持续承诺，进而提升新民工的人际安全感。而发展性报酬的种类是多样的，包括给予员工培训机会、授权、晋升机会、弹性工作时间等，多样性的发展性报酬不但能够使员工不断成长，使人岗匹配度更高，而且能够培养员工对组织的依赖感和归属感，降低员工离职率。

综上所述，想要进一步解决新民工的雇佣问题和困境，满足新民工的心理需求，优化企业的新民工雇佣关系模式，可以通过五个维度来采取措施。一是改善和创新人力资源管理实践，一方面要建立健全薪酬制度，实施薪酬绩效激励，另一方面要进行职业化技能培训，为新民工提供职业发展机会；二是要加强企业的文化建设和工会建设，更好地发挥工会的作用；三是要加强企业家队伍建设，激励新民工为企业发展做出贡献；四是建立和完善相关的法律法规政策，为新民工提供制度支持和保障；五是维护新民工心理契约。采取以上措施来优化企业的新民工雇佣关系模式，切实提高新民工的获得感、幸福感以及安全感。

8.3　研究不足与未来展望

8.3.1　研究不足

第一，在研究视野上，本书基于企业发展生命周期等视角，借助公平、承诺等中介变量，搭建关于人力资源管理实践等因素通过影响企业新民工雇佣关系模式，从而影响新民工"三感"作用机制的总体框架。尽管能够为后续案例研究的系统分析提供支撑，但有可能会遗漏一些关键因素。未来研究分析可基于其他理论或视角，提出更为全面、深入的分析框架。

第二，在研究方法上，本书主要采取的是单案例、多案例研究方法，对我国本土企业雇佣关系模式的影响因素和效果机制进行了深入探讨。研究结论的普适性有待于未来通过大规模调查研究做进一步完善。

第三，在数据获取和分析方式的选择上，本书尽管使用了半结构化访谈和数据编码方法，但案例分析不免存在人为因素的干扰。诸如人力资源管理实践、组织支持感和个人-组织匹配等关键构念都存在测量困难的问题，导致部分变量仍存在无法精准表达构念的问题。未来研究中需提高研究者的学术素养，使用更加科学的数据分析方式，以使理论架构和案例分析更加规范化。

8.3.2 未来展望

本书中探讨的案例注重"如何做"，主要目的在于总结企业新民工雇佣关系模式的优化策略。然而关于优化策略在企业中如何发挥作用，包括各类策略之间的相互关联，本书尚未研究，后续有待于进一步探讨。

参考文献

［1］ Acs Z J, Audretsch D B, Braunerhjelm P, et al. The missing link: The knowledge filter and entrepreneurship in endogenous growth ［J］. Social Science Electronic Publishing, 2003, 2 (6): 222-228.

［2］ Barker J R. Tightening the iron cage: Concertive control in self-managing teams ［J］. Administrative Science Quarterly, 1993, 38 (3): 408-437.

［3］ Barnard C I. The functions of the executive ［M］. Harvard University Press, 1968.

［4］ Blau P M, March J G, Simon H A, et al. Organizations ［J］. Industrial & Labor Relations Review, 1959, 13 (1): 140.

［5］ Brown S P, Leigh T W. A new look at psychological climate and its relationship to job involvement, effort, and performance ［J］. Journal of Applied Psychology, 1996, 81 (4): 358-368.

［6］ Burns T E, Stalker G M. The management innovation ［J］. Administrative Science Quarterly, 1961, 8 (2): 1185-1209.

［7］ Carmeli A, Gittell J H. High quality relationships, psychological safety and learning from failures in work organizations ［J］. Journal of Organizational Behavior: The International Journal of Industrial, Occupational and Organizational Psychology and Behavior, 2009, 30 (6): 709-729.

［8］ Carmeli A, Sheaffer Z, Binyamin G, et al. Transformational leadership and creative problem-solving: The mediating role of psychological safety and reflexivity ［J］. The Journal of Creative Behavior, 2014, 48 (2): 115-135.

［9］ Cattell R B. The scientific analysis of personality and motivation ［J］. Eugenics Review, 1967, 8 (5): 37.

［10］ Charles Morrison. Kachcheri Bureaucracy in Sri Lanka: The culture and politics of accessibility ［J］. The Journal of Asian Studies, 1986, 45 (3): 637-638.

［11］Cho Young-bok. The effect of inclusive leadership on organizational commitment：The mediating effect of psychological safety ［J］. Social Enterprise Studies，2018，10（2）：231-259.

［12］Daniel M，Cable D M，Judge T A. Pay preferences and job search decisions：A person - organization fit perspective ［J］. Personnel Psychology，1994，47（2）：317-348.

［13］Diener E，Ryan K. Subjective well-being：A general overview ［J］. South African Journal of Psychology，2009，39（4）：391-406.

［14］Diener. Subjective well-being-happiness：The laboratory approach ［M］. Hoboken：Wiley，2006.

［15］Duan J Y，Alessandro M Peluso，Linhan Yu，Massimo Pilati. How employment relationship types influence employee work outcomes：The role of need for status and vigor ［J］. Journal of Business Research，2021（128）：211-221.

［16］Edmondson A C. Speaking up in the operating room：How team leaders promote learning in interdisciplinary action teams ［J］. Journal of Management Studies，2003，40（6）：1419-1452.

［17］Eggleston A K，West S C. Exchanging partners：Recombination in E. coli ［J］. Trends in Genetics，1996，12（1）：20-26.

［18］Freud S. The ego and the id（1923）［J］. American Journal of Psychiatry，1992，149（12）：1734-1736.

［19］Hambrick D C，MASON P A. Upper echelons：The organization as a reflection of its top managers ［J］. Academy of Management Review，1984，9（2）：193-206.

［20］Harold Andrew Patric. Psychological contract and employment relationship ［J］. The ICFAI University Journal of Organizational Behavior，2008，23（4）：7-24.

［21］Hom P W，Tsui A S，Wu J B. Explaining employment relationships with social exchange and job embeddedness ［J］. Journal of Applied Psychology，2009，94（2）：277-297.

［22］Jia L D，Shaw J D，Tsui A S，et al. A social structural perspective on employee organization relationships and team creativity ［J］. Academy of Management Journal，2014，57（3）：869-891.

［23］Jin-song Li，Long-Zeng Wu. Insiders maintain voice：A psychological safety model of organizational politics ［J］. Springer Science，2013，26（12）：473-483.

［24］Kahn W A. Psychological conditions of personal engagement and disengagement at work [J]. Academy of Management Journal, 1990, 33 (4): 692-724.

[25] Kaplan E S. Cognition and renewal: Comparing CEO and organizational effects on incumbent adaptation to technical change [J]. Organization Science, 2009, 20 (2): 461-477.

[26] Langley. From for theorizing strategies [J]. Academy of Management Review, 1999, 24 (4): 691-710.

[27] Lewis B W, Walls J L. Dowell G W S. Difference in degrees: CEO characteristics and firm environmental disclosure [J]. Strategic Management Journal, 2014, 35 (5): 712-722.

[28] Li J S, Wu L Z. Insiders maintain voice: A psychological safety model of organizational politics [J]. Springer Science, 2013, 26 (12): 473-483.

[29] Lim D S, Jung H I. Effects of authentic leadership on turnover intention and organizational citizenship behaviors [J]. Journal of Human Resource Management Research, 2015, 22 (4): 75-99.

[30] Maslow A H. A suggested improvement in semantic usage [J]. Psychological Review, 1945, 52 (4): 239-240.

[31] McCarthy S, Oliver B, Song S Z. Corporate social responsibility and CEO confidence [J]. Journal of Banking and Finance, 2017, 75 (1): 280-291.

[32] Murray B C, Mccarl B A, Lee H C. Estimating leakage from forest carbon sequestration programs [J]. Land Economics, 2004, 80 (1): 109-124.

[33] Ocasio W. Towards an attention-based view of the firm [J]. Strategic Management Journal, 1997, 18 (6): 187-206.

[34] Page K M, Vella-Brodrick D A. The "what", "why" and "how" of employee well-being: A new model [J]. Social Indicators Research, 2009, 90 (1): 441-458.

[35] Rousseau D M, Mclean P J. The contracts of individuals and organizations [J]. Research in Organizational Behavior, 1993, 17 (15): 1-43.

[36] Ryff C D. Psychological well-being in adult life [J]. Current Directions in Psychological Science, 1995 (4): 99-104.

[37] Salancik G R, Pfeffer J. A social information processing approach to job attitudes and task design [J]. Administrative Science Quarterly, 1978, 23 (2): 224-253.

[38] Schein E H. Organizational culture and leadership: A dynamic view [J]. Procedia-Social and Behavioral Sciences, 1991, 31 (1): 856-860.

［39］Schepers P, Berg P T V D. Social factors of work－environment creativity ［J］. Journal of Business and Psychology, 2007, 21（3）: 407-428.

［40］Senge P M. The Practice of innovation ［J］. Leader to Leader, 1998, （9）: 16-22.

［41］Song L J, Tsui A S, Law K S. Unpacking employee responses to organizational exchange mechanisms: The role of social and economic exchange perceptions ［J］. Journal of Management, 2009, 35（1）: 56-93.

［42］Tsui A S, Pearce J L, Porter L W, et al. Alternative approaches to the employee－organization relationship: Does investment in employees pay off? ［J］. Academy of Management Journal, 1997, 40（5）: 1089-1121.

［43］Tsui A S, Wang H, Xin K. R. Organizational culture in the PRC: An analysis of culture dimensions and culture types ［J］. Management and Organization Review, 2006, 2（3）: 345-376.

［44］Tsui A S. On compassion in scholarship: Why should we care? ［J］. Academy of Management Review, 2013, 38（2）: 167-181.

［45］Wang Fang. Research on enterprise human resource management innovation in big data Era ［J/OL］. Journal of Physics: Conference Series, 2021, 1881. DOI: 10. 1088/1742-6596/1881/4/042038.

［46］Yadav M S, Prabhu J C, Chandy R K. Managing the future: CEO attention and innovation outcomes ［J］. Journal of Marketing, 2007, 71（4）: 84-101.

［47］Yeaton K. The SEC's new rules on executive compensation ［J］. Cpa Journal, 2008, 8（4）: 47-56.

［48］Yin R K. Case study research: Design and methods 5ed ［M］. Thousand Oaks, CA: SAGE Publications, 2013, 34（1）: 32-68.

［49］Zhang A Y, Tsui A S, Wang D X. Leadership behaviors and group creativity in Chinese organizations: The role of group processes ［J］. Leadership Quarterly, 2011, 22（5）: 851-862.

［50］Zhou L, Barnes B, Lu Y. Entrepreneurial proclivity, capability upgrading and performance advantage of newness among international new ventures ［J］. Journal of International Business Studies, 2010, 41（9）: 882-905.

［51］艾嘉. 走近新生代农民工 ［J］. 乡村科技, 2011（6）: 42.

［52］才国伟, 吴华强. 进取、公平与社会信任 ［J］. 经济管理, 2016, 38（1）: 62-72.

［53］曹现强. 获得感的时代内涵与国外经验借鉴 ［J］. 人民论坛（学术前

沿），2017，（2）：18-28.

[54] 曹中平，黄月胜，杨元花. 马斯洛安全感—不安全感问卷在初中生中的修订 [J]. 中国临床心理学杂志，2010，18（2）：171-173.

[55] 陈辉，熊春文. 关于农民工代际划分问题的讨论——基于曼海姆的代的社会学理论 [J]. 中国农业大学学报，2011，28（4）：51-63.

[56] 陈顺森，叶桂青，陈伟静，等. 大学生安全感量表的初步编制 [J]. 中国行为医学科学，2006（12）：1142-1143.

[57] 陈艺妮，李纯青，金晓彤. 新生代农民工地位消费与主观幸福感的关系研究 [J]. 财经问题研究，2017（7）：124-129.

[58] 丛中，安莉娟. 安全感量表的初步编制及信度、效度检验 [J]. 中国心理卫生杂志，2004，18（2）：97-99.

[59] 崔澜骞. 新生代农民工安全感问卷编制及应用 [D]. 芜湖：安徽师范大学，2013.

[60] 刁静，黄佳，刘璐. 上海市重点大学学生心理安全感的调查分析 [J]. 健康心理学杂志，2003（2）：86-88.

[61] 丁元竹. 让居民拥有获得感必须打通最后一公里——新时期社区治理创新的实践路径 [J]. 国家治理，2016（2）：18-23.

[62] 董洪杰，谭旭运. 中国人获得感的结构研究 [J]. 心理学探新，2019，39（5）：468-473.

[63] 杜跃平，王开盛. 创新文化与技术创新 [J]. 中国软科学，2007，10（2）：150-153.

[64] 段锦云，钟建安. 组织中的进谏行为 [J]. 心理科学，2005，30（1）：70-72.

[65] 冯帅帅，罗教讲. 中国居民获得感影响因素研究——基于经济激励、国家供给与个体特质的视角 [J]. 贵州师范大学学报（社会科学版），2018（3）：35-44.

[66] 淦未宇，刘伟，徐细雄. 组织支持感对新生代农民工离职意愿的影响效应研究 [J]. 管理学报，2015，12（11）：1623-1631.

[67] 淦未宇，肖金萍. 组织支持、城市融入与新生代农民工离职：一个被调节的中介模型 [J]. 重庆大学学报（社会科学版），2020，21（9）：1-14.

[68] 高燕，夏飞. 心理契约与组织内上下级信任关系的维护之方 [J]. 领导科学，2016（22）：26-27.

[69] 高芸. 企业组织气氛测评方法及其应用研究 [D]. 武汉：华中科技大学，2005.

[70] 关香丽，程斌，张春霞，等．农民工市民化进程中的获得感现状研究 [J]．劳动保障世界，2016（30）：8-9.

[71] 郭桂梅，段兴民．员工-组织关系，内在动机与员工创造性——中国企业的实证研究 [J]．管理评论，2008，20（3）：16-24.

[72] 郭桂梅，赵曙明．组织中心型关系模式，创造性工作氛围与员工创造性 [J]．科技进步与对策，2011，28（22）：146-150.

[73] 郭靓，张炜，浦汉淞．开放式创新环境下人力资源管理特征与策略 [J]．科技管理研究，2013，33（9）：153-156.

[74] 韩俊，汪志洪，崔传义，等．中国农民工现状及其发展趋势总报告 [J]．改革，2009（2）：5-27.

[75] 韩平，刘向田，陈雪．企业员工组织信任、心理安全和工作压力的关系研究 [J]．管理评论，2017，23（10）：108-119.

[76] 何建华，丁雯．科技型企业培训与新生代知识型员工离职关系博弈分析 [J]．吉林工商学院学报，2021，37（1）：42-48.

[77] 何书仪，罗竟疑，黄雨欣，等．新生代农民工获得感现状与提升策略 [J]．山西农经，2022（4）：97-99.

[78] 贺盛瑜，邓勇．虚拟企业的组织结构设计 [J]．成都信息工程学院学报，2003，18（1）：55-59.

[79] 黄冬霞，吴满意．思想政治教育获得感：内涵、构成和形成机理 [J]．思想教育研究，2017，275（6）：28-32.

[80] 黄亮，彭璧玉．工作幸福感对员工创新绩效的影响机制——一个多层次被调节的中介模型 [J]．南开管理评论，2015，18（2）：15-29.

[81] 康力．员工-组织关系对员工创新行为的影响分析 [J]．中国人力资源开发，2011（9）：12-17.

[82] 孔楠，陈至发，鲁吉，等．企业雇佣政策对农民工就业能力提升行为的影响与对策 [J]．人力资源管理，2015（11）：168-170.

[83] 雷丹，赵玉芳，汤永隆，等．四川灾区震后一个月 PTSR、社会支持、安全感状况及相互关系 [J]．西南大学学报（自然科学版），2009，31（8）：163-167.

[84] 李锋．新时代人民获得感再提升与民生政策调适 [J]．云南社会科学，2018（4）：53-58.

[85] 李宁，严进．组织信任氛围对任务绩效的作用途径 [J]．心理学报，2007，12（6）：1111-1121.

[86] 李群，唐芹芹，张宏如，等．制造业新生代农民工工匠精神量表开发

与验证 [J]. 管理学报, 2020, 17 (1): 58-65.

[87] 李锐, 凌文轮. 上司不当督导对下属建言行为的影响及其作用机制 [J]. 心理学报. 2009, 22 (12): 1189-1202.

[88] 李巍, 许晖. 管理者特质与民营企业出口绩效 [J]. 管理科学, 2013, 26 (2): 40-50.

[89] 李巍, 许晖. 企业家特质、能力升级与国际新创企业成长 [J]. 管理学报, 2016, 13 (5): 715-724.

[90] 李喜燕. 民营企业员工社会保险法律制度及其完善 [D]. 重庆: 西南政法大学, 2006.

[91] 李晓春. 70 年代以来组织结构理论的发展趋势 [J]. 中国工业经济, 1998, 16 (10): 67-71.

[92] 李焰, 赵君. 幸福感研究概述 [J]. 沈阳师范大学学报, 2017, 28 (2): 22-26.

[93] 李原, 孙健敏. 雇佣关系中的心理契约: 从组织与员工双重视角下考察契约中 "组织责任" 的认知差异 [J]. 管理世界, 2006, 22 (11): 101-110.

[94] 李云. 新生代农民工心理安全感状况及提升策略 [J]. 湖北工业大学学报, 2014, 29 (3): 28-31.

[95] 李召敏, 韩小芳, 赵曙明. 民营企业雇佣关系模式关键影响因素的多案例研究 [J]. 管理科学, 2017, 30 (5): 119-135.

[96] 李召敏, 赵曙明. 雇佣关系模式对福祉影响的差异——基于激励-贡献模型视角 [J]. 经济管理, 2015, 37 (12): 56-67.

[97] 李召敏, 赵曙明. 劳资关系氛围五维度对员工心理安全和工作嵌入的影响——基于中国广东和山东两地民营企业的实证研究 [J]. 管理评论, 2017, 12 (4): 108-121.

[98] 梁巧转, 孟瑶, 李树祥, 等. 关于中国管理者特质十年 (1998~2008 年) 变化的研究 [J]. 管理学报, 2013, 10 (6): 796.

[99] 廖福崇. 公共服务质量与公民获得感——基于 CFPS 面板数据的统计分析 [J]. 重庆社会科学, 2020 (2): 115-128.

[100] 林怀艺, 张鑫伟. 论共享 [J]. 东南学术, 2016 (4): 14-21.

[101] 林箭. 劳动合同法与企业人力资源管理分析 [J]. 法制博览, 2021 (16): 80-81.

[102] 林亚楠. 高管团队注意力对企业创新行为的影响 [D]. 厦门: 厦门大学, 2017.

[103] 刘畅. 基于 "制度逻辑—注意力—回应" 的技术创新机理研究 [D].

大连：大连理工大学，2019.

[104] 刘寒松. "互联网+" 新业态下雇佣关系的变化 [J]. 企业管理，2019（7）：122-123.

[105] 刘理晖，张德. 组织文化度量：本土模型的构建与实证研究 [J]. 南开管理评论，2007，10（2）：19-24.

[106] 刘小平，王重鸣. 组织承诺及其形成过程研究 [J]. 南开管理评论，2001，16（6）：58-62.

[107] 吕小康，黄妍. 如何测量 "获得感"？——以中国社会状况综合调查（CSS）数据为例 [J]. 西北师范大学学报（社会科学版），2018，55（5）：46-52.

[108] 马箭. 雇佣关系模式对员工态度的影响研究 [D]. 长沙：中南大学，2014.

[109] 马立英. 企业员工工作幸福感影响因素实证研究 [D]. 金华：浙江师范大学，2013.

[110] 马苓，赵曙明，陈昕. 真实型领导对雇佣关系氛围及员工敬业度的影响——组织文化的调节作用 [J]. 管理评论，2020，32（2）：218-231.

[111] 马跃如，夏冰，白勇. 雇佣关系模式、智力资本对创新绩效的影响研究：基于民营企业调查样本的实证分析 [J]. 管理工程学报，2018，32（2）：84-94.

[112] 毛娜，宋合义，谭乐. 环境、战略、人力资源管理的相互作用及对绩效的影响 [J]. 科学学与科学技术管理，2010，31（1）：162-167.

[113] 苗元江. 热情-积极心理学视角 [J]. 广东社会科学，2015（3）：64-69.

[114] 聂伟. 就业质量、生活控制与农民工的获得感 [J]. 中国人口科学，2019（2）：27-39，126.

[115] 潘凌云，董竹. 税收激励与企业劳动雇佣——来自薪酬抵税政策的 "准自然实验" [J]. 统计研究，2021，38（7）：100-111.

[116] 彭聃龄. 普通心理学（修订版）[M]. 北京：北京师范大学出版社，2001.

[117] 齐昕，刘洪，张晶晶. 柔性工作，心理授权与员工创造力：基于 "供给-需求匹配" 视角 [J]. 科学学与科学技术管理，2017，38（12）：161-174.

[118] 乔玥，陈文汇，曾巧. 国有林场改革成效评价——职工获得感的统计分析 [J]. 林业经济问题，2019，39（1）：62-70.

［119］秦伟平，赵曙明．多重认同视角下的新生代农民工组织公平感与工作嵌入关系研究［J］．管理学报，2014，11（10）：1445-1452．

［120］邱伟国，袁威，关文晋．农村居民民生保障获得感：影响因素、水平测度及其优化［J］．财经科学，2019（5）：81-90．

［121］任李娜．人的自我实现与全面发展［D］．西安：陕西师范大学，2009．

［122］邵芳，李钰，郭婧协．雇佣模式对员工创新行为的影响机制研究［J］．科技进步与对策，2022，39（1）：150-160．

［123］苏中兴．转型期中国企业的高绩效人力资源管理系统：一个本土化的实证研究［J］．南开管理评论，2010，13（4）：99-108．

［124］孙远太．城市居民社会地位对其获得感的影响分析——基于6省市的调查［J］．调研世界，2015（9）：18-21．

［125］孙兆阳．企业雇佣关系模型探析［J］．管理学报，2011，9（6）：144-147．

［126］谭旭运，董洪杰，张跃，王俊秀．获得感的概念内涵、结构及其对生活满意度的影响［J］．社会学研究，2020，35（5）：195-217，246．

［127］谭旭运，张若玉，董洪杰，等．青年人获得感现状及其影响因素［J］．中国青年研究，2018，272（10）：49-57．

［128］汤峰，苏毓淞．"内外有别"：政治参与何以影响公众的获得感？［J］．公共行政评论，2022，15（2）：22-41，195-196．

［129］唐凯麟，姜珂．"用工荒"的伦理审视——对中小企业新生代农民工管理困境的分析［J］．湖南师范大学社会科学学报，2015，44（4）：59-64．

［130］唐有财，符平．获得感、政治信任与农民工的权益表达倾向［J］．社会科学，2017（11）：67-79．

［131］陶文昭．"获得感"是执政为民的标尺［J］．理论导报，2016（4）：21-23．

［132］汪海彬，姚本先．城市居民安全感问卷的编制［J］．人类工效学，2012，18（4）：38-41，37．

［133］王朝晖，罗新星．战略人力资源管理内部契合及中介机制研究：一个理论框架［J］．管理科学，2008，21（6）：57-65．

［134］王冬冬，钱智超．员工建言行为影响授权型领导的作用机制研究［J］．科学学与科学技术管理，2021，42（2）：129-145．

［135］王国猛，李丽，赵曙明．雇佣关系模式与新生代农民工职业成长——传统性与现代性的调节作用［J］．大连理工大学学报（社会科学版），2019，40

（5）：52-59.

[136] 王辉，常阳．组织创新氛围、工作动机对员工创新行为的影响 [J]．管理科学，2017，30（3）：51-62.

[137] 王俊秀．不同主观社会阶层的社会心态 [J]．江苏社会科学，2018，296（1）：24-33.

[138] 王磊．大学生进取精神培育研究 [D]．哈尔滨：东北林业大学，2016.

[139] 王浦劬，季程远．新时代国家治理的良政基准与善治标尺——人民获得感的意蕴和量度 [J]．中国行政管理，2018（1）：6-12.

[140] 王拓，赵曙明．转型经济下我国企业雇佣关系现状及其引申 [J]．改革，2010（7）：128-133.

[141] 王恬，谭远发．我国居民获得感的测量及其影响因素 [J]．财经科学，2018（9）：120-132.

[142] 王媛媛．工作家庭平衡对工作获得感的影响研究 [D]．杭州：浙江财经大学，2019.

[143] 魏巍，彭纪生．人力资源管理系统构型差异性、组织心理所有权与员工创造力 [J]．商业经济与管理，2018（1）：27-36.

[144] 文峰．工作幸福感的结构和相关研究 [D]．广州：暨南大学．2006.

[145] 文宏，刘志鹏．人民获得感的时序比较——基于中国城乡社会治理数据的实证分析 [J]．社会科学，2018，451（3）：3-20.

[146] 吴克昌，刘志鹏．基于因子分析的人民获得感指标体系评价研究 [J]．湘潭大学学报（哲学社会科学版），2019，43（3）：13-20.

[147] 吴维库，王未，刘军．辱虐管理、心理安全感知与员工建言 [J]．经济与管理科学，管理学报．2012，9（1）：57-63.

[148] 吴蔚．确定新业务方向东软的春天已经到来 [N]．中国计算机报，2008-10-20（A29）.

[149] 席猛，刘玥玥，徐云飞，等．基于社会交换理论的多重雇佣关系模式下员工敬业度研究 [J]．管理学报，2018，15（8）：1144-1152.

[150] 向征，李志．重庆市企业青年员工离职因素调查 [J]．青年研究，2003（6）：12-15，31.

[151] 辛世俊，代文慧．从精神获得感看价值观教育的着力点 [J]．学习论坛，2018，399（3）：17-22.

[152] 辛秀芹．民众获得感"钝化"的成因分析——以马斯洛需求层次理论为视角 [J]．中共青岛市委党校·青岛行政学院学报，2016（4）：56-59.

[153] 徐细雄，淦未宇．组织支持契合、心理授权与雇员组织承诺：一个新生代农民工雇佣关系管理的理论框架——基于海底捞的案例研究 [J]．管理世界，2011（12）：131-147，169.

[154] 徐燕，周路路．雇佣关系对员工职业成长的影响机制研究：组织支持感的中介作用 [J]．经济管理，2012，34（11）：93-102.

[155] 徐云飞，席猛，赵曙明．员工-组织关系研究述评与展望 [J]．管理学报，2017，14（3）：466-474.

[156] 亚伯拉罕·马斯洛．动机与人格 [M]．南昌：江西美术出版社，2021.

[157] 杨金龙，王桂玲．农民工工作获得感：理论构建与实证检验 [J]．农业经济问题，2019（9）：108-120.

[158] 杨金龙，张士海．中国人民获得感的综合社会调查数据的分析 [J]．马克思主义研究，2019，225（3）：102-112，160.

[159] 姚艳虹，韩树强．组织公平与人格特质对员工创新行为的交互影响研究 [J]．管理学报，2013，10（5）：700.

[160] 姚迎春，杨业华．论思想政治理论课获得感的内涵 [J]．湖北社会科学，2018，376（4）：183-187.

[161] 叶胥，谢迟，毛中根．中国居民民生获得感与民生满意度：测度及差异分析 [J]．数量经济技术经济研究，2018，35（10）：3-20.

[162] 曾翔，金晓扬．日本在华企业雇佣制度的文化分析 [J]．商场现代化，2006，（19）：193-194.

[163] 张波，周恩毅．新生代农民工幸福感影响因素与对策研究 [J]．浙江社会科学，2017（1）：146-154，160.

[164] 张宏如，李群．员工帮助计划促进新生代农民工城市融入模型：人力资本、社会资本还是心理资本 [J]．管理世界，2015，（6）：180-181.

[165] 张鹏程，刘文兴，廖建桥．魅力型领导对员工创造力的影响机制：仅有心理安全足够吗？[J]．管理世界，2011，24（10）：94-107.

[166] 张淑惠，王瑞雯．管理者过度自信、内部控制与企业现金持有水平 [J]．南京财经大学学报，2017（1）：53-59.

[167] 张玮，刘延平．组织文化对组织承诺的影响研究——职业成长的中介作用检验 [J]．管理评论，2015，27（8）：117-126.

[168] 张一弛．从扩展的激励-贡献模型看我国企业所有制对雇佣关系的影响 [J]．管理世界，2004，20（12）：90-98.

[169] 赵冬玲．工会福利在企业雇佣关系协调中的作用分析 [D]．北京：

北京交通大学，2020.

［170］赵慧娟，龙立荣．个人-组织价值观匹配研究：绩效和社会责任的优势效应［J］．管理学报，2009，6（6）：767-775.

［171］赵曙明，蒋春燕．人力资源管理实践与组织绩效的相关分析［J］．经济管理，2005，37（4）：72-79.

［172］赵曙明，李丽，王国猛．雇佣关系模式与新生代农民工职业成长——传统性与现代性的调节作用［J］．大连理工大学学报，2019，40（5）：52-59.

［173］赵曙明，席猛，蒋春燕．人力资源管理重要性与能力对企业雇佣关系模式选择的影响［J］．经济管理，2016，38（4）：83-92.

［174］赵卫华．消费视角下城乡居民获得感研究［J］．北京工业大学学报（社会科学版），2018，18（4）：1-7.

［175］郑国娟，张丽娟．从“幸福心理学”论提升工作幸福感［J］．企业活力，2006（9）：54-55.

［176］郑莹，陈传明，张庆垒．企业政策敏感性研究——制度逻辑和企业所有权的作用［J］．经济管理，2015（9）：42-50.

［177］中国社会科学院语言研究所词典室．现代汉语词典（第5版）［M］．北京：商务印书馆，2005.

［178］周海涛，张墨涵，罗炜．我国民办高校学生获得感的调查与分析［J］．高等教育研究，2016，37（9）：54-59.

［179］朱振伟，金占明．战略决策过程中决策、决策团队与程序理性的实证研究［J］．南开管理评论，2010，13（1）：4-14，49.